本书的出版得到河南财经政法大学博士科研启动基金的支持

以文化人

大学文化育人功能研究

The Research on the Educational Function of University Culture

郑卫丽 著

经济管理出版社
ECONOMY & MANAGEMENT PUBLISHING HOUSE

图书在版编目（CIP）数据

以文化人：大学文化育人功能研究 / 郑卫丽著 . —北京：经济管理出版社，2020.6
ISBN 978-7-5096-7345-4

Ⅰ.①以…　Ⅱ.①郑…　Ⅲ.①高等学校—文化素质教育—研究—中国　Ⅳ.① G640

中国版本图书馆 CIP 数据核字（2020）第 146657 号

组稿编辑：杨　雪
责任编辑：杨　雪　邢丽霞　陈艺莹
责任印制：黄章平
责任校对：张晓燕

出版发行：经济管理出版社
　　　　　（北京市海淀区北蜂窝 8 号中雅大厦 A 座 11 层　100038）
网　　址：www.E-mp.com.cn
电　　话：（010）51915602
印　　刷：河北赛文印刷有限公司
经　　销：新华书店
开　　本：720mm×1000mm/16
印　　张：14.25
字　　数：264 千字
版　　次：2020 年 8 月第 1 版　2020 年 8 月第 1 次印刷
书　　号：ISBN 978-7-5096-7345-4
定　　价：59.00 元

伴随着现代意义上大学的产生和发展，如何准确认识和定位大学的社会功能，充分实现其应有的社会价值？人们对此问题的认识既存在着时代性差异、民族性差异，也存在着不同学科和理论视角的不同。强调"学术自由""知识传承与创新""为经济社会发展服务"等，都有一定的价值和合理性，也是大学应有的功能。但大学功能的实现最终要落脚到"人才培养"上来，因此，大学的基本功能是人才培养。这就需要确定人才培养的理想目标是什么，以什么样的内容和通过什么样的途径培养人，大学应建构什么样的体制机制才有利于实现理想的目标，应如何把握大学和社会之间适当的张力等，也即需要首先对大学文化、大学理念有理论自觉。实践证明，不同时期的大学、同一时期的不同大学之间，其大学文化、大学理念的不同，会直接影响其办学宗旨、办学方针、教学科研的资源配置、教学科研工作的组织实施等，从而最终决定其人才培养的特点、质量和水平。因此，人才培养的实质是文化育人。具体而言，大学使命对人才培养目标的界定、大学精神对学生价值理想追求的导引、大学特色对人才结构的影响、学术氛围对学生创新精神的培养、校风校纪对学生习惯养成的规约、校园文化对学生综合素质的锻炼等，分别从不同的角度体现着大学精神文化、大学制度文化、大学物质文化、大学行为文化对人才培养的功能和作用。

在全球范围内以"崇尚物质、忽视人文"为主要价值取向的文化生态危机背景下，更重要的是受转型期我国社会生活中物质主义、消费主义、功利主义、实用主义等社会思潮和体制机制改革不到位的影响，大学文化也出现了科学理性偏离人文目标的价值冲突，呈现出文化式微和精神懈怠现象。大学功利化消解了大学的使命意识，教育市场化侵蚀了大学精神，高校行政化淡化了学术氛围，就业压力大阻碍了育人理想，传播网络化弱化了育人效果，这些与我国大学承担的传播社会主义先进文化、创造知识和财富、服务经济社会发展、培养"四有"新人的目标和责任不相符合，与文化育人的本质相悖离。因此，增强大学文化育人的理论自觉和实践自觉以坚定大学使命意识，培育大学特色文化以明确育人理想和价值目标，构建现代大学制度以弘扬学术自由、完善育人体制和丰富育人方法、优化外部环境以增强育人效果等，是提高文化育人功能的必然选择。在文化育人实践中，对大学利益的追求势必要服从对大学使命的坚守，要实现文化育人主客体的双向互动，协调处理好知识传授与行为养成、满足学生需要与提升学生境界、育人合目的性与合规律性的关系，这样才能不断促进和实现文化育人实践中科学精神与人文精神的完美结合。

实现人的自由全面发展是马克思主义者倡导的人类永恒的价值追求和价值理想，社会主义大学的人才培养工作必然要以此为价值导向，在化人的实践中尊重人的地位，重视人的价值实现，促进人的全面发展。大学作为传播、创造先进文化和弘扬学术自由的文化实践高地，可以通过适度调整来适应社会文化生态危机和价值危机，促进文化繁荣和文明传承。这种关于文化的、人的价值的实现，集中体现了大学在文化学领域、教育学领域的价值哲学地位。通过对大学文化进行科学分类，对育人功能进行分层解析，构建了大学文化育人功能研究较为完整的理论体系，在文化育人理论研究和实践工作中具有重要意义。

目录
CONTENTS

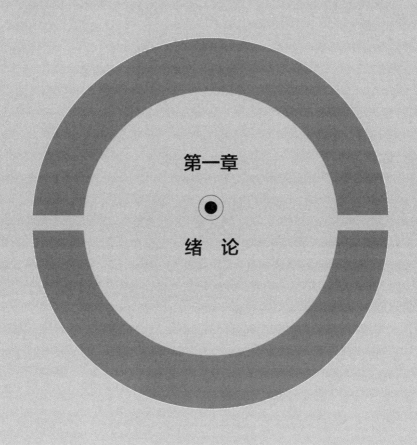

第一章

绪 论

第一节　选题背景及研究意义

◉

一、选题背景

2016 年 12 月 7 日，在全国高校思想政治工作会议上，习近平强调"要更加注重以文化人、以文育人，文化滋养心灵，文化涵育德行，文化引领风尚。加强高校思想政治工作，要注重文化浸润、感染、熏陶，既要重视显性教育，也要重视潜移默化的隐形教育，实现入芝兰之室久而自芳的效果"[①]。就是要在高校营造构建强有力的文化场域，突出文化育人的重要作用。关于高校人才培养的职能，胡锦涛在庆祝清华大学建校一百周年大会上的讲话中指出，"高等教育的根本任务是人才培养。要坚持把促进学生健康成长作为学校一切工作的出发点和落脚点"，"把促进人的全面发展和适应社会需要作为衡量人才培养水平的根本标准"[②]。大学作为知识传授、创新的场所，不仅要教授学生学习专业知识使其具备职业或生存能力，还要教给学生人文知识使其具备适应社会的能力。大学生不仅要学会做事，还要学会做人，即通过大学教育阶段的培养和熏陶，不但要有过硬的专业素质，还要掌握广博的人文知识，具有高尚的道

---

①　习近平：《把思想政治工作贯穿教育教学全过程，开创我国高等教育事业发展新局面》，《人民日报》2016 年 12 月 9 日。

②　胡锦涛：《在庆祝清华大学建校 100 周年大会上的讲话》，《人民日报》2011 年 4 月 25 日。

德品质、完善的人格、健康的身心，实现全面发展，以便在社会竞争中立于不败之地。彰显文化在高校育人方面的作用，以文化丰富和充实高校育人内容，涵养人文精神是高校弘扬文化自信、培养时代新人的新使命。然而，自20世纪80年代以来，随着经济全球化的深入发展，人们的思想认识和价值观念更加多元、多样、多变，世界范围内文明交往、交流、交融互鉴更加频繁，在一定范围内出现了以"崇尚物质、忽视人文"为主要取向的全球性文化生态危机，作为人类文化重要形式的大学文化也被卷入其中遭到冲击。尤其是在我国全面深化改革的经济社会重要转型期，在多元价值和多样文化的相互激荡和碰撞中，大学文化尤其是大学精神出现了某种程度的缺失和懈怠现象，导致大学文化育人功能取向出现了扭曲，削弱了大学文化的育人效果。具体表现如下：

大学追求自身利益最大化。随着我国高等教育产业化改革的不断深入，高校为扩大社会影响和增加经济效益，一方面，盲目扩大办学规模和招生规模，申办低层次职业化教育二级学院，在专业设置和政策支持上更偏重于就业前景广阔、能带来直接利益的工科、医科、经济管理类专业和院所。另一方面，限制教学和一线工作管理人员的招录，导致师生比例严重不协调，教育教学效果达不到育人目标的应有高度。同时，一些人文学科如文学类、哲学类、史学类专业不仅被限制招生，转专业现象、逃课现象蔚然成风，日常工作也受到很大冷落，极大淡化了高校的人文育人氛围。

学术育人氛围淡化。市场经济的大潮也一度将大学学术文化推向风口浪尖，学术造假、学术泡沫事件层出不穷，使得神圣的大学教育和学术形象受到质疑。

重工具理性轻价值理性的育人效果与育人目标严重错位。学生在学习知识时偏向实用主义而忽视了人文知识的学习和人文精神的培养，导致价值取向多元，社会理想和信念模糊，生命意识淡化，等等。如迫于就业压力的影响，忙于转热门专业等。正如胡显章教授所说，当前大学教育"在精神理念与价值判断上，重物质轻精神、重共性轻个性；在教育理念上，重教育的社会功能轻教育本体功能，重教师的知识传授轻学生精神生命的主动发展"[1]。尽管这并不能反映高校育人工作的全貌，也不能说是主流现象，但这些现象从一定层面反映了高校育人功能发挥不充分，育人效果不理想。

在这种种现象背后，其实质是大学文化的价值危机，其哲学根源是在世界

---

[1] 《育人为本，文化为魂——"大学文化与育人为本"研讨会部分观点摘录》，《教育发展研究》2010年第13-14期，第109-115页。

范围内人文主义与科学主义两种思潮的对立导致科学理性偏离人文目标的价值冲突。这种冲突势必导致大学文化育人功能的弱化和育人效果的抵消，而作为大学文化主体的大学人日益生活在物质丰富、心灵贫乏之中，可能会失去应有的生活意义和生命尊严，不利于大学人的全面发展。大学文化的式微和价值危机与其作为社会主义先进文化重要形式和载体的身份与地位是不匹配的，与我国当前加强和推进社会主义文化大发展大繁荣的文化政策和文化发展取向是不相符的，与高等教育的育人本质和文化本性的特殊属性是不相称的。这不仅对大学文化建设本身，而且对大学文化如何实现全面育人功能提出了新挑战和新诉求。"文化育人"理念的提出和践行，是中国特色社会主义教育体系中不可缺少的重要部分，是一个重要的研究课题。

20世纪80年代中期，我国掀起了"文化热"思潮，人们开始关注文化、教育与人之间的关系，不断深化对文化—教育问题的认识，也逐渐形成了关于教育问题研究独有的研究模式和范式。20多年来，人们对文化—教育—人的问题的研究不断深入，尤其是关于高等教育文化哲学与大学文化建设方面的研究成果不断丰富。大学文化传承与创新问题、大学文化与大学发展问题、大学文化与社会主义先进文化关系问题、大学文化与学生发展关系问题等都是近年来学者关注比较多的问题阈。

但就目前相关研究来看，以下两个核心问题需要进行深入分析和思考：一是大学文化建设的最终目的是什么？二是大学文化育人功能在何种意义上可以更好地实现，如何实现？尽管学界也有一些成果涉及这方面的研究，但一般是作为"大学文化研究"的一个部分，而把"大学文化的育人功能"作为一个独立研究领域并对其各组成部分的育人功能及其实现方式的深入研究还不够多，截至目前，尚未见到关于此研究的专门著作。基于此，有必要在现有研究的基础上，对大学文化育人功能进行更加全面、深入和系统的研究探讨。

二、研究意义

（一）理论意义

本书的理论意义在于以下几个方面：

一是通过追寻大学功能发展演变历程和轨迹，有助于增强和明确人们对人才培养这一大学本体功能的认识和认可；二是通过对大学文化进行分层解析和建构，有助于完善大学文化理论结构和促进大学文化诸多方面育人功能的实现；三是以马克思主义实现人的自由全面发展作为大学文化育人功能实现的最高价值追求，有助于促进教育学、文化学与马克思主义价值哲学的融通与结合，加强马克思主义的理念、方法对文化育人理论研究的指导；四是从大学功能发展、大学文化分类、文化育人功能实现、影响功能实现的因素、提高文化育人功能的对策建议、文化育人功能实现中应处理好的重大关系等几个层面进行较为全面的研究和探讨，尝试对大学文化育人功能进行系统化、理论化建构。

（二）实践意义

立足"化人"的制高点，研究大学文化育人功能的实践意义有：①有助于在大学文化育人实践中全面了解和把握当前大学文化育人功能实现所面临的形势和挑战，增强大学文化育人工作的文化自觉和实践自觉。②通过分别介绍大学文化诸多方面的育人功能，有助于在文化育人实践中进行分类引导和教育，增强文化育人工作的针对性和实效性。③通过构建完善的育人体制机制，丰富育人方式方法，有助于实现大学文化的全方位育人功能，搭建健全的育人平台和育人网络。

第二节　国内外研究现状综述

●

一、国外研究现状综述

在国外，人们对大学文化的研究是伴随着现代意义上大学的产生而逐步展开的，早期并没有关于"大学文化"的具体概念，人们较多地使用大学理念、大学理想、大学的功用（功能）、大学使命等概念，研究对象相对比较具体，一般不针对所研究的内容进行抽象的理论思辨，也较少谈及体制和机制的问题，而是将对大学自治、学术自由的研究同大学的文化品性和大学人的素质涵养进行融合，从而促进人的发展和教育目标的实现。国外可供借鉴的关于大学文化育人功能问题的研究，代表性成果主要有：英国学者约翰·亨利·纽曼的《大学的理想》，西班牙学者奥尔特加·加塞特的《大学的使命》，德国学者雅斯贝尔斯的《大学的理念》，美国学者亚伯拉罕·弗莱克斯纳的《现代大学论——美英德大学研究》、克拉克·科尔的《大学的功用》、Ernest T. Pascarella 和 Patrick T. Terenzini 的 *How College Affects Students* 等。依据研究侧重点不同，可将其区分为三个阶段：以"强调学术和学术自由"为主要特点的大学理念研究阶段；以"突出社会服务功能"为主要特点的大学功用定位阶段；以"大学如何培养人"为主要特点的大学育人功能阶段。前两个阶段基本上停留在将大学仅仅作为一个知识传承、创新的场所和社会服务的机构和组织的层面，基本没有具体提及大学应在何种意义上培养人的问题。第三个阶段则非常直接明了地对大学应该怎样培养人、培养"全人"进行了详细论述。形成了如下具有代表性的观点：

第一个阶段，19 世纪中叶至 19 世纪末 20 世纪初，以"强调学术和学术自由"为主要特点。学者关于大学办学理念的思想集中体现为"知识传授"和"知识创造"，也可称之为"关于学术""学术自由"的思想和理念。主要代表人物有英国中古时期的红衣主教、自由教育的倡导者约翰·亨利·纽曼和德国柏林大学的改制者洪堡。纽曼认为大学是一个传授普遍知识的场所，是一个推动社会探索，使各种发现得到不断完善和证实的地方，大学为学生而设，为教学而设，大学的目的在于给学生提供一种"自由教育"，使学生发展成"绅士"，他反对把大学局限在单一的专业教育上，认为学生应在普遍知识的平等交流、切磋的氛围中自由地进行自我教育。[①] 这种理念与边沁、密尔等所倡导的科学教育和职业教育的观点大相径庭，与当时中古大学所扮演的角色是相吻合的，直至今天仍然是留给大学教育的一份重要遗产。德国思想家洪堡在对柏林大学进行改制的过程中，认为大学要以研究为中心，教师的首要任务是从事"创造性的学问"，大学要"发展知识"而不是"传授知识"。[②] 这一办学新理念使得一些新式大学摆脱了中古的学术传统，影响到欧洲各国，并对美国产生了巨大的冲击。中国现代教育家蔡元培改革北京大学，就是以德国大学为模式的。不论是纽曼的"知识传授""人才培养"，还是洪堡的"创造学问""发展知识"的理念，都是围绕"知识""学问"也就是"学术"来展开的，只是他们从不同的出发点分别进行了学术传承、创新的论述，对于加强现代大学学术文化建设具有借鉴意义。

第二个阶段，20 世纪初至 20 世纪 60 年代前后，以"突出社会服务功能"为主要特点，表现出明确的社会服务功能和导向。主要代表人物有美国威斯康星大学前校长范海斯和加州大学前校长克拉克·科尔。大学社会服务理念的形成和传播以美国威斯康星大学的改革为标志，该大学校长范海斯所提倡的"'把学生培养成有知识有能力的公民，发展知识，将知识传授给民众并服务于全州'的'威斯康星理念'将社会服务作为大学的重要职能，大学通过提供专家服务和广泛传播知识两种方式来为社会服务"[③]，至今仍是世界各大学奉行的重要理念。之后，随着世界高等教育的迅猛发展，人们以从未有过的热情对大

---

① ［英］约翰·亨利·纽曼：《大学的理想》，徐辉等译，杭州：浙江教育出版社，2001 年。

② 陈洪捷：《德国古典大学观及其对中国的影响》，北京：北京大学出版社，2002 年。

③ 单中惠：《范海斯"为社会服务"的大学理念简论》，《合肥师范学院学报》2008 年第 1 期，第 24–28 页。

学发展给予了高度关注。正如克拉克·科尔所指出的,"当代大学功用面对它的新'角色',必须严肃地审视它所处的新的'现实',即知识经济时代的到来","大学本身就是一个等级社会,一方面要维持与探索真理,一方面又要服务社会",并着眼于未来提出了多元化巨型大学观。①大学的社会服务功能和定位将大学的功用提高到了前所未有的高度,对美国乃至世界的高等教育的变革都具有深远的意义。

第三个阶段,20 世纪 60 年代以后,以"大学如何培养人"为主要议题。一些学者提出了大学通过什么途径和内容来培养人、培养什么样的人的问题。学者对这个问题的提出是以对当时大学过度强调专业知识传授和社会服务功能的批判为前提的。主要代表人物有奥尔特加·加塞特、雅斯贝尔斯、亚伯拉罕·弗莱克斯纳、三好将夫(美国)、阿特金森(美国)等。加塞特和雅斯贝尔斯等认为大学应该让所有人都有机会接受高等教育,大学传授的不能仅仅是专业知识,还要有广泛的人文知识,"让几乎所有的人都接受高等教育……大学应通过广博的文化教育培养'全人'"②③。他们对大学的培养目标提出了前人从未提及的高度,对现代意义上大学的育人功能有重要的启迪作用。而弗莱克斯纳则从理性批判主义的视角,对美英德大学的问题尤其是过度强调社会服务功能的导向进行了批判性分析,认为大学必须对社会的、政治的、经济的现象采取一种客观立场。④20 世纪 90 年代后,三好将夫、阿特金森等认为社会和人文学科对大学教育同样重要,不可偏失,指出大学里作为批评和干预力量的人文学科不再被重视,资源都转移到了应用科学领域,这是大学的一种失败,使得大学丢失了其作为"人格的塑造者、价值的批评者、文化的守卫者"的价值身份。关于大学育人功能最直接的论述,散见于美国学者 Ernest T.Pascarella 和 Patrick T. Terenzini 在 *How College Affects Students* 一书中,读书从不同的角度论述了大学对学生的影响,认为学生在大学里要实现七个方面的转变:获得能力、控制情感、自立、认可自身、从容处理与他人的关系、安排未来计划、建立正确信念。国外学者一般从两个视角认识"学生发展":一个视角是教育学,最具体的含义是"全面发展"即"素质发展",最高层次"发展"的内涵是创新,这是大学人才培养的应然追求。另一个视角是心理学,即从感觉、知

---

① [美]克拉克·科尔:《大学的功用》,陈学飞等译,南昌:江西教育出版社,2002年,第54页。

② [西]奥尔特加·加塞特:《大学的使命》,徐小洲等译,杭州:浙江教育出版社,2001 年。

③ [德]卡尔·雅斯贝尔斯:《大学之理念》,邱立波译,上海:上海人民出版社,2007 年。

④ [美]弗莱克斯纳:《现代大学论——美英德大学研究》,徐辉等译,杭州:浙江教育出版社,2001 年。

觉、记忆、动机、个性、情感、意志等方面对个体进行研究，个体的发展就是这些因素的不断优化和提高，学生发展也就是这些要素的发展。

通过以上分析可以看出，尽管人们关于大学育人的研究成果更多地见诸关于大学功用问题的研究当中，但在大学文化育人功能问题上对我们的启发还是比较深刻的。不难发现，大学进行知识传授的目的是完善人自身，大学通过创造知识可以培养出新科学家，大学赋有社会服务的职能，但终究通过作用于为人所生活的社会从而作用和服务于人自身。因此，这是我们进行大学文化育人功能研究最深刻的理论根源。我们可以发现大学的功用说到底就是要培养人，不仅要培养他们良好的专业素质，还要培养他们的人文精神。但是，我们也不能否认，关于西方大学和大学理念的研究深深植根于当时特殊的社会政治文化环境中，无法摆脱宗教的、意识形态的影响，虽然对我们的研究具有重要的借鉴意义，但绝不能照搬。

二、国内研究现状综述

国内关于大学文化育人功能问题的专门研究，散见于人们关于大学文化、文化育人的相关研究成果中。通过梳理相关书籍资料、期刊、学位论文，我们发现国内学者对于大学文化育人功能的研究主要沿着如下路径和主体展开：一是以"中国古代传统教育思想对现代高等教育的启示"为主要议题，以余立、王建辉、熊黎明、平飞等对中国古代教育思想尤其是孔子教育思想对现代高等教育启示的研究为主要代表。二是以"中国现代新兴名校大学精神及大学校长治学理念研究"为主要议题，以黄延复、韩延明、李硕豪等对北京大学前校长蔡元培、清华大学前校长梅贻琦、浙江大学前校长竺可桢的教育思想、大学理念以及由此衍生出来的名校（北京大学、清华大学、西南联合大学）大学精神研究为代表。三是以"全面的大学文化育人""思想政治教育以文化人""社会主义核心价值观融入校园文化建设""立德树人与大学文化"等为主要研究对象，学者主要探讨了大学文化育人的理论追溯、功能表现、实现路径、育人方法等，以郝桂荣、宋伟、杨光等学者的博士论文为主要代表。

（一）中国古代传统教育思想对现代高等教育的启示

学者关于此问题的研究多从历史文献考证的研究视角，以对儒家尤其是孔子教育思想的研究为主，从教育目的、教育内容、教学方法、教育对象等方面逐一分析其对现代高等教育的启示。如余立认为儒家是自西周以来，中国传统文化教育的继承者和发扬者，孔子、孟子、荀子等的贤才执政、以礼立国、"学而优则仕"的理念体现了教育为政治服务的目的。[①] 王建辉、平飞等一致认为儒家"有教无类"思想、"因材施教""举一反三"的教育方法、"必仁必智"的教育目标等对我国现代高等教育大众化、重视素质教育和道德教育、个性教育与特色教育、发挥教育主体主动性等具有重要的借鉴意义。[②③] 还有学者从古代书院教育思想、墨子教育思想[④]、老子教育思想等角度分别阐述了古代具有代表性的教育思想对现代高等教育的启示。古代教育家求真、求善、理政、平天下的治学目的，是我们研究当前文化育人问题的历史借鉴。但在肯定其积极作用的同时，我们还必须清醒地意识到，古代教育思想产生于封建宗法制度森严、小农经济占主导的社会环境中，其教育为政治服务、血亲宗法等级观念等严重限制了人们的创新意识，必须客观地加以分析和扬弃。

（二）中国现代新兴名校大学精神及大学校长治学理念研究

我国现代意义上大学的建立，主要是从西方学来的，当时一批新兴大学的校长对现代大学理念在中国的传播和发展做出了不可磨灭的贡献，引领了大学教育的潮流，对中国现代高等教育办学目标和育人功能定位具有导向作用。一些学者对当时新建大学校长的演说词和办学思想进行了专门研究。蔡元培在北京大学期间进行了大刀阔斧的改革，提出了"培养学生之完全人格"的大学理想，"思想自由、兼容并包"的办学理念，指出"大学为纯粹研究学问之机关""大学者，研究高深学问者也""大学生当以研究学术为天职，不当以大学为升官发财之阶梯"[⑤]。由此凝练出了北京大学"爱国、民主、科学、创新"的精神。梅贻琦于 1931 年 12 月在清华大学的就职演说中提出了著名的"大师论"："所谓大学者，非谓有大楼之谓也，有大师之谓也。"[⑥] 他还告诚清华学子"在注意本系主要课程之外，并于其他学科也要有相当认识。有人认为学文学

① 余立：《中国古代大学教育思想探析》，《高等教育研究》1995 年第 2 期，第 76–81 页。

② 王建辉：《中国古代教育思想的现代传承》，《河南工业大学学报》2009 年第 1 期，第 128–130 页。

③ 平飞：《论孔子教育思想对当代素质教育的意义》，《南昌航空大学学报》（社会科学版）2011 年第 3 期，第 91–97 页。

④ 刘丽琴：《墨子教育思想的独特性对现代高等教育的启示》，《中国成人教育》2010 年第 12 期，第 127–128 页。

⑤ 蔡元培：《蔡元培先生纪念集》，蔡建国编，北京：中华书局，1984 年，第 62 页。

⑥ 梅贻琦：《梅贻琦教育论著选》，刘建礼、黄延复编，北京：人民教育出版社，1993 年。

者就不必注意理科；习工科者就不必注意文科，所见似乎窄小一点。学问范围务广，不宜过狭，这样才可以使吾们对于所谓人生观，得到一种平衡不偏的观念"①。他的这种教授治校、通才教育的办学理念，为后来清华大学"自强不息、厚德载物、严谨求实"精神的积淀奠定了深厚的思想基础，创造了清华大学的辉煌历史。随后，被称为世界高等教育史上奇迹的西南联合大学，在组建治校过程中，充分博取了蔡元培、梅贻琦等的治学治校理念，以爱国忠贞、兼容并包、学术自由、新民民主、自强不息等为主要的治学理念，为新中国培养了一大批仁人志士。而竺可桢将"求是"作为浙江大学的校训②，体现了他决意带领学子探索真理、追求学术的理念和务实勤勉的学风，对克服当前高校文化式微、文化虚无现象具有导向作用。学者采取历史考察、个案分析的方法从不同层面和角度对 20 世纪初我国新型大学的大学精神和大学校长教育思想进行了卓有成效的考察，这些精神和理念不仅影响了那个时代，更对之后近一个世纪的中国高等教育产生了深刻影响，被后人广为传颂和模仿。

（三）全面的大学文化育人研究

发展到 20 世纪 90 年代中期尤其是进入到 21 世纪以来，人们将对大学教育关注的重点投向人文素质教育和通识教育上，学界才开始从事大学文化育人功能的专门研究。但系统的、全面的专项著作仍然为数不多。与文化育人相关的可查阅到的著述主要有：董云川、周宏在《大学的文化使命——文化育人的彷徨与生机》一书中，援引西方现代大学制度，在厘清经典教育、通识教育、文化素质教育之间关系的基础上，回溯西方名著阅读运动和中国古代知识分子"读经"传统对文化传承的重要影响，全书从"两岸实践比较""东西方教育观照"以及"时代转型之纠结"等多维视角，在海峡两岸近 2000 份调查问卷所收集的数据基础上，提出在我国大陆综合型与研究型大学开设"经典教育学分必修学程"等一系列创见，为新时期中国人文教育的走向提供理论借鉴和决策参考。沈明阳、沈华在《教育：回归和谐育人》一书中倡导构建和谐教育的理念。王克在《文行化育：用侨乡优秀文化精髓办学育人》一书中强调浓郁的侨乡文化气息可以渗透到学校治学育人的各个环节，揭示了五邑大学鲜明的侨乡文化特色。陈恕平在《大学文化育人的探索：湛江师范学院个案研究》一书中提出以社会主义核心价值观为导向，建设博雅的文化校园，并以湛江师

---

① 梅贻琦：《梅贻琦教育论著选》，刘建礼、黄延复编，北京：人民教育出版社，1993 年。

② 李琳、魏毅：《竺可桢的高等教育思想评述》，《继续教育研究》2008 年第 9 期，第 119–120 页。

范学院为例进行了文化载体凝练、文化特色探寻、文化管理实践的个案研究。顾晓松、顾玉平在《求真育人——大学精神与现代大学发展》一书的实践研究中，探寻了基于求真育人建设目标的大学制度文化建设、大学物质文化建设和创新人才培养。华中科技大学李继兵在其博士学位论文《大学文化与学生发展关系研究》中，分别阐述了大学传统精神文化、学科文化、学院文化、校园文化对学生发展的影响。大连理工大学肖楠在其博士学位论文《大学学科文化的育人功能研究》中，不仅详细阐述了大学学科文化育人功能的维度和实现机制，分析了功能实现的现实困境和优化路径及学科文化其他功能的协同育人效应，还指出了社会文化对大学学科文化育人功能的影响，纵向研究比较深入，理论论述比较充分。郝桂荣博士阐释了文化育人的机理、要素、现状和发展思路等。这些著作和论文对于全面而深入地开展大学文化育人功能问题的研究提供了理论基础和学术参考，对创新研究视角具有重要价值和意义。

由此可见，目前学界关于大学文化育人功能问题的研究，主要涉及"文化"和"育人"两个方面，一是强调大学文化具有育人功能的必然性即大学文化何以具有育人功能的问题；二是分析大学文化建设和文化内涵，阐述如何通过加强大学文化建设彰显育人功能、增强育人效果，即大学文化如何育人的问题。少数成果引入了个案分析和比较研究的方法。总体而言，关于该问题的研究呈现出了不断深入的发展趋势，取得了一些明显的成绩。主要形成了如下研究结论。

1. 在育人功能是大学文化的本体功能的问题上达成了共识

我们认为，只有从根本上找到大学文化育人功能的理论之源和支撑，找到大学文化具有育人功能的合理依据，才能为后续研究提供动力和支持。学者一般从大学教育的文化本性和高等教育的本质任务来阐述大学文化具有育人功能的必然性。北京大学王义遒教授认为，大学教育的本质是文化传承以及文化育人。华中科技大学欧阳康教授指出，大学当然应该"育人为本"。[①]王冀生、龚克等强调育人功能是大学文化的本体功能："大学的功能因为不同时代的要求而有所拓展，但其本质或曰根本任务——'人才培养'始终没有改变。""我们

---

① 鲍嵘、刘丹：《"大学文化与育人为本"学术研讨会综述》，《探索与争鸣》2010年第9期，第79页。

现在应该真正发展'育人为本'的大学文化，深植大学文化的育人之根"。①②
可见，大学文化具有先天的育人功能，这是大学文化的本性。那么大学文化育
人功能体现在哪些方面呢？是在什么意义上作用于大学人的呢？学界比较统一
的看法和认识是大学文化的育人功能主要体现在大学文化对大学人的价值认同
导向、精神凝聚激励、行为规范约束、高尚情感培育、完善人格培养等方面。
如韩延明等认为大学文化育人功能"体现为大学文化的导向、激励、价值认同
和情感陶冶、行为规范功能"。③丁玲、李忠云的观点是大学文化的育人功能
体现为"拓展教育视野，完善人格品质；彰显知识魅力，正确导向思想；整合
教育资源，培育高尚情操"。④尽管表述方式不尽相同，但内涵是趋于一致的，
即大学文化将分别作用于大学人思想、行为的某一个方面，实现从内在引领到
外在规约的全面教化和指引。

2. 在大学文化如何育人即育人功能如何实现的问题上处于争鸣阶段

在大学文化育人功能的实现维度上：在何种意义上、通过什么方式和载体
实现大学文化的育人功能呢？一些学者着重从建立现代大学制度、打造文化品
牌、营造环境激励学生进行自我塑造方面进行了论述。⑤⑥大连理工大学的一
些做法也是值得借鉴的："以社会主义核心价值体系为根本，筑牢文化育人基
础；以大学精神与学校传统为主线，丰富文化育人内涵；以提升大学文化软实
力为着眼，拓展文化育人平台；以全面提高人才培养质量为目标，形成文化育
人合力。"⑦也有学者从大学文化分类学的角度，根据研究目的不同，分别从大
学传统精神文化、学科文化、学院文化、校园文化四个层面深刻分析了大学文

---

① 龚克：《大学文化应是"育人为本"的文化》，《中国高等教育》2010 年第 1 期，第 18 页。

② 王冀生：《大学文化哲学：大学文化既是一种存在更是一种信仰》，广州：中山大学出版社,2012
年，第 24 页。

③ 韩延明：《强化大学文化育人功能》，《教育研究》2009 年第 4 期，第 89-93 页。

④ 丁玲、李忠云：《新时期大学文化育人功能的探析与思考》，《山西师大学报》2008 年第 11 期，
第 121-123 页。

⑤ 《育人为本，文化为魂——"大学文化与育人为本"研讨会部分观点摘录》，《教育发展研究》
2010 年第 13-14 期，第 109-115 页。

⑥ 陈恕平：《氛围·制度·品牌——大学文化育人的三维视角》，《湛江师范学院学报》2010 年
第 31 卷第 2 期，第 5-9 页。

⑦ 大连理工大学党委宣传部：《以文化育人为宗旨开创大学文化建设新局面》，《学校党建与思想
教育》2012 年第 5 期，第 27 页。

化对于学生发展的影响。① 通过分析我们可以发现，在大学文化育人功能实现维度、机制问题上，有将大学文化作为一个整体笼统介绍的，也有将大学文化进行分解，逐一分析的，但总体而言，实现方式的分析还不够深刻和彻底，多数停留在泛泛而谈的层面。

在大学文化育人功能优化策略上：如何更好地实现大学文化育人功能，是学界关注相对较多的话题。有学者在分类学意义上从不同类型大学文化的角度认为强化大学文化育人功能，就要在亮化大学精神文化、融合大学多元文化、彰显大学特色文化、规范大学制度文化、建设大学校园文化、重建物质文化、规范行为文化方面下功夫。②③ 也有学者从大学文化创新的角度指出了创新文化对优化育人功能的意义，认为"文化传承是文化育人的基本功能，文化创新是文化育人的重要目标，培育创新文化是优化文化育人环境的根本"④。有学者从构建高校文化育人系统视角提出了建议，认为以大学理念为核心的高校文化研究、以提升人文精神为主要目的的文化素质教育和以春风化雨为主要形式的高校校园文化建设，是其题中应有之义。⑤ 陈涛等则以校园网络文化为切入点，分析了校园网络文化育人的实现形式。⑥ 由此可见，由于学者所持立场不同，研究视角不同，研究目的不同，提出的策略大相径庭。但总体而言，这些成果也仅仅在理论层面提出了建议，应然研究多，可操作性建议少，还有很大的研究空间。

通过研究我们发现，国内关于大学文化育人功能问题的研究成果相对较多，关于某一个或几个问题的研究相对比较集中，在一些问题的研究上形成了一定的共识，取得了一定的成绩，但在很多问题上仍然以学术争鸣为主。在研究方法上，多以抽象的理论思辨为主，应然研究多，实然层面的研究少，针对目前大学文化育人的突出问题谈得还不够深入，现实针对性不强，对策路径的可操作性不强。

---

① 李继兵：《大学文化与学生发展关系研究》（博士学位论文），华中科技大学，2006 年，第 45–116 页。

② 韩延明：《强化大学文化育人功能》，《教育研究》2009 年第 4 期，第 89–93 页。

③ 王明清：《育人功能：大学文化的本体功能》，《黑龙江高教研究》2009 年第 12 期，第 109–111 页。

④ 贺善侃：《从文化传承与创新看高校的文化育人功能》，《思想理论教育》2011 年第 6 期上，第 13–17 页。

⑤ 刘克利：《高校文化育人系统的构建》，《高等教育研究》2007 年第 12 期，第 8–11 页。

⑥ 陈涛等：《高校校园网络文化的育人功能及实现形式》，《学校党建与思想教育》2011 年第 11 期，第 85–86 页。

（四）现有研究存在的不足

综合目前的研究成果，学者关于大学文化育人功能问题的研究尽管已取得一定成绩，但还存在明显不足。

1. 应然研究多，实然研究少，关于功能实现的学科理论体系尚待完备

通过全面分析和梳理国内外关于大学文化育人功能问题的已有研究成果，我们不难发现，尽管学界已经从不同角度、不同层面、不同学科就大学文化育人功能的一些问题进行了专项研究，取得了一定成绩，但目前仍没有一本以"大学文化育人功能"为主题的专门著作，学界关于此问题的研究只是散见于一些大学文化建设或高等教育问题的著述中，一些相关问题的专门研究也只是零散地体现在一些学者的学术论著中，并且没有全面深入地规整大学文化育人功能的理论基础、学科性质和体系结构，这说明目前关于这个问题的研究还不够充分，并且仅仅停留在理论思辨层面上，应然研究居多，实然研究较少，问题意识薄弱，现实针对性不强；对于育人功能的原则性要求多，可供借鉴的方法、途径、手段等未形成系统化研究。存在如下一些主要问题需要深入探讨：大学文化究竟应如何分类？大学文化在何种意义上育人？如何育人？大学文化育人的效果究竟如何？原因何在？

大学文化育人功能问题，从一般内涵上说，不仅需要在教育学和文化学视角下彻底分析大学文化的教育本性，而且需要在哲学视域中深入挖掘文化育人价值本质的深刻内涵。需要从分类学的角度，根据研究需要和现实状况，对大学文化进行科学分类，逐一分析不同类别大学文化的内涵和特征，探寻其育人功能的实现维度和机制。同时还必须在学理上推敲大学文化育人的学科基础和学科归属，从而形成以概念、内涵、特征、功能定位、功能实现、影响因素、优化策略等为主要内容、学理基础明晰、学科归属明确的统一的学科体系，形成一个完整的系统架构和理论体系。这样才有助于将大学文化育人功能问题的研究不断推向深入和科学化。

2. 共性研究多，个性研究少

目前学界关于大学文化育人功能问题的研究，几乎全部集中于某一个或几个问题上，共识性的结论还不够多，处于理论思辨和立足问题本身谈论问题的层面。对于研究人员、研究对象的国别、环境、影响因素几乎不加区分地进行抽象的、概括的争鸣，更多地是探讨一般意义上的研究内容，这些内容与研究对象的出身、环境、历史等无关，谁都可以拿来使用，也不具有社会性质、意

识形态的差异。几乎见不到学者分学校类别和学校特点进行大学文化育人问题的个性特色研究。这不利于不同门类的大学因时、因地、因校制宜，可以说不利于更好地发挥文化育人功能，不利于提高文化育人的效果。

基于此，我们认为，有必要分学科、分门类、分不同类型的学校展开扎实有效的专门研究，诸如综合性大学文化育人功能问题研究、教学型/研究型大学文化育人功能问题研究、工科大学文化育人功能问题研究、财经类大学文化育人功能研究、医学类大学文化育人功能研究、语言类大学文化育人功能研究等。这样的分类研究一方面可以丰富大学文化育人内涵；另一方面可以增强大学文化建设实效，丰富文化育人成果。

同时我们还认为，大学文化作为一种形态，它不仅与大众文化保持距离感和神圣感，而且与中小学文化有着显著不同和差异，而当前处于中国转型期的大学文化则更具有中国特色。因此，有必要立足于中国现实，从分析大学文化不同于中小学文化的层面分析大学文化育人功能的特异性，这对于彰显大学文化育人特色无疑具有重要价值。

3. 研究视角和研究方法稍显单一

目前关于此问题的研究视角和方法，多是从文化学、分类学、教育学学科借鉴和转化而来，明显缺少更深层次的理论追溯和哲学追问，使人觉得研究视角散乱，缺乏理论内涵和学理深度。同时，在研究方法上，人们多以文献资料法和理论研究为主，从理论到理论的研究思路使人觉得研究方法单一，说服力不强，论证空洞乏味，社会影响力不大。

所以，我们认为，关于此问题的研究要学会利用历史学的方法，梳理相关领域的发展脉络，找到研究对象的历史根源，夯实历史根基和理论基础。同时，要运用哲学的研究视角和方法，从根本上找到文化育人的价值诉求和以人为本的价值理念，奠定研究对象的哲学基础，增加理论厚度。此外，还可以适当采取社会学研究的方法和实证研究的方法，针对一些现实问题开展卓有成效的实证分析和研究，增强研究的现实意义和社会价值。

第三节　研究思路与研究方法

●

一、研究思路

本书紧紧围绕大学文化育人功能研究主体，形成了以理论研究为根基、应用研究为主干、问题分析为支撑的研究思路。首先，通过准确认识现实层面大学文化育人在工作中存在的突出问题，即由于功利化、行政化、市场化影响而出现日趋明显的大学文化式微现象、文化育人目标趋利、育人效果不佳状况，以此确定研究的现实生长点、研究重点和研究目标。其次，通过系统梳理国内外已有的研究成果，借鉴已取得的共识作为研究基础，发现和准确认识、评价存在的不足，从而选择合适的理论视角，提出问题，凝练观点。再次，根据所研究的问题设计研究框架：第一章为绪论，介绍研究的基本情况；第二章主要分析大学功能与文化育人的理论渊源，是全书研究的逻辑起点；第三章对大学文化育人的功能实现进行相对全面和系统的阐述，是后续研究的理论基础和研究前提；第四、五章通过对文化育人功能的影响因素进行分析，提出增强功能发挥的对策建议，以应用研究为主，是全书的现实支撑；第六章是问题分析，针对文化育人活动中可能涉及的主要方面和问题进行探讨，增强所研究主题的问题意识，延伸理论高度，深化育人效果。最后，在此基础上，对大学文化育人功能研究进行系统化理论建构。

二、研究方法

（一）文献研究法

一是系统梳理党和政府有关社会主义大学办学理念、办学宗旨、大学功能等的思想理论和路线方针政策，作为研究的指导思想。二是系统梳理国内外有关的文献资料，全面解读和深入分析了大学文化育人功能的基本理论和认识论、政治论、价值哲学基础，有关的典型观点、理论视角，取得的共识和分歧等，奠定研究基础。

（二）调查研究法

对当前我国大学文化建设和育人过程中存在的问题和功能发挥的影响因素等进行调查研究，在准确把握存在问题的基础上，有针对性地提出了优化文化育人功能的路径和对策。

（三）理论和实践相结合的方法

大学文化育人功能研究首先是一项理论工作，书中对育人功能历史轨迹的考察和文化育人功能的分类研究是重要的理论基础和研究前提；同时，大学文化育人功能的实现是一项实践性活动，社会现实问题和环境对功能实现具有重要影响，书中对影响因素的分析、对策建议的提出等属于对实践问题的探讨和思考，也是对前述理论研究的有效呼应，体现了理论和实践相结合的研究方法。

第四节　研究重点及拟突破的创新点

●

一、研究重点及难点

对大学功能的历史考察和文化育人功能基本理论的研究，需要查阅国内外大量的历史文献，并将其加以分析和梳理，形成本书的理论基础和逻辑起点。这是本书研究的重点，也是难点。

二、突破的创新点

（一）寻求价值哲学引领，明确大学文化育人功能研究的思想政治教育学科归属

本书将价值哲学领域以人为本和实现人的自由全面发展理念作为大学文化育人的价值论基础，并以此为前提，期望在大学文化育人功能实现的过程中实现价值理性和工具理性的统一，体现人之为人的文化育人过程的主体性和实践本质，彰显大学文化建设对高校精神文明建设和文化育人功能在大学生思想政治教育中的作用和意义。

（二）构建相对完善系统的大学文化育人功能研究理论体系

在前人研究的基础上，本书力图构建以基本理论研究为基础、以功能实现为主线、以现实分析和优化策略为支撑的理论结构，形成理论支撑到位、内涵分析全面、现实依据充分的理论体系结构。

（三）在进行大学文化分类基础上，研究其中典型的大学文化形式的育人功能实现

与以往人们关于文化育人功能的实现基于将大学文化作为一个整体笼统地阐述其所具有的育人功能相区别，本书在将大学文化区分为大学精神文化、大学物质文化、大学制度文化、大学环境文化、大学行为文化的基础上，选取其中典型的文化形式分别阐述其育人功能的实现。

第二章

大学文化育人功能的理论阐释

随着人类文明步入知识经济时代，高等教育也越来越被人们重视并逐渐成长为社会的中心，大学成为推动社会进步最活跃的组织之一。人是社会发展中最重要的核心要素，大学是培养人、塑造人、发展人的重要场所。我们认为，人才培养是大学的最基本功能，而人才培养的本质是从事"以文化人"的能动的实践性活动。

第一节　大学的基本功能是人才培养

◉

　　纵观整个大学发展史，可以说它既是一部人类为知识而不断求索的历史，也是一部大学功能日趋发展演变完善的历史。发展从来都是无止境的，人们对于大学功能的认识也不是完全一样的，他们从不同的视角看待大学功能问题，就会得出不同的结论，不同类型的大学，其功能定位也不尽相同。尽管目前人们普遍接受人才培养、科学研究、社会服务是大学三大功能的论断，但随着大学发展步入新时期新阶段，针对社会经济政治文化发展的新要求，一些学者也提出了大学的第四、第五甚至第六大功能。我们认为，无论大学如何变化发展，其基本功能应是万变中的不变即人才培养。

一、大学功能的多维视角

　　随着大学不断靠近社会的中心，人们对大学的诠释和需求变化也呈现出多元和多样性的趋势。我们发现从不同的视角和维度对大学发展进行考量，可以得出多元化的大学功能结论。

　　教育哲学视角的大学本真。从高等教育哲学或价值哲学的视角出发，高等教育学的核心价值仍然是关于如何培养人的问题的研究。在西方，由于受到宗教、法律、民族等文化理念的影响，西方大学教育主要扮演了培养学生的历史叙述、逻辑推理、数学分析的意识和能力的角色，同时辅之以艺术、情感、道德教育。如英国红衣主教纽曼关于"大学是培养绅士的地方"、洪堡关于"新科学家的培养"的论断等，无疑是对这一育人理念的直接体现。而在中国，几千年儒家文化的传统则使得大学教育主要以培养和灌输道德的、情感的、文学艺术的知识为主要任务，以预设的标准和尺度去检验和衡量人的道德、文化水平，如孟子的"性善论"、荀子的"性恶论"等对人性的文化划分与论争等，是对中国教育传统的有力印证。尽管东西方基于不同的文化和人性基础对大学教育的本真有着不同的诠释和定义，但其核心都是围绕"人"的问题即教育与培养人来实现的，这是在哲学意义上对人的"原点"与核心地位的呼应与肯定。

科学创新视角的知识传承与创新。大学在进行知识传播和传承的过程中，同时进行着知识创新与创造，也即具有科学研究的功能。大学之所以能走出"象牙塔"并受到社会的关注，其中一个很重要的因素就是其科学研究成果可以转化为科技产品并应用于社会生产的各个领域。无论是应用性研究还是基础性研究都以其无与伦比的优势转化为生产力，促进社会文明和技术进步，如清华紫光、北大方正等都是大学科学研究转化的结果与成果，各大高校尤其是航天科技类院校培养的科技创新人才为国家和民族事业作出了卓越贡献，以事实向世人证明了邓小平关于"科学技术是第一生产力"的思想。培养优秀创新人才，开展科技创新成果研究与产品的研发和转化并最终促进了社会进步，这是大学创造人、创新生产与生活方式，从而凸显和实现其科技创新功能的强有力呼应。

政治学视角的大学责任。从某种意义上说，大学"化人"的过程就是使青年不断社会化、政治化的过程，这在我国体现得尤其明显。如从封建社会的"学而优则仕"、科举制度，到现如今的从大学生中招录国家公务员的现象等，在教育教学过程中，通过课程设计、制度安排等传递教育的政治功能信息。从此角度观察，大学教育兼具政府职能的某种延伸，肩负着为国家和社会培养公职人员和拔尖人才的责任和职能。

经济学视角的大学价值。威斯康星大学为州政府和当地经济社会服务的成功模式催生了大学为经济社会服务的理念，尤其是以诺贝尔奖获得者、美国经济学家舒尔茨为代表的学者提出了人力资本理论，更加明确和肯定了高等教育为经济发展服务的职能。根据教育经济学的研究，大学通过对学生进行专门的专业教育，使得其在某一专业领域、某一技术才能或某一学科研究上的人力资源含量得到极大提高，并通过与社会生产相结合而产生巨大的经济价值。因此，大学通过专业素质培养和教育，可以为社会输送大批适应各个领域需求的专门人才和科技人才，从而为经济发展提供了大量必不可少的人力资源，这为促进经济的飞速发展提供了根本保证。因此，大学的这种促进经济价值创造和经济发展的原动力功能也一直为学界尤其是经济学家们所广泛认同。

社会组织视角的大学义务。大学自产生之日起，就作为一个自治组织独立于城市之外而存在。在西方，大学自治、学术自由的传统既是大学的学术组织制度，也是大学的自存在方式；中国的《高等教育法》规定大学是为社会公众和国家提供公共产品的独立的事业法人单位。大学作为社会公益性组织代表政府提供公共产品，就要相应地承担社会责任，例如：在大学内部，不能因为身体残疾、家庭贫困而剥夺学生的受教育权；在大学之外，要倡导和践行公正、平等、自由理念等。因此，大学承载着公众享受充足教育资源和公平公正高等教育的责任和梦想，大学应自觉促进教育公平，从而促进社会正义的实现。

文化学视角的大学文化。大学是传播知识的场所，不只是一种单纯的教予学生人文、科学知识的教育行为，还体现为一种文化传承和文明进化的教育职责。如大学要以自由的思想、创新的精神影响学生乃至社会，以完美的人格和高尚的品质塑造学生，以文明的行为和高雅的文化引领社会风尚等。因此，大学作为文化教育部门，要勇于承担以文化人的社会文化职责和义务，弘扬先进文化，摒弃落后文化，为社会文化传承和创新作出贡献。

二、大学功能的理论论争

大学功能并不是从一开始就有明确的定义和界定的，它经历了一个由自然产生、自主生存到发展的过程。在西方以"学园"为萌芽、以博洛尼亚大学为代表的古典大学阶段和在中国以成均、私学为代表的古代大学阶段，大学都存在游离于喧嚣的城市之外，发端于民间自组织，其存在的作用是给人以知识，完善其人格。随着经济社会的进步，到了近现代大学阶段，人们关于大学功能或大学理念的思想才有了相对明确的提法，一些有影响力的高等教育者、教育家、大学校长等分别发表和形成了他们关于大学功能的理论认识和实践经验，并伴随着社会的变革与进步而不断发展完善。

在西方，最有影响力和代表性的观点见诸于英国大教育家、红衣主教约翰·亨利·纽曼所著的《大学的理想》一书中，在本书中纽曼认为大学的功能是教学，大学是为传播知识而设立的。他在前言中指出："它（大学）是一个传授普遍知识的场所，这意味着一方面大学的目的是理性的而非道德的；另一方面，它是以传播和推广知识而非增扩知识为目的。"[①] 纽曼的观点，反映

---

① ［英］约翰·亨利·纽曼：《大学的理想》，徐辉等译，杭州：浙江教育出版社，2001 年。

了英国当时的时代状况和大学的发展特点，是大学功能"单一论"的典型代表。而在德国，大学发展史上另一位具有里程碑意义的大师威廉·冯·洪堡在1809~1810年柏林大学创建的实践中，提出了新的大学理念，"认为大学肩负着双重使命：一是科学探索，二是给个性与道德的修养"。[①]洪堡将科学研究理念引进大学教育理想，进一步丰富和发展了大学功能理论。对大学功能理论的发展作出卓越贡献的另一位教育家是美国威斯康星大学校长查理斯·R.范海斯，他指出："州立大学的生命力存在于它和州的密切关系中，州需要大学来服务，大学对于州有特殊的责任，教育全州男女公民是州立大学的任务；州立大学还应促成本州发展有密切关系的知识的迅速成长；州立大学教师应用其学识专长为州作出贡献，并把知识普及全州人民。"[②]至此，随着威斯康星大学与全州人民和经济社会的互动与共同发展，著名的"威斯康星理念"不断得以传播和弘扬，大学的社会服务功能同人才培养、科学研究功能一起为社会所认可，至此西方大学关于大学的功能理论有了完美的呈现。

在中国，现代意义上大学的建立和大学功能阐释主要是从西方学来的。20世纪初随着一批新兴大学的涌现，这些大学的校长为现代大学理念在中国的传播和发展作出了不可磨灭的贡献。蔡元培在任北京大学校长期间，对北京大学进行了大刀阔斧的改革，提出了"培养学生之完全人格"的大学理想，"思想自由、兼容并包"的办学理念，指出"大学为纯粹研究学问之机关，……，大学者，研究高深学问者也，……，大学生当以研究学术为天职，不当以大学为升官发财之阶梯"。[③]蔡元培的办学思想不仅凸显了大学的人才培养功能，还强调了科学研究对于大学存在的意义。而在被称为世界高等教育史上的奇迹的西南联合大学，在组建和治校过程中，充分博取了蔡元培、梅贻琦等的治学治校精神，以爱国忠贞、兼容并包、学术自由、新民民主、自强不息等为主要的治学理念，为新中国培养了一大批仁人志士。西南联合大学的人才培养模式和理念是对解放前中国大学关于大学政治服务功能和社会发展功能的最有力诠释，也印证了毛泽东关于"教育必须为无产阶级政治服务、必须与生产劳动相结合"的论断。改革开放以后，尤其是20世纪90年代以来，伴随着高等教育的蓬勃发展和西方先进思潮的涌入，学者对大学功能的研究出现了空前的活跃和繁荣景象。在对大学三大基本功能进行深入研究的基础上，章仁彪、赵沁

---

① 肖海涛：《大学的理念》，武汉：华中科技大学出版社，2001年，第62-63页。

② 刘保存：《威斯康星理念与大学的社会服务职能》，《理工高教研究》2003年第5期，第17-18页。

③ 蔡元培：《蔡元培先生纪念集》，蔡建国编，北京：中华书局，1984年，第62页。

平、王冀生等提出"文明与文化交往功能""引领文化""引导社会前进"等文化功能是大学的第四功能。[①②③] 邓耀彩从教育哲学的角度认为大学具有三项职能，即"培养人才，发展个性""文化创新与文化涵化""社会批判"。[④] 还有学者认为教育是一种社会现象，从社会分类的角度指出，现代大学具有经济功能、政治功能、文化功能、科学功能等。[⑤⑥]

综上所述，我们认为学者关于大学人才培养、科学研究、社会服务功能的认识是比较一致的，学者关于大学其他功能的论述，可以说是在这三大功能基础上引发的，是对三大功能的延伸和具体化。学界关于大学功能问题的争鸣，在很大程度上明晰了大学的三大主体功能，关于其他功能的论述和辨析丰富了大学功能理论，有助于全面认识和指导大学发展和育人实践。对这一问题的梳理与总结，是开展后续研究的基础和前提。

三、大学发展与大学功能嬗变

在人类文明的进程中，在远古时期就已经出现了类高等教育机构，如古埃及的海立欧普利斯大寺，古印度的巴瑞萨、隐士林等都是专门研究高深学术、培养专门人才的地方；柏拉图创办的"学园"，拜占庭帝国时期的君士坦丁堡大学等为中古时期的大学雏形奠定了基础。我国的类高等教育机构有史可查的可追溯到奴隶社会、奴隶国家形成之后，在不同的历史时期和发展阶段有不同的表现形式，如最初的成均、稷下学宫等，到后来的太学、国子监、书院等。远古时期所谓的高等教育，没有严格意义上明确的师生关系、管理体系和大学制度，只是以单纯的传播人文历史知识等为主要内容，以这些大学类组织或机构为平台或中介而进行文化交流和传播，是自愿自发、自在自为的行为和组织。

关于大学出现的具体时间，学界也存在较大的分歧，但主流观点认为近

① 章仁彪：《守护与创新：现代大学理念与功能》，《高教发展论坛》2004 年第 3 期，第 1–17 页。

② 赵沁平：《发挥大学的第四功能作用，引领社会创新文化发展》，《中国高等教育》2006 年第 15–16 期，第 9–11 页。

③ 王冀生：《现代大学文化学》，北京：北京大学出版社，2002 年，第 94 页。

④ 邓耀彩：《个人与文化：高校社会职能的两个出发点 —— 兼与徐辉同志商榷》，《高等教育研究》1995 年第 1 期，第 27–31 页。

⑤ 夏禹龙等：《领导与战略》，济南：山东人民出版社，1985 年。

⑥ 冯之浚：《重新认识高等教育的社会功能》，《上海高教研究丛刊》1982 年第 6 期，第 1–11 页。

现代意义上的大学产生于约 11 世纪末至 12 世纪中叶的欧洲中世纪时期。这个时期的欧洲具有相对成熟和完善的经济政治文化环境，大学的产生是为了呼应和满足来自城市扩张和时代发展的需要。正如弗罗斯特所说："中世纪大学的基本目的是职业训练，时代需要一批经过很好训练的人，大学热心接受这个挑战。法律、医药、神学和文艺等都是需要有能力的和受过学校教育的人，而大学正是提供这种经过很多训练的人的地方。"① 英国教育家佩德森（Olaf Pedersen）认为："中世纪大学产生和发展的真正原因在于回应当时社会的具体要求，即培养高层次的教师、医生、律师和神学家，把培养社会所需要的人才作为自己的出发点。"② 中世纪时期的大学是由教师和学生结成的联合组织，师生之间有共同的利益诉求，大学以保存和传递专业知识作为主要的教育内容，将学生培养成为具有专业或职业特长的人是其根本的教育目的。如最初成立于 1088 年的博洛尼亚大学、形成于 1150~1170 年间的巴黎大学等，都是培养专门人才的教育机构，服务于某一个或几个行业的发展，这也是大学"单一功能论"的直接体现，纽曼是大学"单一功能论"传统的忠实捍卫者。发展到后来，在柏林大学的改制过程中，洪堡在原有人才培养功能的基础上，将科学研究定位为大学的又一大功能，在他的《论柏林高等教育机构的内部和外部组织》一书中，系统阐述了将科学研究引入大学的思想，认为人才培养和科学研究应该是统一于教与学的过程中的，肯定了大学在培养新科学家、创造知识、科技发明等事业中的重要性，这是对大学功能认识的又一个里程碑。之后，在美国，随着英国和德国大学理念的深入和美国教育发展的务实性，以威斯康星大学办学理念为参照，确立和弘扬了大学与社会之间的复杂关系，明确了大学的社会服务功能，范海斯、雅斯贝尔斯、克拉克·克尔、弗莱克斯纳等不断完善大学多功能理论。之后，随着世界大学进入迅速发展时期，学校为满足学生内涵式发展的需要，设置了包括研究生在内的更多的教育层次和门类，将人们对大学功能的认识和把握不断推向深入。

通过追溯大学产生、发展的历史轨迹，我们发现，最初的大学形态是以自由自在、自发自觉的状态，以单纯的知识学习、志趣相投将"教师"与"学生"维系在一起，是专门进行学问探讨、知识传播和品性完善的场所。之后，随着社会发展需要和时代变化，大学教育不断地进行发展和延伸，成为专门培

---

① ［美］弗罗斯特：《西方教育的历史和哲学基础》，吴元洲等译，北京：华夏出版社，1987年，第159页。

② Olaf Pedersen：*The First Universities：Studium Generale and the Origins of University Education in Europe*，Cambridge：Cambridge University Press，1997：301.

养诸如医学、神学、法学等某一学科和领域专门人才的教育机构，极大地满足了不同职业和各个行业发展的需要。随着大学教育规模的扩大和社会需求的变化，大学为适应内涵式发展需要，逐渐完善了其科学研究的职能和职责，并从更高层面、更深层次加强了与社会的互动与合作。

四、大学类型与大学功能差异

综合上述关于大学发展轨迹、大学功能演变的追溯与研究，我们发现，大学通过教学（人才培养）、科研（新发明创造）、服务（社会服务）承担起改造人和促进社会发展的使命，这些使命决定了大学关于发展取向和目标定位的差异性与多样化。正如教育家阿什比所认为的那样，影响大学发展的力量主要分为三种：一是社会对人才的需求；二是来自大学自身内在发展逻辑的力量；三是来自政府的政治力量。这些力量决定了大学发展的多样性。[①] 同样是基于不同的社会需求与大学内在发展的驱动，才出现了人们对大学的分类和分型，这在一定程度上决定和表征着大学之所以为其本身并不同于其他大学的特征。不同类型的大学，具有不同的功能定位，呈现出多样化的办学导向和人才培养目标。

尽管民间有很多关于大学分类的不同说法与言辞，但国内外并没有严格意义上统一的分类标准和评价体系。以国内大学为例，有的以大学内部的学科门类为标准将大学分为综合性、财经类、医学类、师范类、农林类、工学类、语言类、体育类等不同类型的大学。总体而言，此种分类标准所表示的大学功能，主要体现为以专业教育为主的大学或院所，是为社会或某一行业提供和培养专门的应用型、技术性人才。以此作为分类标准而细分出来的各个专科学校、教育院所的主要功能是人才培养，以满足社会与职业发展需求，具有一定的狭隘性和局限性。

关于现代大学的分型，被广为接受的是依据教学与研究工作在大学事务和办学导向中所占实际比例将本科类院校分为研究型、教学研究型、研究教学型和教学型四种（有的也主张分为教学型、教学研究性、研究型三种），不同类型大学的育人功能导向则各有侧重。下面就四种不同分型的大学功能作简单比较。

研究型大学是指高校以从事科学研究和高层次研究人才培养为主要办学职

---

① 张德良：《简论国家大学分类定位基础上的教师发展》，《现代教育科学》2013 年第 3 期，第 122–124、145 页。

责，博士研究生教育在整体办学中占有比较大的规模，同时具有博士、硕士、学士学位授予权；其主要特征是教师和科研人员是各学科的领军人物和学科权威，科研上有较强的自主创新能力，育人层次上具有高水平的博士生教育和研究生院。依据此结构特征，此类大学也可称为精英教育型大学，其主要功能定位是科学研究，无论是教师还是学生都具有较好的学科基础和较强的研究与创新能力，可以向社会源源不断地输送发明创造成果和科技创新人才，其培养目标是从事科学研究，创造科技创新成果和培养科研精英人才。

研究教学型大学是指高校办学层次以本科生教育为主，同时进行大量的高层次研究型人才培养，并同时具有博士、硕士、学士学位授予权；其主要特征是有两院院士和知名学者，有国家级重要科研成果，有多项高水平教学质量成果。因此，此类大学定位是以教学为主要途径和依托，科学研究占有较大比例，是集培养专门人才和进行科学发明于一身的综合性大学，可以满足社会一般发展和科技创新的双重需要。

教学研究型大学是指高校办学层次以本科生教育为主，高层次研究生教育占有一定比例，一般具有硕士、学士学位授予权，有极少或没有博士学位授予权；其主要特征是教师和学生具有较高水平的科研能力、有高水平的教学成果和办学特色、能够为地方和区域经济发展作出突出贡献。此类大学以培养各类专业综合人才为主要目标，能够为当地和区域的经济社会发展提供人才支持和技术支持，人才培养和社会服务功能突出，科研水平相对较高。

教学型大学（或大众教育型大学）是指高校办学层次集中体现为本科生教育，可兼有少量的硕士学位研究生教育和一定数量的专科生教育，能开展一定的科学研究并具有少量高水平的科研成果；其主要特征是有强大的本科教育，鲜明的教学和专业特色，明确的办学定位和服务指向。此类大学以培养高层次综合性优秀人才和应用型专业技术人才为主，能够向社会输送大量的人力资源，人才培养和人力资源方面的社会服务功能尤其突出。[①] 此类大学适应了我国高等教育大众化的趋势和要求，对提高人民群众教育水平和社会整体文化素质发挥了巨大作用。

可见，由于高校自身不同的定位和社会发展的不同需求，大学功能的差异性相对比较明显，但其差异也只是在大学的三大职能之间进行互换和转变，只是人才培养和社会服务的侧重点有所变化而已，并没有从根本上改变或异化大学人才培养、科学研究、社会服务的主要功能。需要说明的是，尽管某一个类型大学的功能定位具有相对稳定性，但不同大学在其发展的不同阶段和社会需

求不断变化的情况下，自身定位也肯定会有所变化和调整，比如随着大学内涵式发展的深入，可能会由教学型逐渐向教学研究型、研究教学型、研究型转化和发展，同时可能引起大学定位的差异和变化。但这些变化都要经历一个渐进和持续的过程，不是一朝一夕就能发生和实现的。尤其需要指出的是，任何类型大学的定位都是根据其人才培养体系的结构和功能指向来确定的，都是围绕如何培养人、发展人、服务人的问题来展开的。

五、大学的基本功能

如前所述，从不同的视角来审视大学，它具有经济的、政治的、社会的、文化的、哲学的功能阐释，尽管表述不尽相同，但却始终围绕一个核心那就是人，有一个基本载体那就是知识（文化），形成了人—大学—知识文化—人的互动关系与行为存在。在这个关系链中我们可以发现，除了大学本身，人和文化知识是大学系统中两个最根本也是最重要的因素，大学通过人传递知识和文化，以知识文化来涵养人，这是大学最主要、最基本的教育行为，大学的育人功能就是通过这种互动来实现的。

人是大学诸多要素中最基本的存在。人先于大学而存在，大学因人而产生，为人而存在和发展，大学任何一项作用的发挥和功能实现都要首先以人的存在和人的需要为前提。因此，大学的教育行为如果离开了人的主观需求和能动性，大学存在的前提和育人的主体都将不复存在。同时，大学育人实践要通过人作用于相应的客体，反过来再为人的生活和发展服务，因此，从根本上说，人是大学存在的意义，大学要以人的发展和价值实现为价值归宿。也就是说，人不仅作为大学教育的手段，更重要的是要成为大学教育的目的，手段可以是多样的，目的却是唯一的。在大学教育的全过程中，人既作为大学教育的主体而存在，同时又是进行科学研究、社会服务的参与者和受益者。因此，人是大学教育中最根本的要素，关注和重视人的存在与作用，服务于人的自我实现和全面发展是大学诸多功能中的本体功能。

人是高校中育人行为和环节中最重要、最根本的因素。作为教育系统中的高级人才培养层次，大学是实施高等教育最重要的机构和场所，培养社会所需要的高级专门人才并最终作用于人自身的发展是大学的根本任务。古代大学是这样，现代大学也是这样。古希腊、古罗马时期久负盛名的亚历山大里亚学院和雅典大学，将知识传播与促进个人自由、全面发展作为人才培养目标和教育理念，而亚里士多德在柏拉图教育思想的基础上发展了"博雅教育"，旨在使人的心灵得到自由、充分而和谐的发展。可见，自有大学的雏形以来，实现并促进人的发展与完善就已经作为教育的核心任务被确定下来。随着中世纪大学的兴起与发展，出现了以专业教育为目的的培养医师、牧师、律师的教育，尽管是职业发展需要，但教育本身是以人的不断完善和发展为目的的。纽曼作为古典教育的坚决拥护者，认为大学就要为知识传播而存在，为人才培养而存在。如果说前面提到的都只是单纯地强调教育围绕人而存在和实施的话，那么洪堡将科学研究的功能引进大学教育，则从另一个角度要求充分发挥大学和大学人的能动性，运用创造性思维来创造事物，进而为更好地服务于人自身的发展创造条件，更加强化了大学培养人、如何培养人的问题。永恒主义流派的代表人物赫钦斯主张："教育的目的，不止制造基督徒、民主党员、共产党员、工人、公民、法人或商人，而在培养人的智慧，由此而发扬仁性，以成仁人。"[1] 通过对人智慧的启蒙和启发，从而完善其心性，完美其心灵，健全其人格，进而实现人的自由、和谐、全面发展。

可以得知，大学教育的目的就是培养人，通过知识传授，促进人的智能，增加人的智慧，净化人的心灵，提升人的品性修养，使人的个性得以充分发挥和施展。因此，人才培养是大学之所以为大学本质功能的体现，大学应致力于培养人、完善人、发展人这个基本立足点，大学一切事务和制度都要围绕人的需要而设置和安排，在繁琐喧闹的社会环境中，实现大学本质的回归。正如王冀生所说："在当代，培养人才仍然是现代大学必须承担的第一责任。"[2]

---

① 张国强：《高等教育功能观的历史脉络》，《现代大学教育》2011 年第 4 期，第 27–31 页。
② 王冀生：《超越象牙塔：现代大学的社会责任》，《高等教育研究》2003 年第 1 期，第 1–6 页。

第二节　人才培养的本质是文化育人

●

一、自然人、社会人与文化人

在由人（高级动物）、动物、植物等所构成的世界万物中，人是最具独特性和复杂性的存在，主要是因为人是集物质现象与精神现象、自然存在与意识存在、肉体占有与灵魂占有于一身的集合体。正如袁贵仁在对马克思的人学理论进行研究时所发现和描述的那样，"人是一个整体，人性实质上是人在其活动过程中作为整体所表现出来的与其他动物所不同的特性。这种特性主要指人在同自然、社会和自己本身三种关系中，作为自然存在物、社会存在物和有意识的存在物所表现出的自然属性、社会属性和精神属性。它们相互联系、相互作用，形成人性的系统结构，完整地表征了作为整体存在的人"。[①] 也就是说，"人兼具自然属性、社会属性、精神属性的多重特质，与此相对应，人是以自然人、社会人、文化人的多重身份而存在的"。[②] 自然属性表征了人已然存在、先天具有的自然状态；社会属性表征了人适应社会、不断变化的社会状态；文化属性则表征了人超越自我、不断创新的理想境界。

---

① 袁贵仁：《马克思的人学思想》，北京：北京师范大学出版社，1996 年。

② 王德军：《自然人、社会人、文化人 —— 论人的生存特性与生存使命》，《河南大学学报》2006 年第 11 期，第 70–73 页。

自然人是人已然存在的自然状态。自然人是指处于人生的自然存在境界的自在自发状态中的人，与万物一样是与生俱来的状态，这种自在状态是人存在的自然前提和物质基础。人作为自然人的存在是人成为社会人和文化人不可超越的阶段，人要成为社会人和文化人，不得不首先成为自然人，即人不得不是自然人，人的自然存在是没有理由的。犹如存在主义者所言："我们猛地发现自己就在这里，没有人请我们来；也没有人'准'我们来。我们每个人都是被扔到这个世界上来的，……，我们没有挑选过父母，我们是在一定的时间、一定的历史时代、一定的社会、带着一定的遗传结构，被我们的父母生养出来 —— 而且必须按照这一切去过我们的生活。人生的起点就像投骰子一样。它的偶然性深深植根于一些无法逃避的事实中。"① 因此，我们说人以自然人的身份和状态来到这个世界上，具有很大的必然性和偶然性。表征着自然属性的自然人状态在人生的不同阶段有着不同的具体的表现形式，如人在母体中的自然存在状态，人生长生存必需的身体供给（吃、喝、睡）与生理需要，植物人、老年痴呆患者、人的死亡状态等都属于人生的自然人状态。这种处于自然状态的人，是没有属人的知觉、思想、逻辑、表达的，仅存有生命有机体的新陈代谢，是人存在的一种极端状态，无异于动植物。尽管这种以自发性和自在性为主要特征的自然人状态不能代表人生的全部意义和价值，但是还必须强调的是自然人其实和动物、植物一样服从自然规律，都要以生存为首要目的。"人直接地是自然存在物"，"因此我们首先应当确定一切人类生存的第一个前提，也就是一切历史的第一个前提，这个前提是：人们为了能够'创造历史'，必须能够生活"②。我们说以自在自发状态存在的自然人是人向社会人和文化人转化的前提和基础，这种转化的可能就决定了自然人状态绝不是人生而存在的目的。正如马克思所言："吃、喝、性行为等等，固然也是真正人的机能。但是，如果使这些机能脱离了人的其他活动，并使它们成为最后的和唯一的终极目的，那么，在这种抽象中，它们就是动物的机能。"③ 那么，既然像人们所说的，人活着必须要吃饭，但不能为吃饭而活着，人还应该有超出动植物本性更高的理想和追求，就是我们下面要说的人除自然属性以外的社会属性。

社会人是人之为人的社会化状态。正如马克思给人的本质的定义："人的本质不是单个人所固有的抽象物，在其现实性上，它是一切社会关系的总

---

① ［英］布莱恩·麦基：《思想家 —— 当代哲学的创造者们》，周穗明、翁寒松译，北京：生活·读书·新知三联书店，1987年，第94页。

② 《马克思恩格斯选集第1卷》，北京：人民出版社，1995年，第78–79页。

③ 《马克思恩格斯全集第42卷》，北京：人民出版社，1979年，第94页。

和。"① 规定了人之所以是人而不是狼孩、不是动物、不是植物的本质属性，即人通过能动的社会实践活动而生成不同于自然界其他生物的社会关系属性，这种社会属性是人的本质属性。中国古代思想家荀子在他那个时代就已经认识到了人的社会属性："力不若牛，走不若马，而牛马为用，何也？曰：人能群，彼不能群也。"② 从通俗意义上说明了人既具有自然属性，也具有社会属性，但现实中人的自然属性必然是要被社会化的，否则人何以群呢？人通过参加生产劳动和各种社会实践活动来主动地创造物质和精神财富，以满足人自身生存和发展的需要，并在实践过程中按照人的思想和意志改造客观环境，这与动物被动适应自然、在自然面前无能为力的存在状况是有着本质区别的。"动物仅仅利用外部自然界，单纯地以自己的存在来使自然界改变；而人则通过他所作出的改变来使自然界为自己的目的服务，来支配自然界。"③ 人在改造客观世界的生产和生活实践中，发生一定的、客观的、必然的、不以人的意志为转移的人与客观对象、人与人之间相互的复杂的关系网络和链条即生产关系。生产力与生产关系、经济基础与上层建筑的产生、存在与不断交锋、完善、发展的状况和进程构成了人的现实的社会存在。人"只有在社会中，人的自然的存在对他说来才是他的人的存在"。④ 因劳动实践而具有的人的这种社会属性是人区别于动物最深刻的根源。马克思说："一个种的全部特性、种的类特性就在于生命活动的性质，而人的类特性恰恰就是自由的自觉的活动。……，动物不把自己同自己的生命活动区别开来。它就是这种生命活动。人则使自己的生命活动本身变成自己的意志和意识的对象。他的生命活动是有意识的。……，有意识的生命活动把人同动物的生命活动直接区别开来。"⑤ 世界上其他万物都是自发自在地、无目地存在着的，而只有人（严格意义上是只有社会化了的人）是自觉地、有意识地存在着的，人的这种自主性和目的性与动物的自发性和盲目性表征了二者在存在方式上的本质区别。"人是唯一能够由于劳动而摆脱纯粹的动物状态的动物——他的正常状态是和他的意识相适应的而且是要由他自己创造出来的。"⑥ 同时，人以自己的方式改造着客观对象，也就是从事着社会实践和生产活动，并在实践中不断地改造着自己。马克思在阐述人的生产劳动的

---

① 《马克思恩格斯选集第1卷》，北京：人民出版社，1995年，第60页。

② 《荀子·王制》，北京：中国书店，1992年。

③ 《马克思恩格斯选集第4卷》，北京：人民出版社，1995年，第383页。

④ 《马克思恩格斯全集第42卷》，北京：人民出版社，1979年，第122页。

⑤ 《马克思恩格斯全集第42卷》，北京：人民出版社，1979年，第96页。

⑥ 《马克思恩格斯全集第20卷》，北京：人民出版社，1971年，第35–36页。

主动性和目的性时说："蜘蛛的活动与织工的活动相似，蜜蜂建筑蜂房的本领使许多建筑师相形见绌。但是，最蹩脚的建筑师从一开始就比最灵巧的蜜蜂高明的地方，是他在建筑蜂房以前，已经在自己的头脑中把它建成了。劳动过程结束时得到的结果，在劳动者的想象中已经观念地存在着。他不仅使自然物质发生形式变化，同时他还在自然物质中实现自己的目的。这个目的是他所知道的，是作为规律决定着他的活动方式。他必须使他的意志服从于这个目的。"①所以说，社会人在不断变换的生产实践活动中不断地变化和发展着自身，人是历史地存在并延续着的。"整个所谓世界历史不外是人通过人的劳动而诞生的过程，是自然界对人说来的生成过程。"②

从表面上看，自然人和社会人两者之间似乎没有直接关联。但实际上，以自在自发状态存在的自然人是人发端的起点和基础，社会人是自然人在生产实践中不断进化、社会化的过程和结果。社会人所处的社会环境，包括社会制度、上层建筑、文化氛围等都是社会人不断社会化的外在动力，也正是基于此外力作用，社会人不断改变和创造着自我，包括物质上的和精神上的成果。

二、常人与人才

人们常说：别人能做到的事情你却做不到，那么你是庸人；别人能做到的事你也能做到，那么你是常人；别人不能做到但你却能做到，那么你是能人；别人想不到的事情，你不但能想到并能做到，那么你就是个人才。

我们知道，人与人之间、人与世界上万事万物之间的关系问题是个常谈常新、经久不衰的课题。那么以上对于"庸人、常人、能人、人才"的通俗界定与划分，主要是以人在处理和对待与他人、与客观对象的参照关系方面作为出发点的，是基于一种比较的观点和论调，诸如封建思想传统中所认为的人有高低贵贱之分，人的群体依据其经济财力、政治权利等被分为三六九等那样。但依据本书的研究需要，我们认为应该将人依据其处理人与人、人与事之间关系的能力大小和水平高低进行一个区分，这种区分不应带有通常意义上的歧视和贬低成分。

关于"常人"的定义，自古有之。如庄子在《庄子·人世间》提到："采色不定，常人之所不违。"《史记·商君列传》中记载："常人安於故俗，学

---

① 马克思：《资本论第 1 卷》，北京：中国社会科学出版社，1983 年，第 165–166 页。

② 《马克思恩格斯全集第 42 卷》，北京：人民出版社，1979 年，第 131 页。

者溺於所闻。"《周书·韩盛传》:"德舆姿貌魁杰,有异常人。"等等。这里都意指平常的人,普通人,是与"圣人"相对而存在的。还有另外的解释,如《书·立政》言:"继自今后王立政,其惟克用常人。"蔡沉集传:"常人,常德之人也。"意指守常规、常道,不善于变化、变通的人。

在海德格尔的《存在与时间》中,"常人"则是指作为一个集体的"此在"的全部可能性。此在就是我,我"在世界中存在",强调自我与他人共处时的独特性,但他人也同时具有独特性,此时的存在就是"与他人共在"。我和无数个他人通过这种"共在"而形成了我们所共同存在并拥有的这个世界。但是,人生活存在于这个世界,就有"入世"与"出世"之分,有的学者称之为人生的本真状态和非本真状态,正是基于此,海德格尔才提出了关于"常人"的问题和论述。他认为:当"此在"变成"常人"时,就丧失了责任感,也摒弃了超越性,不再作任何有意义的选择和行动,那么也就更无所谓自由与否了,处于这种状态中的"常人"就"失去自己本身",一个连自我都迷失了的人,何谈其他呢?因此,这就告诫我们,不能总是混迹于"常人"之中,而应不断地谋划未来,不断地战胜自我和超越现在,向着种种未知的可能性去探索和发现。只有这样,"此在"才能不断完善自身、丰富自身、提高自身,从而作为最本己的能在而自由存在。①

基于此,我们所谓的常人可有两种界定:一则取平常人、普通人之意,亦可解释为任何一个单独存在的社会的人的个体,众人或众生皆为常人。二则指正常的人,也就是自然形态的生长发育正常,后天心智健全,精神行为正常。也就是只要不是傻子、瘸子、痞子等都可称为常人。常人在日常的生产生活中扮演着普通的角色,从事着平凡的事业,创造着平凡的业绩,做着所有平常的事情。尽管常人普通得不能够再普通,平凡得不能再平凡,但常人却是我们社会中人数最多、最大的群体。也正是这个群体,支撑着整个社会稳定有序地向前发展,可以说常人群体在平凡的实践中创造了社会发展的极大价值,是推动社会前行的基本动力和主要群体。

一般而言,与常人同在或者相对应的还有一个概念——人才。那么既然常人是普通人、正常的人,人才就可以解释为非"常人"、不是一般人、不正常的人了。《现代汉语词典》(1997年版)对人才的定义是"有某种特长的人"。而人一旦具有某种特长,就会有普通人(意指没有这种特长的人)所没有的能力和才干,能做别人做不了的事情。我们常常评价一个人,说"他可不是一般人",要么是这个人有常人不具备的学识、技术、能力等,要么是他具有显

---

① 葛瑜:《存在与实践中的常人问题》(硕士学位论文),四川大学,2007年,第1-2页。

赫的家庭背景和丰富的社会关系。在现代意义上，人才被赋予了很多丰富的内涵，教师、医生、建筑师、普通工人、家庭主妇等每一个群体中都可以有才能出众的人，也就是都会涌现出人才。在同一件事情上，别人不会做他会做，别人做不好他能做好，别人能做好的他能做出新意，这就是人才。人才的概念在比较的范畴上更容易理解和解释，没有比较就无所谓人才、常人了。也就是说，人才只是在普通人群体中才能出众、善于创新的人。因此，人才之所以能出类拔萃，也是在生产生活实践中通过创造而实现的。人才的作用在于其在某一个行业或领域能够对社会发展作出突出的、卓越的贡献和成就。我们说科学技术岗位出人才，就是说在科技战线涌现的才能突出的人依靠其新的发明创造能够极大地促进社会生产力的发展。尽管作为"人才"的人很厉害，但他们只是社会群体中的少数人，却能以其灵活的思维、创新的能力、卓越的成果在很大程度上加快或推动社会前进的步伐。

我们说，人才之所以为人才，之所以有常人所没有的思想、方法、手段、成就，一方面得益于他们在生产生活实践中善于观察和思考的习惯，另一方面还应归结于后天良好的教育和文化教养，使得他们具有不断超越自我、可以"异想天开"的胆识和能力。

三、全才与专才

教育作为社会进行人才培养和训练的专门实践活动，培养什么样的人是高等教育事业最关键的问题和最重要的价值探索。"博通"与"专精"是高校人才培养一对相对应的目标概念，究竟要培养"专才"还是要培养"通才"，也是近年来教育界争论较多的热门话题。

教育改革中通常所说的"通才"，我们在此可作"全才"理解。在古代，人们关于全才的理解多指具有各方面才能、全面发展的人，比如兼备文才武略的人。唐朝的权德舆在其诗作《奉和郎州刘大夫麦秋出师遮虞有怀中朝亲政》中写道："天子爱全才，故人雄外台。"宋朝苏轼在《伊尹论》中提到："以其全才而治天下，是故临大事而不乱。"这里的"全才"意指才华横溢、才能全面的人。原清华大学校长梅贻琦，主张大学办工科也要培养"通才"，他在《大学一解》中说："大学期内，通专虽应兼顾，而重心所寄，应在通而不在专，……，造就通才虽为大学应有之任务，而造就专才则固别有机构在。"[1] 梅

---

[1] 梅贻琦：《大学一解》，载杨东平主编：《大学精神》，上海：文汇出版社，2003年，第51页。

贻琦所言之"通才",实际上指精通不同领域不同专业的学科大类的通才。在《现代汉语词典》(1997年版,104页)中,全才是指在一定范围内的各个方面或很多方面都擅长的人,意即这个人具有广博的知识储备和全面的技能,简单地说就是知识综合化、技能多样化、使用变通能力强等。因此,"全才"抑或"通才",强调全面发展、整体发展,不仅要具有渊博的知识,全面的素质和能力,还要有统领的人格,即在才智、情感、品格、身心、社会群体等方面得到全面发展和实现的人。通才教育的旨归与马克思实现人的全面发展的价值理想不谋而合,马克思认为人的全面发展是要使人自己占有自己的全面本质,成为一个完整的人。培养全面发展"全才"的教育观,将"人"的培养放在核心位置,关注人自身发展的实际需要,比较接近于现实社会中对人才培养的诉求。但我们应该认识到,要想通过大学在教育行为中制定一个"通识"的教育目标,教授各种不同的学科知识,从而实现人的全面、整体发展的美好愿景,是不太现实的。"全才"的培养,一在于教育,二在于人自身。专门的学校教育具有阶段性、短暂性的弊端,而人要成为一个全才、通才需要十几年甚至几十年的时间,是人活到老、学到老才有可能实现的。另外,现代知识更新的加快,也使得全才的培养工作难度加大,如果过度地强调通识教育,还极有可能造成教育的表面化和受教育者的无所适从。因此,作为教育机构和决策部门,不能单方面地确定以什么样的方式"化人",还要统领全局,全盘考虑社会现实和大学人的适应和接受程度,不能一概而论,大学不可能将每一个学生都培养成为亚里士多德和培根。

在《现代汉语词典》(1997年版,1649页)中,对"专才"是这样解释的:"指某一个专业领域内具有较多专业知识、较熟练专业技能的人才。"也就是在某一个领域或某领域的一个或几个方面具有较深厚的专业知识、较强的专业技术和较高专业造诣的人才。"专才"也可称为"纵向型"人才,侧重强调人对专业领域的专注和专业水平的高深。具体到高等教育"专才"的培养目标,主要是通过进行专业性课程的教授、学习,培养某一个领域、某一个专业或某一方面的专项人才,为学生毕业后能够从事某一项职业作准备。学校的这种教育模式和导向,实际上是将所有的科目和专业进行分门别类,即"细化",教学内容与社会生产和人们生活紧密联系,注重学生实际工作能力的提升和应用能力的培养。现代的专才教育,实质上是具有极大的功利性目的。高校之所以强调"专精"教育,培养"专才",一方面源自社会需要和学生就业期待;另一方面源自当前知识爆炸的时代,决定了任何一个人不可能在短期内同时掌握所有知识,并且如果不加强对某一专业的专门研习,学生可能将什么也学不到。这不仅是高校制定功利化教育目标的起因,也是高等教育育人效果更加讲求务实的具体体现。在务实性的目标导向与行为结果的双重作用下，高校为社会经济发展和生产劳动提供了大量的专门人才，却同时也遭受了不少的批评与质疑。这是因为专业教育过分强调人的专业技能和作为谋生手段的工具价值，容易造成学生专业过窄、思想狭隘、知识有限、创新能力弱、适应力组织力差、后劲不足等状况，不能真正满足社会和人才发展的长远和整体利益的需要。再加上如果过分追求和推崇专业教育，造成教育内部功利化与非功利化关系的失衡，而且极大削弱了教育熏陶人性和情感的教化功能，就可能会陷入功利主义的漩涡，导致教育价值理性的灭失和异化。①

我国正处于社会转型和教育改革的重要阶段，对各种人才的需求都很大。相信决策部门也已经意识到单一进行通识教育或专精教育的弊端，例如将大学教育层次进行划分，研究型大学、教学型大学、综合性（文理）大学、专业（学科）性大学等的分类将各自教育的基点进行调整，增加人文社科类、历史类等基础课程的课时量，以平衡全才模式与专才模式的利弊。事实上，全才教育与专才教育只是从表面上表现为两种不同的育人侧重点，二者并不存在本质的矛盾和冲突。高校也能够积极调整思路，扭转认识偏执，在通识教育基础上着重强化专业培养，在专精人才培养的前提下，教授学生广博的综合学科知识，充分实现专与通的有效结合与互动，才能在真正意义上成为人的价值实现的动力源。

四、人才成长与大学培养

如前所述，人才是具有某种专长或特长的常人。无论是专业方面的专才，抑或是全面发展的全才，他们从"常人"转化为"人才"的过程就是人才的成长过程。从古至今，每个时代都会出现极具那个时代特色的人才。但在远古时期的人才具有一定的局限性，主要表现为人才规模比较小，人才的才能发挥空间相对狭窄和局限。因为，在教育没有普及或社会没有发达到一定程度时，人们要成才，主要依靠人自身的悟性和取决于个人的努力程度。我们知道，人要成长为人才，仅仅依靠自身是不能最大化地得到成长直至成才、成大才的。尽管在近现代大学产生以前，一些承担教育和高等教育的机构也为数不少，承担着育人的职责，但往往设置多种条件和过高的门槛限制受教育者接受教育的机

---

① 温媛媛：《"通专之争"：大学人才培养模式的困境》，《当代教育论坛》2011年第9期，第64–66页。

会，能够通过教育而成才的多数是社会地位高的权势贵族或商人家庭的成员，平民百姓被排除在高等学府之外，也就使社会上大多数的人丧失了成长为人才的机会。即使进入教育机构进行研学，研学的内容较多地体现为传统的孔孟思想体系，学习就是为了做官。这也在很大程度上限制了人才培养结构的优化，不利于专业人才的成长，在促进社会经济发展方面提供有限人力资源支持。尽管在高等教育进入大众化教育阶段之前，能够享受到优质教育资源的人数有限，教育质量不够理想，教育在促进全社会经济发展和人们素质提高中的作用还不够突出，但我们也不得不承认，受过专门教育尤其是高等教育的人的成长质量和成才概率、社会贡献率在一般情况下要远远高于未受过教育的人，也就是说教育尤其是较高层次的教育在人的成长和成才过程中的作用具有不可替代性。

随着现代意义上大学的产生，尤其是在高等教育进入大众化发展阶段以后，大学教育在人才培养方面的优势有目共睹。首先，几乎每一个人有了进入大学接受高等教育的机会，这为人才培养提供了充足的数量基础和保证；其次，通过一定的选拔考试，凡是有较好理论基础、逻辑思维、综合素质的人都有可能到更好的大学接受教育，这为人才培养提供了素质基础；最后，现代化的教育理念和教育手段，加上丰富的网络资源，为人才培养提供了坚实的技术支持和制度保证。从某种意义上说，一个普通人要想成才，成为有用之人，上大学是最有效、最直接的方式和途径。

大学教育几乎成为人才培养和成长的必然选择。首先，大学的科学文化知识传授为人才培养提供了坚实的理论基础。在大学教育规划中，通过为学生开设思想政治教育课、哲学社会科学理论课、历史文化艺术课等增强学生的文化底蕴，极大地丰富了学生的学习内容，开阔了学生的眼界，为人向人才的成长提供了积淀和可能。其次，大学的专业素质培养为学生成才奠定了职业基础。学校通过开设专业课增加了学生的专业知识，通过引导学生开展科学研究和职业规划与就业见习，增强学生的科研能力和谋生本领，为学生步入社会、选择职业奠定了专业基础。最后，学校通过素质教育为学生的全面成才提供了宽广平台。学校通过开设体育课增强学生体魄，通过丰富第二课堂、参与学生管理、社会实践、公益活动等提升学生的语言表达、组织协调能力和综合素质，增强学生的自我认同感和社会责任感，使其在积极参与社会活动中不断提升能力和增加本领，为个人全面发展奠定了能力素质基础。广博的知识、开阔的眼界、缜密的思维、精湛的专业技术、健康的身体、过硬的素质，无不为学生成长为人才保驾护航。学生将成长为或已经成为国家各个行业和领域的综合人才或专门人才，如政治家、经济大亨、商业巨人、公益明星、科技创新人才、学术泰斗等。

如果说比尔·盖茨的成功没有经受过全面的大学教育的话，我们只能说比尔·盖茨是天才而非普通的人才；如果说前大学教育时期，人成长为人才属于一种偶发状态的话，那么，后大学教育时期，经过大学教育的全面培养和系统训练，经过大学文化的熏陶，大学人成长为社会有用人才将是一种必然趋势。大学教育在人的成长、人才的培养和塑造方面发挥着越来越关键的作用，越来越成为支撑社会教育事业发展和人类进步的关键环节，甚至可以说大学教育是人才培养的必经之路。

五、大学教育的本质是文化育人

大学的本质任务是人才培养，那么大学是在何种意义上、通过什么方式实现这一基本功能的呢？教育是文化的重要方面和组成部分，文化为教育实践提供精神支撑和精神场域。教育也是文化的一种存在和延续、创新的方式。耶鲁大学校长莱文说过，"高等教育的模式取决于一个国家的文化内涵"，一语道破了大学教育的实质。一个国家的文化内涵和文化形式决定了这个国家高等教育的内容、模式以及育人的深度和广度。胡锦涛在纪念清华大学百年校庆大会上的讲话中强调："大学要传承创新文化，积极发挥文化育人作用。"[①] 这其实是从国家的高度给予大学文化育人的定位与肯定。大学"文化育人"的理念在学界早已达成了共识，说明人们对大学使命的认识更加深刻和全面。

如前所述，文化与人是大学教育诸多环节中不可或缺的核心要素。我们知道，没有人，大学和大学教育将不复存在。试想，如果没有了文化，大学教育有可能实现吗？答案当然是否定的。众所周知，文化是精神性的东西，是人类实践的产物，依托于人们的生产生活实践而产生和存在，人在某种意义上也是一种文化存在，意识观念性和实践性是人之所以为人并区别于自然界动植物的根本属性。没有了文化这种精神现象，人就失去了涵养自身的精神源泉，就不能对自然界、人类社会和生产生活实践进行科学有效的认识和总结，从而也就不能促进主客观世界的不断发展进步。再试想，客观的物质存在可以对人进行思想教化和教育涵养吗？当然不能！因为客观存在的外部世界以其自己的方式自发地存在于人的主体之外，是无序的、随意的，必须经过人的认识和实践才

---

① 胡锦涛：《在庆祝清华大学建校 100 周年大会上的讲话》，新华网，2011 年 4 月 24 日，http：//politics.people.com.cn/GB/1024/14468862.html。

能凝结为人的认识成果，而只有将这种成果经过梳理、归纳和总结变成理性的认识、科学的知识，才能内化于人的内心。这就是文化之于人的作用。大学教育能且只能选择文化这一种符号来达成对人的教育实践目标，文化是人诉诸教育行为的唯一的精神符号。

大学要进行高素质人才的培养，重在对"文化育人"理念的彻底践行。文化，具有多方面的广泛含义，既包括中华民族的传统优秀文化，也包括世界上其他国家的先进文化理念和文化形式，还包括大学专业教育中的人文社会科学知识和自然科学中丰富的文化资源和成果，同时还涵盖一切以文化的名义和符号存在于大学校园和育人实践中的思想、理念、行为、风气、形貌等。[①] 这些都是与大学人的知识智慧、人文涵养、精神气质、行为方式、道德情操等直接关联的。

文化育人，即"以文化人"，以优秀的文化涵养人，重在"化"。"化"也就是培养的问题。如所谓的教书育人以传递理性知识育人，管理育人以文明作风和管理理念育人，服务育人以优质服务风范育人，环境育人以优良的内外部风气育人，它们都通过不同的层面在各自的领域突出大学文化育人优势。大学里处处皆文化，人人皆文化，时时都在化人。教师以其独特的知识智慧通过课堂教育和以身示范涵养着学生的学识，管理和行政人员以其精干的作风和优雅的行为感染着学生的素养，校园物质环境以其优美的姿态陶冶着学生的情操，各种丰富活跃的校园文化锻炼了学生的能力，科学合理的制度章程规约了学生的行为。这些所有的因素凝聚在一起，通过不同的方式和层面教育引导着大学人不断成长。这就是大学的文化育人之道，是人才培养的根本所在，是大学的灵魂。大学作为高等教育的首府，作为文化创新的组织机构和人才培养的高地，必须认识到文化之于大学的意义，认识到文化之于人才培养的作用，始终坚持并不断弘扬大学文化育人理念，提升文化育人水平，这是对大学使命最重要的坚守，是对大学本质最根本的诠释和演绎。

---

① 张岂之：《大学如何践行"文化育人"》，《中国高教研究》2011年第9期，第4—5页。

第三节　文化育人是能动的实践活动

◉

关于大学文化育人问题的研究，不仅是一个理论问题，更重要的是要将其视为一个实践的问题。众所周知，大学即文化，大学育人实际上就是文化育人，大学教育教学的过程，实质上就是一个有目的、有计划，以文化来教育人、培养人的过程，也就是"以文化人"，重在"化"。因此，文化育人的问题具有显著的实践特性，也只有将其作为实践问题去理解和建设，才能在文化育人研究中取得更大的成就。

一、育人活动的构成要素

马克思主义的实践理论认为，人类任何一项实践活动都是关于对象的指向性活动，有实践活动的双方即实践的主体、客体以及实践的内容和实践的方式方法。大学文化育人活动是一种教育实践行为，通过多层面的教育实践，使大学人对大学文化进行"内化"和"主体化"，内化为大学人自身的思想、观念、认识、认同等，再反过来指导大学人改造自身、改造客观对象的实践和活动，从而形成大学文化的新元素。因此，如果单纯地从对象性活动中是否具有主动性、能动性来判断和区分主体、客体的话，那么，在由大学物质文化、精神文化、制度文化、行为文化等构成的大学文化综合体被大学人认同、内化的实践活动中，大学人包括大学教师、管理服务人员、大学生等是最直接和最主要的实践主体，各种文化形式是实践客体，其所对应的大学理念、大学精神、大学制度、物质环境、学术氛围、校园文化等是实践内容。在大学精神文化、制度文化的范畴内，大学人是实践主体，相关的精神文化形式、制度文化形式和内容是实践客体，这不难理解。然而，如果从力的作用的相互性来看，主体与客体、主体与主体之间都存在相互的改造与被改造关系、影响与被影响关系，那么在行为文化的育人过程中，一方面大学人要担当行为文化的主角去构建或创造不同类型的行为文化，在创造过程中这些创造者是主体，文化是客体，而另一方面，在创造出来的文化形式对受众即大学人施加影响和教育时，似乎大学人又成为了实践客体，"人"与"知识"进行了角色互换。在物质文化与大学人的相互作用中，即使大学人主观上不去接受，但物质文化对他的影响也还是同样存在并发挥着相应的作用，只是受影响的大小、接受程度不同而已，诸如此类被动接受大学文化同化的人的群体，有可能转化为客体。这也说明一个事实，那就是大学文化育人活动实际上也是一个主客体双向互动的过程，同时在一些环节和方面也是一个主体客体化（人的知识化）、客体主体化（知识人化）、主客体互相转化的过程。

二、育人活动的实践环节

文化育人实践遵从一般的实践过程和环节。大学文化育人的实践目标，就是大学文化建设形成一个无处不有、无时不在的浓厚文化氛围和向上的育人环境，既有按部就班有序的课堂教学和课程设计环节的教化，也有润物无声的感染与熏陶，使身在其中的学生耳濡目染，自然而然、自主自觉地实现思想认同、行为规约和品格养成。大学文化育人实践活动通过主体即大学人、客体即大学文化之间的双向互动与融合，最终实现我中有你、你中有我的效果和境界。那么文化育人活动的实践目标，某种程度上说也应是大学的办学目标，从知识和文化的层面上通过教师的传授和讲解向学生传播科学、传承文明，而站在化人的高度就是培养人才，立足社会的高度就是服务政治和经济社会发展，最终实现文化自觉。

文化育人活动的实践过程主要表现为具有能动性的大学人通过吸收、消化大学物质文化、精神文化、制度文化、行为文化方面的精神供养，一方面使其内化为大学人自身的理想、信念和行为准则；另一方面创造出新的思想和文化成果，最终既传承了传统文化，发展完善了人自身，又形成、发展了新文化，进行了文化创新与弘扬。如通过一系列的思想道德理论课的学习和社会实践，学生在课堂教学中领会和理解理论知识，在实践活动中接受活生生的教育与感化，真切地体验这是什么、怎么样、应该怎么做，从而帮助他们树立科学、正确的世界观、人生观、价值观等。

文化育人的效果，就是通过对大学人实施一系列的文化教育活动，达到教育的目的，彰显育人的成效。文化育人活动的效果，是期望在文化育人活动结束或告一段落后，在短期上使学生认可或至少不排斥所传授的知识体系、文化理念等硬知识；在长远目标上，理想的育人效果应该是知识和理念与人合二为一，硬知识经过人的消化、吸收转化为自身真实的认识和见解，并以此来指导自己的思想和行为，以至影响和改变他人与社会，这也是文化育人活动最高和最理想的境界。可见，文化育人实践活动的目标和效果其实是遥相呼应的，只不过需要由参与实践活动的双方通过一定的途径和方法，将实践内容不断内化和外化，最终实现实践目的。

三、育人活动的实现途径

大学文化育人活动本身就是一个复杂的、动态的实践过程。大学文化的主体是大学人，具体地说是大学的教师和学生，大学文化是由他们共同创造和再造的，从这个意义上说，大学文化即意味着"人化"，同时大学文化也是"化人"的过程，并且要重在"化人"。因此，"化"之于大学文化育人活动既是一种手段，更是一个过程，也是一种目的。那么，大学文化育人实践是如何实现的呢？育人活动包括哪些方面和环节？我们认为一般的文化育人实践主要体现为如下四个方面：

教书育人是指教师和学生在教与学的实践互动中不断接近和实现教育目标的活动。教书育人体现为知识层次和价值层次两个方面的育人实践。教学活动是大学中最基本也是最主要的育人实践活动，是学生和老师参与最多的校内活动，通过教师的言传身教和学生的深度参与，形成了教师与学生之间最有影响、最直接、最频繁的互动关系和最有成效的丰硕的育人成果，包括科学知识传播的成果、三观的确立以及道德情感的成果等。除了直接的教书活动和课堂教学形式，教书育人还体现为价值层面的育人目标，体现为教师在治学态度、行为方式、价值观念等方面对学生的言传身教和隐性教育，作风正派、治学严谨、品质高尚的老师对学生的思想观念和价值理念的形成具有直接的身先示范作用，老师对学生的这种或正向或反向的作用，有的可能会超过科学知识对学生的影响而成为决定其一生发展方向的因素。如毛泽东就认为，对他一生影响最大的人就是自己的老师。因此，作为大学教书育人主体之一的教师，不但应有高深的学术涵养，还应有正确的价值观念和良好的行为作风，既化己又化人。

管理育人是指学校的各级管理者在各种教育管理实践中所进行的育人活动和达成的育人目标。学校管理的主要内容是通过对内外部资源的有效组织和调控而实现的组织目标。管理活动主要是通过制度和规范的形式表现出来，其实质是通过学校各种制度的内涵形成和执行，对管理对象施加知识和价值层面的影响。相对于教书育人活动而言，管理育人主要是通过规范教学活动、学生课外活动等来实现，科学的管理和正确的决策有助于增加学生的思想认同感和提高教学、管理的效率和质量。一个运行良好的组织，可以为各项活动的持续性有效开展提供强有力的组织和制度保障。学校优良的校风、机关作风等都能够对管理对象的思想认同和价值观念产生正向的直接的影响；大学中的各项激励机制和鼓励政策都可以在育人活动中发挥很好的文化导向作用。

服务育人一般指学校后勤服务和保卫部门通过服务和保卫活动进行的育人实践和所实现的教育目标。其实，在"以人为本"教育理念的推动下，在以学生为中心的教育体系中，一切围绕学生的活动都可以称为服务活动，相关人员在服务过程中的言行举止和行为结果都可以影响和改变学生。因此，大学的每一位教师、行政管理人员、后勤保卫人员、教辅人员等都是现代大学和大学人的"服务员"，要一切围绕学校发展，围绕学生成长而作为，只有树立服务的理念，才能指导好服务的行动，才能开展好服务育人的工作和实践。

环境育人就是将大学精神、大学理念、大学制度、物化文化等植入学生日常所见、所闻、所感、所处的环境中而达到的教育目标。简言之，相对于大学人这个主体来说，一切主体之外的非我因素都可以称之为环境，可能是精神的熏陶，可能是氛围的感知，也可能是校园建筑的优美优越感，可能是社会和校友对母校的认可等。只要它们和主体有交叉的机会，就有育人的可能，因此，这里的环境育人范围很广，除了一般所认为的物质环境，还包括大学内任何可以物化的精神文化符号，诸如大学的雕刻、别具特色的建筑、校园绿化、校训校徽校歌等有形载体都是大学精神的物化形式，都承载着育人的功能。因此，大学和大学人在建设大学校园的实践中，要为每一草、每一木添加丰富的内涵，使其完美承载育人功能，发挥大学文化全方位育人的成效。

虽然说在阐述上述育人载体的育人实践时，我们将大学人尤其是大学生作为育人客体置于受教育的地位，但不能忽略大学人对大学诸多文化也有反作用，他们在内化大学文化的同时，也将其自身携带的本大学的"基因"传递和外化给了另外的人和社会，大学人之间也存在一种互动与感染、熏陶的关系。因此，每个人都是大学的文化符号，都是大学文化育人的主体和客体，把握好育人的尺度和核心理念，大学文化育人效果便不言而喻了。

四、育人活动的方式方法

要充分发挥大学文化育人作用，提升文化育人效果，科学有效的育人方法是关键。第一，充分利用好课堂教学主渠道，积极选用"互动式""体验式"教学新方法。在高等教育教学过程中，课堂教学是进行知识传播和文化育人的基本阵地和主要手段。一方面要充分利用好思想政治理论课的教育教学资源，开展充分有效的大学生思想政治教育活动，首先从思想上"化"人，这是社会主义大学文化育人的重中之重。另一方面就是要充分发挥教师作为课堂教学引导者和示范者的引领作用，保证每位教师、每门课程都承担育人职责，都具有育人功能，将教书与育人结合起来，使学生在学习知识的过程中产生思想共鸣。其次，课堂教学要善于更新和采用新方法、新手段，利用好多媒体、影视音频等辅助教学手段，活跃教学气氛，善于开展"互动式""体验式"教学，让学生学教课，让学生谈看法，使学生在角色转换过程中激发学习的兴趣和热情。第二，要善于开拓大学文化"第二课堂"育人平台，创新实践育人载体。"第二课堂"就是课堂教学之外的课外文化活动，如丰富多彩的校园文化艺术节、思想学术节、科技文化节、体育运动会、兴趣小组等，将其作为课堂教学主渠道的有效补充，丰富和繁荣课外文化生活，使学生在开阔眼界中增长见识，锻炼能力。开辟实践育人的新载体和平台，增加社会实践的机会，将理论教学与就业见习、实训实践、科技创新竞赛活动等充分结合，让学生在实践中得以成长和提升。第三，要发挥榜样示范育人效应，通过名人讲坛、学生先进个人、师德师风先进典型、优秀校友等杰出人物的先进事迹影响和带动人，激励和鼓舞青年大学生争当先进，奋发有为。第四，积极营造网络"微文化"氛围，开辟文化育人新高地。随着科学技术发展的日新月异，以手机、网络为主要形式的新媒体层出不穷，成为大学生群体日常生活、学习、社会交往的主要渠道和方式。因此，在高校文化育人实践中，要善于占领青年群居的阵营，通过创建各种网络平台如红色网站、QQ 群、校友录、微信、微博等将青年学生团结在微文化的包围中，以青年人习惯和喜欢的方式、话语教育引导他们，进而提升育人效果。

五、育人活动的体制机制

传统体制下的大学文化教育较多地表现为育人活动和机制的简单化、功利化，出现了某种程度上的大学精神虚无化和大学文化趋同化、世俗化。现代大学制度下，人们对文化育人活动有着更高的标准和期待，因此有必要构建一套行之有效的完善的育人体系和机制。

宏观层面上，高校应注重加强凝练独具特色的大学文化，培育大学的浩然正气，构建以社会主义核心价值体系为指导、以凝练和弘扬大学精神为重点、以培育优良校风和学风为根本、以文化活动和实践育人为主要平台和载体、以创建中国特色现代大学制度为依托的大学文化育人新体系。中观层面上，要创建学校、学院、班级、宿舍（学生社区）"四位一体"的联动育人新模式，在学校核心文化的影响和带动下，积极创建学院文化、班级文化、宿舍文化，发挥这些新的文化载体和文化板块在文化育人环节关键点上的作用，构建全方位育人的文化育人实践模式。微观层面上，构建大学文化"濡化"与"内化"相结合的双重育人机制。"濡化"是对大学文化自身而言的，就是让大学文化填满大学人生活和学习的各个层面和角落，使其无处不在，借用涂又光教授的"泡菜"理论，让优越的大学文化像空气和水流一样时刻环绕大学校园内外，包围和渗透大学人生活的时时处处；"内化"就是在濡化的基础上，积极动员和要求大学人吸收、消化大学文化，并使之内化、主体化为大学人自己的思想和认识。"濡化"—"内化"的双重互动机制，是大学文化自外向内的深入，一定程度上可以强化育人效果，达到较为理想的育人目的。

此外，文化育人要关注学生需求，坚持"以人为本"理念，建立与大学生日常学习和生活诉求紧密相关的奖励激励体制。如通过评优评先和党员发展、干部选拔等制定以坚定信仰信念为主的思想教育引导激励机制，以综合奖学金评定为主要方式的知识学习激励机制，以单项奖学金、学术学科竞赛奖金为主要评定方式的鼓励创新创业机制，以劳动模范、志愿服务模范、自强之星、励志先进个人等荣誉评选为主要方式的综合素质考量体制等，都可以在一定程度上、从一定层面对不同的学生群体进行相关的引导和激励。在学生教育管理和服务工作中深切突出人文关怀，是增强大学人文魅力的重要内容和方面。

第三章

大学文化育人的基本功能

大学首要的根本任务就是培养人才，它通过文化知识的传播来培育人、涵养人。大学文化育人功能主要表现为大学使命的人才目标定位功能、大学特色的人才结构优化功能、大学精神的价值引领功能、学术氛围的创新精神培育功能、校风校纪的行为规约养成功能、校园文化的能力锻炼功能。

第一节　大学文化的多重意蕴和构成要素

◉

大学文化是社会文化和人类文明的一种形态和具体表现形式，就一般意义上而言，它是一种先进的文化形式；大学既是先进文化的产物和象征，又是进行文化传承与文化创新的重要载体和主要阵地。因此，大学文化究竟是什么，我们应该如何界定它，是一项值得研究的课题。

一、大学文化的多重意蕴

长期以来，人们对大学文化的概念和内涵从各自不同的角度进行了诠释，可以说百家争鸣。尽管学界对大学文化的具体认识不完全相同，但其研究起点一般是基于对"大学"和"文化"的追踪而展开的。

关于"大学"的记载，在我国可见于《大戴礼·保传》："束发而就大学，学大艺焉，履大节焉。"古人即认为大学是学习大艺、履行大节的场所。《礼记·大学》中是这样论述的："大学之道，在明明德，在亲民，在止于至善。"也就是说大学是启化人的道德、亲善教化民众、追求善的场所。我国古代的成均、太学、国子监，古印度的巴瑞萨，以及柏拉图的学园等都是最早意义上的大学。

"文化"一词的出现在我国最早可见于西汉时期，刘向在其《说苑·指武》中提到："圣人之治天下也，先文德而后武力。凡武之兴，为不服也，文化不改，然后加诛。"束广微《补亡诗·由仪》载："文化内辑，武功外悠。"这里的"文"是和"武"相对立的，"文化"则对应于"以武治人"，武力达不到服人的效果时，则对其施行文治教化，即说教的意思。而《易经·贲卦》中写道："观乎天文，以察时变；观乎人文，以化成天下。"其前半句意为观察四季交替变化，是科学活动；后半句则意指教化人间万象，就要以文化人，"人文化成"，用人文知识来教化天下民众，也就是"文化"。《四书五经》中对"观乎人文，以化成天下"的解释是"下观人类文明，可以推行教化庶民促使天下昌明"。① 以人类文明而教化庶民，从而促使天下昌明，正是教育活动的本意所在。因此，"文化"对应于"人文化成"，包含两个方面的内容：即一个是"文"即"人文"表明了施行教化、教育活动的内容，即人文知识、人类文明等。另一个是"化"即"化成"表明了教育的途径方式，比如教育主客体的内化与外化。至此，"文化"由古代的单纯地与"武力"相对应仅指"说教"的含义演变扩展为现代意义上的"人文化成""文明开化"，具有划时代的意义。英国人类学家爱德华·泰勒在其著述《原始文化》的"关于文化的科学"一章中是这样定义文化的："文化，或文明，就其广泛的民族学意义来说，是包括全部的知识、信仰、艺术、道德、法律、风俗以及作为社会成员的人所掌握和接受的任何其他的才能和习惯的复合体。"② 据此，我们可以这样给"文化"下定义：人类在改造主客观世界的实践中所形成的一切人类文明成果，包括知识、信仰、风俗习惯、历史传统、行为规范、文学艺术等，这些都是经过人们的劳动和改造后天形成的文化形式和符号。

既然文化是在人们生产生活实践中产生的，是人们对自然、自身、社会、他人等认识和实践对象的反映，来自于人的映象和认识，作为意识现象而产生和存在，即文化本身具有精神属性，是一种精神存在，那么，依据文化在人们生产生活中产生和作用的方式不同，文化可表现为对物质现象的认识和反映即物质文化，对已有认识成果的认识和反映即制度文化、精神文化等。物质文化以其有形的外观向人们传递着某种文化信息，精神文化则寓于已然存在的精神现象中，并以其潜在性、内隐性存在于无形当中。

大学从其产生开始就以其独特的文明教化功能而存在，文化是"人文化成""文明教化"，那么大学文化是一种什么样的文化形式，又是如何实现对人的教化的呢？正如人们对文化的理解，仁者见仁，智者见智。人们对大学文化的解释也是众说纷纭，先后出现了亚文化说、文化系统论、组织文化学、精神

---

① 傅璇宗、李克：《四书五经》，沈阳：万卷出版公司，2010 年。

② ［英］爱德华·泰勒：《原始文化》，连树声译，上海：上海文艺出版社，1992 年，第 1 页。

环境说等。概括起来，主要体现在以下方面：

狭义的大学文化。人们对狭义大学文化的内涵也有两种不同的理解：一种观点认为大学文化主要指大学的精神文化，包括大学的使命、理念、办学宗旨、发展目标与学校定位，大学人的价值观念取向与精神状态风貌等，重点强调大学师生的科学精神和人文涵养；另一种观点认为大学文化包括大学精神文化和制度文化。这是在上述概念的基础上，还要求人们重视大学的组织文化建设和加强制度规约，是为大学人所普遍认同和践行的共同的思想引领、行为规则、价值观念、道德情感等。当然，也有一些学者对大学文化进行了横向划分，例如：依据大学内不同的人物群体，将大学文化区分为教师文化、学生文化；依据不同学科专业、教学单位等将大学文化划分为专业文化、学科文化、学院文化等。[1] 这种狭义的大学文化概念抓住了大学文化的要义和根本，体现着大学文化内部最深刻的核心概念。但也有两方面不足：一是外延过度狭窄，没有将大学文化放在一个完整的系统框架内去理解和把握，不能全面体现大学文化的整体性与系统性；二是内涵上过于笼统和抽象，没有对精神文化和制度文化进行科学的细分，缺少概念锤炼和理性思维，不能很好地揭示精神文化与制度文化的内在关联性，缺少理论高度。

广义的大学文化。人们对广义大学文化的定义，层次较多，相对比较复杂。如眭依凡等认为，"学府文化含有'文化'概念应有的内涵，但它又是对社会文化反复选择加以吸收并融入自己的大学意志、传统和个性的文化结构"[2]。即大学文化是一个承载着一般文化内涵，又具有自我文化个性的文化形式，是大学组织及其成员特有的思想观念、行为方式的总和。也有一些学者将人们关于文化通常的研究成果和通用的分析模式引进对大学文化的研究中，从而把大学文化划分为大学精神文化、大学物质文化、大学制度文化、大学环境文化、大学行为文化等方面，如赵沁平认为大学文化可通过精神的、制度的、环境的、产品的四个方面进行设计和分析[3]，王冀生指出"大学文化是大学在长期办学实践的基础上积淀和创造的大学精神文化、物质文化、制度文化和环境文化的总和"[4]。基于以上关于大学文化的认识，我们认为大学文化是以大学为载体，以大学人为主体，在大学长期育人实践不断发展和积累的过程中所形

---

[1] 萧思健等：《文化育人之道》，上海：复旦大学出版社，2012年，第10–11页。

[2] 眭依凡：《关于大学文化建设的理性思考》，《清华大学教育研究》2004年第1期，第11–17页。

[3] 赵沁平：《我国大学文化建设的创新空间》，《中国高等教育》2007年第24期，第4–6页。

[4] 王冀生：《大学文化的科学内涵》，《高等教育研究》2005年第10期，第5–10页。

成的价值理想、知识体系、行为方式、组织文化、环境氛围、人文传统、精神风貌的统称。对大学文化的这种解释方式，其突出特点是，以不同的大学文化载体将大学文化纵向区分为几个不同的方面，然后再从外部关联上将大学文化的这些方面进行加总。其优点是把握了大学文化的整体性和系统性，不足之处是把大学文化的整体性理解为不同方面文化之间的简单相加，没有揭示它们之间的内在联系和相互作用。

当然，还有一些学者将大学文化单一地理解为大学校园文化，将其限定为发生在大学校园内的形式多样、丰富多彩的文化形式和文化活动。我们认为，对大学文化的这种理解过于狭窄和单一，极大地限制和缩小了大学文化的内涵和外延，不利于对大学文化的全面理解与把握。

综上所述，以上关于大学文化的界定，一般是从文化学、分类学视角对大学文化进行了定义和分解，具有一定的合理性和研究价值。但总体而言，对大学文化本质的凝练缺少哲学视野的关照，对其文化内涵的总结，还存在着理论概括不够深刻，定义狭窄或过度宽泛的问题。因此，本书从马克思主义哲学视角出发，用哲学的思维分析和定义大学文化，大学即文化，文化是大学的本质属性，大学文化是大学和大学人在其长期的交互发展和文化传承实践中，形成的特有思维和存在方式，大学文化育人实践是"人化"和"化人"的有机统一，实践性是大学文化的本质属性。

二、大学文化的构成要素

大学作为一个特殊的文化组织机构和文化创新群体，是一个独立运行的社会子系统，有其内部完善的组织体系和运行机制，大学对社会而言、大学文化对社会文化而言、大学人对社会人而言都是相对独立的存在，它（他）们分别以各自独特的方式和优雅的姿态呼应着大学外部的期待与需求，在此意义上，一个大学就是一个独立的社会存在，是一个完整的社会子系统。大学文化作为一种"文化"的存在形式，是一种精神现象，是人们认识活动和实践活动的对象和结果。广义的大学文化，依据其承受载体不同，可以分为大学精神文化、大学物质文化、大学制度文化、大学行为文化、大学环境文化五个方面，并有其自身相对稳定和完整的体系结构。

同时，大学文化作为社会文化是大学这个子系统内的一种文化形态，具有自身相对的独立性，是一个整体性的概念和客观存在。但不能因为大学文化的整体性存在就认为大学文化是一个模棱两可的甚至虚无缥缈的文化形式。大学文化不但具有确定的依托载体和存在形式，大学的精神文化、物质文化、制度文化、行为文化、环境文化等根据其自身发挥作用的大小和对大学发展是否具有决定意义，也具有深层、中层、表层之分，还可以将大学文化以由表及里的分层方式层化为大学的深层文化、大学的中层文化和大学的表层文化，它们分别包含了不同的文化要素。这种方式体现了大学文化整体性与层次性的统一。

（一）大学的深层文化

大学的深层文化是内在地凝聚和揭示大学本质、使命、功能、发展规律的精神文化，其实质是大学对真善美的精神追求和价值弘扬，是大学的价值核心和承载的根本使命所在。在这个意义上，大学的深层文化也就是大学的精神文化，包括反映大学价值追求、社会责任的大学理想和大学使命，实现大学发展目标必须具备的精神内涵、功能目标等内隐性精神文化因素，如大学精神、大学理念、大学使命、大学责任、大学功能等，是对大学本质和发展规律的全面认识和反映。大学的深层文化是大学文化的核心和构成大学文化最根本的要素，决定了大学发展的方向，规定着大学的价值取向，是大学文化的灵魂。

（二）大学的中层文化

大学的中层文化是依附于深层文化而存在，保障深层文化正常运转和发挥作用的规则章程与制度保证，概括地说就是指大学的制度文化，如与大学发展息息相关的大学组织、大学制度、校风校纪、行为规范、大学章程等文化，这些都是维系大学发展和运行的良好秩序、规约大学和大学人行为、弘扬大学精神、实现育人目标不可或缺的制度保障，是大学文化重要的表现形式和组成部分。

（三）大学的表层文化

大学文化不是飘忽在物质、制度、实践活动之外，只存在于人的意念之中的虚无缥缈、不可捉摸的精灵，它必须植根于大学人文和物质文化环境中，这种以有形的环境、器物、具体文化实践活动形式表现出来的校园环境、人文氛围、物质条件等就是大学的表层文化。我们认为，大学物质文化（校园建筑、教育研究场所和设备等）、环境文化（校园景观等）、行为文化（学术、文艺、体育、公益等校园文化活动）等都是大学表层文化的主要方面和表现形式，它们共同构成了外显性的大学物质、环境、人文文化体系，是大学精神文化、制度文化的外在表现和依托载体，如大学设施、教学实验设备、校园景观、文化实践活动等，是大学文化中最具生机和活力的文化符号，能够直接为人感触，为大学育人实践提供了必不可少的物质保障和人文氛围。

大学深层文化内在地规定了大学目标和大学发展取向，是大学精神的表征，决定着大学中层文化和表层文化的设计，为中层和表层文化的发展提供精神动力，大学中层文化为深层文化的实现提供制度规约，表层文化为精神文化和制度文化功能实现提供物质条件和环境支持。这种深层—中层—表层的文化层次体系，体现了大学文化的内在统一性，它们之间相互关联和补充，共同构成了大学文化生态系统，不断促进大学文化的发展和育人功能的实现。

第二节　大学使命与人才培养目标

●

一、大学使命的理论论争

关于使命一词的词义，《现代汉语词典》中是这样描述的："派遣人去办事的命令。比喻重大的责任。"因此，使命是针对行为主体而言的，意指行为或实践主体（人、或类人的事物等）在社会实践中所应承担的责任。[①] 也是对主体社会价值的一种判断和要求。那么作为社会文化活动组织的大学使命就应该是大学在社会发展中所应担当的社会责任、历史使命及其所应扮演的角色和发挥的作用，即大学存在的意义，是社会对大学所应有的价值的判断和期待。随着大学的发展演变，为顺应社会发展变化的趋势，实现人们对大学发展的期待，大学使命也伴随大学的产生和发展而不断发展，并且在不同国家和民族的不同历史时期，大学所承担的使命也不完全相同，一部大学发展史就是关于大学使命的演变史。正如美国著名学者哈罗德·珀金所说："大学的历史可以说是不断改造自己的形式与职能，适应于当时当地的社会经济环境的历史。"[②] 因而，人们对大学使命的认识和理解也有一个历史演变的过程，经历了从无意识

---

① 刘丽娜等：《论大学使命的演变》，《扬州大学学报》2009 年第 2 期，第 7-10 页。

② ［美］伯顿·克拉克：《高等教育新论——多学科的研究》，王承绪译，杭州：浙江教育出版社，2001 年。

到有意识、从单一到全面、由浅显到深刻的发展阶段。

（一）中国古代为政治服务的使命

在中国，最早的大学雏形可追溯到奴隶制国家出现之后，不同的社会历史时期，大学的形态分别以当时的成均、辟雍、稷下学宫、太学、国子监、书院等形式表现出来。最初大学是与政治机关混合在一起的，一些奴隶主和官员在这里既为官又为学。如成均，相传是在原始社会后期，尧舜等为保持后氏族公社部落的凝聚力而专门设立的；而太学是统治者为加强封建统治、彰显中央集权和提高吏治效能而设的；国子监则由原来的由政府设立的专门教育机构逐渐演变为学术权力机关直至清末的买官卖官机构；而书院则是民间专门为读书和讲学而设的，极大地增加了普通阶层接受教育的机会。远古时期所谓的高等教育我们可称之为前大学教育阶段，在这个阶段，西方的"大学"依附于宗教势力和教会，以传播教义、普及人文知识为责任和使命。中国古代"大学"的主要职能则更多地表现为政教合一，主要责任是服务于政治和封建统治，但客观上也承载了知识传播和为时代发展培养人才的使命。东西方最早时期的"大学"教育具有明显为政治和宗教服务的特点，其实是充当了政府智囊、宗教教化的角色，虽然具有某种代替统治者和宗教势力蛊惑、愚弄民众的色彩，事实上却也培养了大量政府官员和专门的传教士，在很大程度上提高了学人水平和吏治效能，助力人类社会的不断向前发展。

（二）中古时期的人才培养（知识传播）使命

近现代意义上大学的雏形，在远古时期就已经出现了，如古印度的巴瑞萨、隐士林，古埃及的海立欧普利斯大寺，柏拉图创办的学园，亚里士多德创办的吕克昂，拜占庭帝国时期的君士坦丁堡大学、雅典大学等，它们是一些学人依据自身兴趣和爱好面向其他群体进行讲学的地方，其主要目的是传播知识和文化，颂扬宗教，客观上培养了对宗教和政府、社会发展有用的专业人才。到欧洲中世纪早期，产生了一批专门从事职业培训的院所。如萨拉诺大学最初是一所医学院，博洛尼亚大学发端于法学院，巴黎大学则是一所神学院。这些大学培养出的学生大多从事诸如医生、律师、教父等职业，大学传播知识是为学生职业发展而并非专注弘扬学术，成了名副其实的职业训练学校，具有极大的职业性、功利性和实用性。这个阶段欧洲大学的使命就是传授专业知识，培养专业人才。正如布鲁贝克所说："中世纪的大学把他们的合法地位建立在满足当时社会的专业期望上。"① 与之相比，牛津大学、剑桥大学等的教学导向则有很大的不同，他们以培养绅士为主要目的，主要教授学生人文科学知识，不传授职业训练知识。如英国大教育家纽曼认为"大学是一个传授普遍知识的场所，是一个推动探索，使各种发现得到不断完善和证实的地方"，大学为学生而设，为教学而设，大学的目的在于给学生提供一种"自由教育"，使学生发展成"绅士"，他反对把大学局限在单一的专业教育上，认为学生应在普遍知识的平等交流切磋氛围中自由地进行自我教育。② 这种教学为人才培养和知识传播服务的理念和制度一直延续至今，被广为认同。无论是在西方大学发展初期的职业人才训练和培养，还是到 19 世纪纽曼所提倡的绅士培养、知识传播，都是大学以自己的方式在培养人才并传播文化，凸显了这一时期大学自在、自为的使命意识和价值选择。

（三）科学研究的使命

19 世纪中叶，威廉·冯·洪堡在对柏林大学进行改革的过程中，认为大学要"发展知识"而不是"传授知识"。③ 这一办学新理念使得一些新式大学摆脱了中古的学术传统，标榜大学新理念，将"发展知识"即科学研究的精神引入大学教育，影响到欧洲各国。19 世纪的欧洲大学之所以要承担起科学研究的重要使命，其根本原因发端于社会发展对科学技术和科技人才的需要。由此，大学便顺应历史的发展，以科技成果和科技人才创造者的身份承担起了沉重的社会历史责任——科学研究。至此，大学仅仅作为知识传播、人才培养场所的理论第一次被提出质疑并进而得到了发展和完善。

而在 20 世纪初的中国，伴随着北京大学的成立，我国现代意义上大学的发展进入了快车道，一些学者开始关注西方大学的发展，并将其理念引入中国，不断发展和完善中国的大学使命研究成果，如蔡元培、梅贻琦、蒋梦麟、竺可桢等学者都对大学的使命和理念有着精辟的论述。蔡元培认为："所谓大学者，非仅为多数学生按时授课，造成一毕业生之资格而已，实以为共同研究学术之机关。"④ 也就是说大学的任务不单单是要讲授知识和教育学生，更重要的是要作为研究高深学问的场所而存在。梅贻琦指出："凡大学之使命有二：

---

① ［美］布鲁贝克：《高等教育哲学》，王承绪等译，杭州：浙江教育出版社，2001 年，第 96 页。

② ［英］约翰·亨利·纽曼：《大学的理想》，徐辉等译，杭州：浙江教育出版社，2001 年。

③ 陈洪捷：《德国古典大学观及其对中国的影响》，北京：北京大学出版社，2002 年。

④ 蔡元培：《蔡元培先生纪念集》，蔡建国编，北京：中华书局，1984 年，第 62 页。

一曰学生之训练，一曰学术之研究。"[①] 在这个阶段，以现代新兴名校校长为代表的高等教育家积极借鉴和学习西方关于大学使命和理念的成果，运用于中国大学的办学实践中，在知识传播的基础上弘扬了大学作为学术机关进行学术研究的责任和使命，是中国现代大学理念的发端，为中国大学发展理论的后续研究奠定了坚实的基础。

（四）为国家和社会服务的使命

随着美国工业化进程的加快，社会对高等教育和人才的需求更加迫切。在查理斯·R.范海斯主导下的威斯康星大学积极响应大学与社会应紧密联系的呼声，提出大学要融入其所处的经济社会环境，服务于本州全体公民的发展；克拉克·科尔则指出，"当代大学功用面对它的新'角色'，必须严肃地审视它所处的新的'现实'，即知识经济时代的到来，……，大学本身就是一个等级社会，一方面要维持与探索真理，一方面又要服务社会"。[②] 至此，大学要服务于经济发展和社会需要、服务于民众生产生活的使命被明确地提了出来，指导着现代大学持续不断地向前发展。

在中国，大学为社会和国家服务的使命最直接地体现在西南联合大学、抗日军政大学的创立和办学实践中。它们以挽救国家命运、抵御外敌入侵为使命，拯救国家和民族于危难之中，虽然存在时间不长，但却以强烈的使命感和独特的育人模式为当时的中国培养了一大批军事人才，极大地满足了战争的需要。

北京大学前校长陈佳洱认为，引导社会向前发展是大学应完成的使命。在当今经济全球化的大潮中，文化多元化导致价值观念多元化，人们的价值选择和价值取向更趋于实用性和功利化，传统的大学理念和价值原则受到极大的冲击，并在现实上存在着一定程度上的被边缘化，很多社会人在这瞬间巨变面前显得无所适从。大学在社会文化组织中扮演着精神导向和价值引领的重要角色，这就要求大学首先要担当好、扮演好、解决好自身发展的角色和问题，更要承担起引领文化潮流和引导社会发展的使命。

可以说，在中西方大学发展的进程中，依据当时社会经济、政治、文化、环境的特点与变化，大学的使命由最初为社会职业发展培养专门人才和服务政治，到重视学术文化传播、倡导学术自由和培养博通人才，再到弘扬科学研

---

① 梅贻琦：《梅贻琦教育论著选》，刘建礼、黄延复编，北京：人民教育出版社，1993 年。

② ［美］克拉克·科尔：《大学的功用》，陈学飞等译，江西：江西教育出版社，2002 年，第 54 页。

究、服务经济发展，最后发展到全面服务社会、引领社会前进的演变和历程，直接彰显了大学作为社会教育机构，不断承担着为社会培养专门人才、进行科学技术革新和创造、传播传承知识和文化的使命，还要从整体上服务于社会发展的各个领域和方方面面。大学的使命是艰巨的，也是无比强大的。没有大学的支撑，社会不可能在全面和深入的层面上快速前进。

二、理论论争的实质是大学与社会的适当距离

关于大学使命问题的争鸣，不断促进着已有理念的巩固和新理念的产生。然而，关于大学使命理论论争的实质其实是大学与社会的适当距离问题，是大学人"出世"或"入世"的问题。在中国有句古话，叫作"两耳不闻窗外事，一心只读圣贤书"，尽管它直接描述的是学子在求学过程中专心学术、潜心研究的场景，但还有另外一番寓意，意指一心向学的圣贤人只要做好自己教书或求学的本职就好，不要贪图外界的功名利禄。这从很大程度上表明当时学人的清高和对外界世俗的不屑。但也同时说明，求学就是沉下心来一心一意做学问，应杜绝浮躁的心态和浮夸的作风，否则，将学无所成。

在古代的中国，大学与社会的关系可直接体现为大学与政治、政府之间存在的剪不断、理还乱的千丝万缕的联系。大学到底是要远离社会还是要融入社会，大学使命究竟是要服务社会还是仅仅服务于人自身，其直接取决于人们求学的目的。在封建社会，由于统治者对平民思想的禁锢和利于统治的教育导向，多数的人们求学就是为了"学而优则仕"，通过研习学问来考取功名，这种情势下的高等教育就必然要以培养官宦人员的方式实现与社会、政治的对接，教育就是为政治服务的，某种意义上就是阶级统治的工具，为统治阶级服务就是当时大学的社会使命和人才培养、知识传播的归旨，这时大学与社会就是一体的。当然，尽管任何一个社会都有一些虽饱读诗书、才华横溢，却自恃清高或因怀才不遇或因遭受官场挫折而选择远离政治、寻求"世外桃源""与世隔绝"的人，这种"出世"的现象直接表明学术与社会有一定的距离。但这种距离并不能完全说明当时的大学就是绝缘于社会或政治的，而恰恰是对当时大学教育功能流弊的一种写照。

在西方，人们对大学使命的理解极少直接依附在政治层面。如西方关于大学人才培养、知识传播的使命认识，其关注的重点不在大学与社会的关系上，而是直接关注大学与人的关系。职业素质训练也好，绅士培养也好，知识传播也好，都是直接与人个体的全面发展和人的职业选择联系在一起的。大学对于

学术自由的倡导与传播，一是对学术研究的崇尚；二是对人的思想和行为自由的一种追求，是要实现人在知识上的主动性与自我自在的境界，即人要做自己和知识的主人，最终实现不为外界所摆布、不为社会所左右的悠然自得。但不得不承认，大学毕竟是存在于社会这个大环境中，社会作为大学的母体，大学发展不可能与社会脱离、脱节而独立存在，没有社会经济政治环境的变幻，大学也不会有充足的发展外力。没有社会对于大学文化和研究成果的检验与评判，大学也不可能自主取得新的进步和技术创新。这是社会对于大学存在的意义。同样基于这种需求关系，当今社会的发展进步也离不开大学的发展。大学对社会的责任，不只在于以先进的文化形式和理念引领社会创新，更在于培养社会发展和创新所需要的人才，人是社会发展的根本动力，大学通过向经济社会发展提供人力资源而推动社会向纵深发展，这是大学对社会进步最重要的责任和最突出的成就。

如果说早期的大学曾有过大学之于社会的责任的话，那不过是统治者需要大学来培养专门人才而服务于政治，而现在人们对大学社会责任的极其重视和日益关注，则是由于大学在知识经济时代其社会作用的无限发挥与增加。进入 20 世纪以后，社会生产极大发展，科学技术日新月异，人的需要不断丰富，大学人的思想受到外部环境的冲击和洗礼，大学如果不与社会进行充分的交叉和接轨，其发展就很有可能遭遇停滞不前。因此，必须在原有使命的基础上继续加强大学与社会的合作，承担更多更大的社会责任，促进社会的快速进步，进而推动大学的创新和社会适应与生存能力、持续发展能力等。

当然，当前的社会是个无奇不有的社会。先进的、优秀的东西与肮脏的、糟粕的东西共存。大学在与社会接轨、服务社会发展的同时，首先要具备区分精华与糟粕的能力，并秉持大学一向高贵的品质，不与糟粕同流合污；其次大学还要自觉承担起改造社会不良因素的责任，引领正向风气，营造优秀文化氛围，最终实现引导社会不断向前发展。

三、大学使命认识不同对育人目标的影响

人们对大学使命的认识高度决定了大学的人才培养目标和办学定位，不同的大学使命意识所指引和制定的人才培养目标也会大相径庭。大学使命规定着办什么样的学、育什么样的人的问题。

在以政治服务为导向的社会氛围中，社会要求大学为政治统治和政治发展培养专门人才。因此，大学之于社会的使命和责任就是为政治服务，大学育人

的目标就是培养服务于政治的专门人才，大学的定位和发展就围绕这个目标设计教育理念、进行课程安排、营造校园氛围等。在此理念下培养出来的学生要有很高的政治觉悟和政治素养，熟知政治制度设置，是掌握全面的行政管理知识和具备较高的管理能力的政治人才，这样才能适应政治统治的需要。

在以知识传播为导向的大学使命指导下，大学育人目标较少受到社会需求的牵制，基本可以按照人类关于文化认识的发展规律、人才培养成长规律来培养人才，传播知识。这种情势下的人才培养目标可分为两种。一种是培养"通才"或"全才"。以此为导向的培养目标是按照博学多才、融会贯通的原则循序渐进地进行知识传授，以培养知识渊博、眼界开阔、胸襟坦荡的学术人才为目标，以学无止境、思想自由、道德高尚、行为世范为理想追求，也就是培养全面发展的"通才""全才"。这种情况下培养出来的学生具有较高的思想素质和学术水平，适应性很强，具备从事相关专业和职业的基本素质与能力，但可能会缺少对某一学科的精通或专攻，如各类综合性大学、基础学科、人文社会科学类学科培养的人才大多如此。而另外一种是培养"专才"或"精英"。这种"专才"培育一般是知识传播服务于个人职业发展和学术研究，针对学生进行职业选择时的职业标准和职业需要开展有计划、有目的、有选择的知识学习与素质培养，使得学生掌握至少通识一门职业知识和专业技术的学问，也即具有一技之长，以备就业需要。这种理念下培养出来的专业人才，一般专业水平比较高，但可能会缺少宽厚的文化基础和深沉的文化内涵，专业门类狭窄，适应性较差，难以进行自我超越。诸如现在的专业技术教育、职业技术教育等从事专门职业教育的学校或机构。这两种情况下培养出来的人才，本质上都是一样的，既实现了知识的传播，又培养了人才，人才走向社会后，能够为助推社会发展作出贡献。

在以科学研究为主要使命的大学中，人才培养目标会比较单一，即创造新知识和培养新科学家。重在一个"新"字，也就是创新。目标单一，但对人才要求非常之高。需要学生具有敏锐的观察力、洞察力，具有缜密的逻辑思维、善于创新的意识和能力、潜心学术研究的意志力和精气神等。这样的人能够在传承已有知识的基础上源源不断地创新，创造新知识、新文化，他们是未来的科学家、发明家等。他们能够以个人的能力和研究成果影响甚至改变一个时代、一个国家直至整个人类的命运，如牛顿、爱因斯坦等。这种人才培养的境界极高，难度极大，除了作为外部环境因素的学校人才培养目标设定、氛围营造外，个体的天赋也发挥着十分关键的作用。

在以服务社会、引领社会向前发展为大学使命的育人体系中，大学应以培养兼具"博通"文化知识和"专精"学科专业的综合型人才为目标。也就是说学生不但要具有雄厚的人文社会科学知识和科学素养、具备"全才"的素质，而且要就某一专门知识进行深入学习和研究，取得较高的专业水平，具有"专才"的本领，最终实现全面、自由发展。也只有这样，他们才能在任何一个岗位上都能够发挥才能，才会有较大的可能成为社会精英和社会领袖，从而在更大程度上服务和引领社会发展。

第三节 大学特色与人才结构特征

追求和培育大学特色正逐渐成为世界各国大学办学的重要发展趋势，也越来越成为高等教育研究的时尚和热点话题。而在我国，将凝练大学办学特色提升到与创建世界一流大学直接相关的高度，一方面说明国内大学的特色创办之路还很长，另一方面也预示了大学特色在大学发展和人才培育方面的重要作用和意义。大学特色要探讨的是"办什么样的大学""怎么办大学"的问题，特色是大学文化的一种独特的诠释和表现方式，它可以是办学理念层面上的、人才培养层面上的、校园文化层面上的。但无论是哪个层面上的大学特色，都与大学人才培养的质量和水平息息相关。

一、大学特色的理论之维

要把握大学特色的含义，可从对"特色"定义的查询着手，如"特"在《辞海》中被释义为"杰出的""独有的"，"色"被解释为"颜色""品类""景色"等；而在《现代汉语词典》中，对"特色"的定义是"事物所表现出的独特的色彩、风格等"。那么什么是大学特色呢？国内外学术界关于大学特色相关的名词和叫法就有很多种，有的将其理解为办学实践中的办学特色，有的称之为教育特色，还有诸如学校特色、特色学校的叫法等。相应地，学界关于"大学特色"相关问题的研究也比较多，但在什么是"大学特色"、怎么凝练大学特色等问题上却出现了明显的分歧，其中广为传播、较具代表性的说法有"经验论""风格论"和"特征论"。

关于"经验论"，学者主要是依据某一所大学办学实践，对该大学在某一个或几个方面形成的办学传统、体制、机制或办学经验进行的总结。有学者认为，"所谓学校的办学特色是学校长期积累下来的，能对教学工作起基础作用，其自身已形成了传统或制度，对人才培养起潜移默化的重要影响，且得到社会公认的办学经验"。[①] 顾明远认为，"何谓特色，顾名思义，是指不同于一般：不是平平常常，而是要有所创新，是有个性，而且这种个性能够形成传统，代代相传"。[②] 有研究者指出，"所谓大学特色，是指一所大学在长期人才培养、科学研究和为社会服务的办学实践中所形成的具有优于他校的稳定的独特的理念、模式、风格、氛围、文化、发展方式、专业、学科乃至历史事件和特殊学人等等，是一所高校对自己长期办学经验的总结，并在以后的办学实践中不断传承、不断积累，进而形成特色"。[③] 这种关于特色就是办学传统经验总结的说法，具有一定的合理性，能够从某些方面突出一些高校独特的办学理念和文化活动，但这些理念或活动形式或许以经验总结的说法而存在会更合适，其是否具有大学特色的深度和高度则有待进一步推敲。

关于"风格论"的大学特色一般是从整体上对学校的精神风貌、个性特征，进行描述和概括、凝练。如中国工程院院士黄伯云认为："大学特色是指在一定的办学思想指导下和长期办学实践中逐步形成的独特、优质和富有开创性的个性风貌。"[④] 也有学者认为，"办学特色是指在长期办学过程中积淀形成的，相对稳定并在社会上具有一定影响的，本校特有或优于其他学校的独特优质风貌。办学特色可以体现在治学方略、办学观念、办学思路、教学管理制度、运行机制、教育模式、人才特点、课程体系、育人环境等多个方面"。[⑤] "风格论"的研究视角从表层上看，是依据一种非常抽象的理论维度，仅从整体的面貌特征上对大学特色进行了抽象概括，缺少具有说服力和表征力的物质载体。

关于"特征论"，学者主要是通过描述办学过程中的个性特征和具体表现

① 刘春惠：《大学办学特色：内涵与影响因素——兼论北京邮电大学的办学特色》，《北京邮电大学学报》（社会科学版）2005 年第 7 卷第 4 期，第 52—80 页。

② 顾明远：《啥样才算"办学特色"》，《中国教育报》2000 年 5 月 23 日。

③ 刘全顺：《实施"特色兴校"战略的理论思考》，《煤炭高等教育》2006 年第 2 期，第 46—48 页。

④ 黄伯云：《特色发展：大学办学之理念》，《现代大学教育》2003 年第 1 期，第 3—6 页。

⑤ 李福华：《论高等学校的国际化办学特色》，《清华大学教育研究》2006 年第 3 期，第 77—82 页。

层面和形式来说明办学特色。如郑金洲等认为，"办学特色就是要创办文化上有自身特色的学校，这种学校在文化的各个层面——精神、制度、行为及物质设备上，都或多或少地存在区别于其他学校的文化特征"。[①] 张晓洪认为，"办学特色，就是办学的'个性化'，它不仅体现在高校办学性质、类型、社会服务面向和行业特色、地方需要上，而且体现在高校办学的目标定位、人才培养目标及模式、学科建设的规模和专业建设的布局及结构上。特色不是整体优势，而是局部优势"。[②] 刘尧认为："大学特色是指一所大学在长期发展历程中，形成的比较持久稳定的专有性或显著性的发展方式和被社会公认的、独特的、优良的显著特征，是一所大学赖以生存与发展的生命力，是一所大学的优势所在。"[③] 这种"特征论"区别于经验论和风格论的显著标志可能是具有更加明确和有形的媒介与载体，就某一所大学来说具有不可替代性和复制性，更加接近于人们关于大学特色的期待与判断。

综合以上学者关于大学特色的阐述和定义，经验论也好，风格论也好，特征论也好，要么是基于某一所大学办学经验的概括而将办学传统作为大学特色，要么是基于大学之间比较的视角，突出某大学在某方面的独有性，抑或是片面地将大学特色具体化为一定的风格风貌、层次表现等，都从不同的方面和视角说明了大学特色具有的一些共性和个性的含义。我们会发现，这种特色较多地体现为一种外在有形的形态，可以说是对物的固化。我们说，在大学特色凝练中，应该更加看重精神内涵的实质性传承，即应加强对"神"的凝练，以不可比拟的精神灵魂去标榜大学育人的价值理想和精神追求，这才是具有不可超越性的大学特色。本书关于学界目前已经成形的具有代表性的观点进行的粗略分类，只是依据个人研究需要和便于深刻剖析概念分析而设，并不是说所有关于此问题的研究都一定会归于其中一个。事实上，人们在实际研究工作中对此问题的探讨往往会在内容上相互批判、融合，在方法上互相取舍、借鉴。

在学者已有研究成果的基础上，我们认为，大学特色是指一所大学在长期的发展和办学实践中，形成的关于人才培养、科学研究、社会服务等方面独特的价值理念和具有极大社会影响力和较高认可度、具有不可复制性和超越性的文化传承和创新模式。大学特色应是一种共性与个性、相对性与绝对性、稳定性与发展性、内涵性与扩散性相结合的独特的文化模式。

---

① 郑金洲：《"办学特色"之文化阐释》，《中国教育学刊》1995 年第 5 期，第 35-37 页。

② 张晓洪：《试论一般高校办学的目标定位》，《广东经济管理学院学报》1999 年第 2 期，第 29-31 页。

③ 刘尧：《大学特色的形成与发展》，《清华大学教育研究》2004 年第 6 期，第 87-91 页。

培育和凝练大学特色就是站在文化建设的高度，依据办学理念、人才培养目标来决定大学特色，既体现学校长期积淀的优良传统，又要独具时代特点和文化个性。因此，大学特色的培育与养成是大学文化育人实践的重要内容，是大学文化传承创新的重要方面。

二、大学特色理论分歧的内因是办学目标不清晰、文化个性不足

人们关于大学特色问题的认识之所以出现各执一词、莫衷一是的分歧，一方面是个人理论认识水平和思维习惯的不同，另一方面是研究者分别站在个人的立场和研究视角，从自我的认识论高度出发来看待大学特色问题，从根本上说是对大学办学理念和办学目标认识不够清晰，对大学特色作为大学的文化个性认识不充分。因此，关于大学特色问题的认识可以从以下两个方面来认识。

（一）大学办学目标是办学特色的灵魂，办学特色是对办学目标的回应与互动

大学办学目标在精神和理念层次上决定了要办什么样的学、要培养什么样的人的问题。大学特色是在实践中关于如何才能更好地办学、如何才能培养优秀人才的问题。两者在理念和实践上双向互动并呼应，大学特色在事实层面上以大学办学目标为导向，并在办学过程中体现、传承和践行着办学目标。大学办学目标明确、清晰，决策者对办学目标有全面的把握和深刻的认识，就能够在大学特色培育时定位准确，有利于凝练出特色。否则，如果对大学办学目标没有清晰的认识，就不能准确界定大学特色的设定和内涵，容易造成大学办学的同质化倾向。这其实在我国大学的办学实践中表现得尤为突出。如纪宝成在大学校长论坛上谈到大学特色的问题时说，"现在的大学，喊出的口号都一样，'综合性、研究型、开放式'，重点大学都这么提；……，很多学校盲目攀比，追求高、大、全，千校一面的趋同化倾向令人担忧"[①]。在社会组织的舆论导向、政府决策政策导向的盲目影响下，大学的发展千篇一律，毫无特色可言。而纵观世界一流大学，哈佛大学的卓越政治家层出不穷，剑桥大学的物理专业世界一流，麻省理工学院以多产著名工程师而闻名天下。这是在向我们证实：办学目标准确了，大学特色就显著了，特色人才就诞生了。因此，在提炼和培育大学特色方面，中国高校面临着来自自身、社会、政府等不同层面巨大的挑

---

① 刘尧：《大学特色的形成与发展》，《清华大学教育研究》2004年第12期，第87-91页。

战和压力，创建世界一流大学的美好期望将是一个艰巨而沉重的历史任务。

（二）大学特色要充分彰显和体现大学的文化个性与不凡的精神风貌

大学特色是共性与个性的统一，具体到一所大学内部的特色，就体现了它区别于其他大学的独特之处，也就是该大学自身的文化个性。既然大学特色是大学在人才培养、科学研究、社会服务等方面独特的大学理念、文化传承和创新模式，那么，大学特色也是大学文化的一种表现形式，是大学诸多文化中特征明显、个性突出的部分和方面，区别于一般的共性的大学文化。大学特色一方面突出了大学文化的特质和个性；另一方面还以其独特性、独具性不断地发展和创新着大学文化，不断形成更多、更新、更具特色的文化个性。这种类型的大学特色一般依托于具体的大学文化载体而存在，如北京航空航天大学的特色专业文化个性、上海立信会计学院的学科特色、广西民族大学的校园文化特色等。我们在设计大学文化、定位大学特色时，必须要充分考虑和兼顾学校本身的特点，同时挖掘时代文化气息，紧随社会进步步伐，使得大学特色的文化个性在传承的基础上不断增加新内涵。

三、办学特色对人才培养结构的影响

为了便于研究办学特色与人才培养之间的影响关系，我们可以依据人才培养结构层次与划分对大学特色进行分层定位。我们可将大学分为综合特色型大学、学科专业特色型大学、育人理念与模式特色型大学等。

（一）综合特色型大学的全面、多元人才培养导向

综合特色型大学一般指向的对象是各类公办综合性、巨型大学。这类大学一般能够涵盖哲学与人文社会科学类、自然科学类几乎所有的学科和专业，如郑州大学、美国早期的文理学院等。在综合性大学里，学科门类齐全，各学院规模相当，培养质量和社会影响相当，那么不同专业的学生人数差别不大。此类大学的特色就是学校名气大、规模大、学科全、发展均衡、综合培养质量较高，可谓综合特色明显。这类综合特色明显的大学人才培养结构也会比较均衡，可以进行文科、理科、工科、医科、经济管理类学科等各学科的全面的人才培养。但有的综合特色型大学的一些学科专业依据社会需求进行特色培养，人才需求大、人才质量高，可能会发展成为大学里的优势学科，从而会影响或打破整体均衡的人才培养结构。如北京大学虽然是综合性大学，却以文科见

长，那么文科相关专业的人才规模就会大一些。这种人才培养模式，学生知识面广、综合素质好，形成了科学研究——就业导向——其他的多元的人才结构。综合特色型大学的特色主要表现为大学在多学科设置中有优势专业，在教育管理工作中有优良传统，在校园风貌设计上有特色载体，这种综合创新使高校在人才培养层次上能够兼顾高层次研究型人才培养与一般层次人才培养，既有学者型、研究型人才不断涌现，又有能力素质型精英辈出，既适应科学研究创新的需要，又能够满足社会职业发展对人才的需求，这种多元化的全面人才培养就是其办学特色。

（二）学科专业特色型大学的职业人才培养导向

学科专业特色型大学具有以某优势或主导学科人才培养为主的培养结构，它一般可指以某一个或几个学科命名的精英学院或传统的职业学院，如医科大学、师范大学、工科大学、水利大学、财经大学、农科大学、林业大学、航天大学等。在这样的大学中，具有明确的主导学科和专业，它们在学校所有学科中处于主导和优势地位，其他学科专业处于从属或边缘位置，大学里处于主导地位的优势学科、专业为凸显其优势地位，必然会有大的招生规模、优质的培养质量、优良的培养模式；辅助性的学科则办学规模小、学生人数少、学校关注少。那么在这种类型的学校中，就形成了以优势学科人才占主导、其他学科人才边缘化的人才培养结构。这种结构其实不利于共性人才目标的实现，对于少数人来说是在接受着不公平的教育。但这在我国大学中占有不小的比例。在这种办学模式下培养的人才以精通某一专业为主要特征，是面向就业需求的人才培养导向。这种以学科和专业为办学特色的大学，其优势集中体现在其优势学科的人才培养质量上，这种人才培养模式可以使学生将其全部精力投放于本专业的学习研究中，培养出精通专业的研究人才和擅长技术的职业人才的可能性很高。这种高水平专业认知和技术才能可以帮助学生在职业发展的道路上走得更顺利，有利于学生的职业选择和长期发展。

（三）育人理念与模式特色型大学的人才综合素质提升导向

育人理念与模式特色就是大学在进行人才培养过程中具有的独特理念和做法，它可以出现在任何一所大学、任何一个院系，与教育主体的理念创新和工作投入程度直接关联。这种育人特色一方面体现在人才培养理念上，包括大学理念、大学精神层面上育人工作的独特性。如竺可桢在浙江大学任校长时"求是"的精神和理念，引导着广大青年学子不断探寻真理，养成了严谨、实事求是的作风。另一方面还体现在独具特色的校园文化氛围和育人模式上，包括文化载体、文化途径、文化理念等，以增强学生的认同度、荣誉感为主要取向，在关注和完善学生人格上下功夫，可以在很大程度上活跃学生思维和校园文化氛围，在提升学生综合素质和增强适应性上突出育人效果。如耶鲁大学的住宿学院成为学生津津乐道的大学回忆，哈佛大学为增强学生独立思考问题、解决问题能力而精心设计的课程教学等，在学生中反响很好。在这种模式下，可以培养出人格完善、素质全面、能力超群的人才，形成综合素质提升导向的人才培养结构。这样的人才具有极强的社会适应能力和自我管理能力，一般会有大胆探索和勇于尝试的勇气和胆量，有可能会成为政治领袖、群体精英等。

以上关于不同特色类型的大学具有不同的人才培养导向，这种划分和对应方式并不是绝对的，只是这种导向有可能成为大学在人才培养机构中的主要方面和较大取向，而不是一成不变的。各个高校应依据自身特点时代和地域特色，找准特色定位，明确人才培养目标，不断在推进大学发展的进程中提高人才培养质量。

第四节　大学精神与学生价值追求

●

一、大学精神的学理纷争

自中世纪大学诞生以来，大学精神一直以其智慧与正义的光芒吸引和激励着人们世代追慕与景仰。正如美国著名学者和教育家弗莱克斯纳所言："总的来说，在保障大学的高水准方面，大学精神比任何设施、任何组织更有效。"[①] 大学精神对大学的不可或缺性，决定了它在学术界成为永恒话题的地位，人们对大学精神的讨论从未间歇。国内关于大学精神的研究始于 20 世纪 90 年代中期，并且在近些年来越来越成为一个受到广泛关注的论题。

在关于什么是大学精神的问题上，由于研究的出发点和认识角度不尽相同，出现了诸如"理念说""要素说""体认说"等观点。

"理念说"的核心观点是将大学精神与大学理念等同。戴跃侬认为"大学精神是大学理想、大学理念的不同称谓"。[②] 戴锐认为"大学精神实际上是大学理念的具体化、大学理念的延伸和深化"。[③] 李延保认为"大学精神就是大

---

① ［美］亚伯拉罕·弗莱克斯纳：《现代大学论——美英德大学研究》，徐辉等译，杭州：浙江教育出版社，2001 年。

② 戴跃侬：《现代大学精神及其建设意义》，《扬州大学学报》2001 年第 4 期，第 8 页。

③ 戴锐：《大学精神的历史演进与现代转型》，《云南师范大学学报》2002 年第 2 期，第 22 页。

学的一种办学理念和价值追求"①。以上观点都是"理念说"的典型代表。这种将大学精神与大学理念直接等同的研究向度，其实是模糊了大学精神和大学理念的区别，尽管二者不存在本质区别，但它们却具有不同的精神内涵和内容指向，大学理念可被认为是大学精神的核心要素，但却不能等同于大学精神，将二者作为彼此相互解释的话语和途径的做法是不合适的。

"功能说"则用精神所内蕴的各个要素来解释和定义大学精神。这种理念认为大学精神应包含自由的学术精神、浓厚的人文精神、果敢的科学精神、不懈的创新精神、强烈的爱国情感等。也有学者将概括而凝练的求真、求善、求美精神作为大学精神的应有之义。②将这些具体的精神要素归在大学精神的内涵中，蕴含着人们对大学精神的各种美好期待。但将过于笼统、具体、独立的各个不同的要素叠加为大学精神的内涵的做法，不能从理论的高度对大学精神进行概括和凝练，是不能全面而深刻地反映大学精神的实质的。

"体认说"即通过大学实体的外部形象、大学人的行为气质和精神面貌来揭示大学精神的内蕴，表征大学精神的特质。贺尊等指出"大学精神是指大学在发展过程中形成的反映大学特色，并能激发师生积极性和增强学校活力的群体意识"。③韩延明等认为："大学精神是一所大学整体面貌、水平、特色及凝聚力、感染力和号召力的反映，是某校师生需要、理想、信念、情操、行为、价值和道德水平高低的标志。"④我们说，大学的形象、大学人的行为方式、气质特征等是一所大学精神面貌的最直观体现，尽管大学人的精神与大学精神有共通之处，但大学的风貌、大学人的精神特征等并不能算是完全意义上的大学精神。

通过梳理已有研究成果，我们发现尽管具有极大抽象性的"精神"一词为每个人所耳熟能详，作为最常见、最普通的日常用语，人们对"精神"的理解一般意义上指的是人外在的精神气质和主观的存在状况；然而，从学理上讲，这种解释缺失一种独立的本质内涵的解释和分析，在理论概括上极少站在哲学的高度进行总结和抽象，理论性还有待提高和增强。

在《礼记·聘义》"精神见于山川，地也"⑤中，寓意着精神是天地万物的

---

① 李延保：《现代大学精神和大学的文化传统与品格》，《中国大学教学》2002年第5期，第11页。

② 郑永扣等：《大学发展战略：理念、目标与管理》，北京：人民出版社，2006年。

③ 贺尊：《论大学精神与大学品牌》，《武汉科技大学学报》2002年第1期，第77页。

④ 韩延明：《大学理念探析》（博士学位论文），厦门大学高等教育研究所，2000年，第32页。

⑤ 胡平生、张萌译著：《礼记》，北京：中华书局，2017年。

精气，世界万象的根本。在汉代，所谓"精者神之气，神者人之守也"意指人的精气神，强调精神是人的灵魂、人的根本。那么依循"精神"的含义，大学精神，简单地说就是大学的精气神，大学的根本，是大学之所以为大学的内在规定性。大学精神就是关于大学发展的质的规定性以及在大学自我超越和实现中体现出来的价值追求、精神风貌、行为特质等。

大学精神是大学的质的规定性，从根本上规定了大学之为大学的"必然"，是大学生生不息、世代延续的根本途径。有了大学精神，大学才算是真正地存在着，名副其实，任何外界的功利与浮躁都应在大学精神之外。

大学精神具有普遍的自由性和内在的超越性。人是精神的主体，精神是大学的灵魂，那么精神就是自由的，自由是大学精神的应有之义。对外部而言，大学独立于政府与社会机构，不应受外界、外力的牵制和摆布。对内而言，每个大学人都可以追求自由，并以实现思想自由、学术自由、行为自由等为理想。大学精神还具有内在的超越性，就是大学主体既要以现实为基础又要不断地超越现实和自我，大学人要以科学、创新、批判的精神和眼光评判自我和外界，这样才能不断产生新思想、新逻辑、新精神，生生不息，传承不止，没有精神的内在的超越性，就不可能实现大学的发展和传承。

二、大学精神是大学的灵魂

大学精神是大学精神文化最重要的组成部分，是大学文化的核心和根本所在。大学精神不但包括长期办学实践所积累下来的传统与习惯，也包括大学在自身发展和高等教育系统中的定位和价值追求。大学精神浓缩了数代大学人的价值品质与理想追求，赋予现在的大学和大学人以独特的价值导向和个性特质，大学精神是大学文化中最具有鲜活生命力的文化形式，是大学文化的内在支柱，从根本上决定了大学之为大学的本质属性，是大学的灵魂。

大学有两个根本性的理念和使命始终不能丢，一个是追求科学，一个是培养人才。那么与此相对应，科学精神和人文精神就是大学精神的题中应有之义，是大学精神的两个基本方面，大学精神正是通过科学精神与人文精神的不断交叉、发展、融合、传承而不断实现着自身的蜕变。

（一）科学精神内在地规定了大学育人的科学取向

科学精神是人们在从事和开展科学创造活动过程中所形成和延续的科学的意识、科学的态度、科学的品格，是从事科学工作所应具有的一切素质和精神的综合，是促进科学活动、科学发现的精神动力。科学精神与封建迷信相对立，实质上是破除封建思想和蒙昧主义，引导人们用理性的态度和科学的方法认识自身、认识自然和适应社会。大学科学精神可以激励大学人用科学的态度和方法去开展科学研究、教育、教学、管理、服务、学习和生活。在大学里，追求真知、善于创新创造、勇于追求自由、敢于进行批判的精神都属于科学精神的范畴。我们将人们不断追求真知、探索真理的精神称为求真精神，求真精神是科学精神首要的和根本的精神要义。雅斯贝尔斯说过："大学是个公开追求真理的地方，一切都要为真理服务。"①追求真理是每一个大学人的基本职责和所应秉持的基本理念，它是大学进行知识和文化传播的基础与前提。创新精神则是指大学人在进行知识传播与科学研究的过程中，应强化创新意识，具备创新能力，善于进行发明创造。创新是大学不断适应形势发展新变化、不断进行科技发明新创造和技术革新的主要途径和重要方式，每个大学人都应积极创新，善于进行创造，这是不断为大学发展实现新突破的根本保证。自由精神是大学作为精神生产和精神传播场所的灵魂，既体现为教师教学与研究的自由，也体现为学生求学的自由，既体现为人身的自由权利，也体现为言论、学术争鸣的自由。耶鲁大学的一位校长说过："只有自由探索、自由表达，才能真正发掘人类的潜能。"可见，自由精神是人们从事一切教育实践活动的前提和动因。批判精神其实也是一种超越精神，要求人们及时反省自身，审视他人和现有的成果或事物，在此基础上不断超越自我、超越他人、超越当前。大学所追求的这种以真理、创新、自由、批判为主要内涵的科学精神，内在地规定了大学作为科学文化知识传播场所、文化创新组织的本质，是大学的内在规定性。

（二）人文精神内在地规定了大学育人的价值取向

　　大学的主体、大学所有教育和实践活动指向的都是人，人是大学不断发展前进的根本动力和决定性因素。在大学育人实践中如何体现人的尊严、实现人的价值、尊重人的主体地位，是一个根本性的问题。而人文精神体现的就是对人类生命意义、生存方式和人生价值的普遍关注与关怀，体现了对人的精神和人的价值的尊重与弘扬，是一种真正以人为中心的思想理念和价值取向。作为人类先进文化的发源地，新的思想、理念、价值观念等往往首先在大学校园产生，它反映了大学对于人类和社会发展的高度关注与反思。人文精神既包括追求和弘扬善的价值理想和道德情感，也包括追求美的人文情怀和审美情趣。求善就是弘扬人的价值，追求人的不断完善和理想的实现以及永恒的道德精神。求美就是人人都追

---

① ［德］卡尔·雅斯贝尔斯：《大学的理念》，上海：上海人民出版社，2007年。

求美，包括外在的和内在的，大学也是一样的，不但要求大学校园美丽整洁、有序、个性，更要求大学人要有美好的理想、美丽的心灵，做到自内而外的美。求善求美的精神追求，使得大学和大学人外在有美丽的形象和印象，内在有美好的心灵和追求、过硬的素质和高尚的品德。在这种品德光辉下，大家更多地关注自己的发展、学校的发展，学会关怀和感恩他人。人文精神从根本上体现了大学对人的尊严的认可与尊重和对人的价值的维护与关注，引导着人们不但要追求善，更要弘扬和传播人间大爱，不但要追求美，还要善于发现美和营造和谐，体现了人对理想、信念、道德、情感等精神力量的关注和追求，是人们对"人之为人"的价值追问，也是实现人的价值的根本所在。

可见，科学精神依循事物的本质和规律，引导人们崇尚科学、追求真理与自由。人文精神是人们理想、信念、道德、情感的内生，使人们追求价值理想与终极关怀。两者在大学这个文化价值高地相遇相融，不但使得大学创造知识有了可能，而且使大学孕育了价值与理想，实现了大学的完美发展。因此，集科学精神和人文精神于一体的大学精神就是大学的灵魂，不仅内在地规定了大学为什么办和怎么办的价值理想，还外在地规约着大学人怎么做和做什么的行为取向，是大学不断传承创新的源泉和动力。

三、大学精神对大学生价值取向的引导

现阶段的大学在市场经济商品化大潮的冲击下，大学精神和大学人的信念追求遭遇了一定程度的冷落和排挤，出现了式微现象。如复旦大学杨玉良教授曾指出："现在大学精神有点迷失，出现了一种相对来说比较广泛的精神虚脱。作为全社会来讲，包括大学，功利主义盛行。具体到老百姓，就是嫌贫爱富。大学应率先回归到大学本身的高尚上去，尤其是在精神层面上。"[1] 其实，大学精神最直接的承载者是大学人，体现在大学人精神和价值取向上的各种功利化倾向直接消磨着大学人的理想和价值追求，尤其是价值观尚未发展完全的大学生在进行价值判断和价值选择时出现了某种彷徨。因此，要强化大学精神对大学生价值导向作用的发挥，重视大学精神的培养和传承。

大学作为人才培养的摇篮，培养人并赋之以独特的精神品质和高尚的价值追求是大学教育永恒不变的价值理想。而要达成这种教育目标，大学精神势必先行。

---

[1] 周凯：《复旦校长：中国大学精神虚脱》，《中国青年报》2010年6月22日，第5版。

首先，大学精神明确了大学生追求科学精神的价值取向。科学精神的价值取向就是要求大学生在日常学习、生活工作中，要摒弃封建的、守旧的、愚昧的、迷信的思想观念，秉持科学的态度和科学的方法，孜孜追求科学的知识，不懈地进行科学创造。同时要以科学的眼光去认识自身、认识自然和认识社会，以创新的理念进行科学研究和发明创造，不断延续和丰富人类物质文明和精神文明成果；以批判的眼光坚决摒弃和批判封建迷信势力和邪教组织，弘扬科学精神和科学理念，追求真理和崇尚学术自由是科学精神不灭的火种，也是大学精神引领大学生培养科学价值取向的基本方面。

其次，大学精神引导大学生追求人文精神的价值取向。《大学》载："大学之道，在明明德，在亲民，在止于至善。"是的，这句话可以说是一语中的，这正是大学精神对大学生人文追求进行价值规约和引导的主要内容和方面，也是大学精神在大学生价值观建构中能发挥关键作用的根源所在。大学精神一般都内在地规定着大学和大学人的价值取向、价值理想和道德情感，人文精神中的明德与至善是其核心要义。人的价值观构架中包含认知、实践与审美三个阶段。在认知阶段，大学精神引领着大学生去认识是非、评判真假，促进大学生对自我需求和社会规范的认知与了解，帮助他们认识和把握人与自身、人与人、人与社会之间的复杂关系。在这种基本认知基础上，引导大学生将对自我需求和社会规范认知的结果应用到实践中去，使大学生的价值认识得到体验和社会的检验，同时使大学生对自我需求和社会规范进行内化，经过不断调整与规约沉淀成他们的价值观念；在大学生已然形成的价值观念基础上，继续进行深入全面的社会实践和检验活动，形成价值评判标准，这就进入到内化、审美，从而不断外化的阶段。在审美阶段，要解决的主要问题是大学生价值选择的最终标准和最高目标，即要实现以大学精神为导向，以止于至善为最高标准和诉求，以实现人的自由而全面发展为最终目的和目标。大学精神中的人文理念引导大学生明白什么是善的、什么是恶的，进行行为选择时要以实现每个个体进而社会整体的最大善为最优，是培养大学生完美人格和高尚情感的重要途径。

最后，实现大学精神对大学生价值取向的引导，是大学生思想政治教育的重要内容和方面。价值选择与价值建构是大学生价值观教育的重要组成部分，是高校文化素质教育的重要体现，大学精神在价值取向方面对大学生进行有效的教育和引导，是对大学生思想政治教育的必要补充和完善，这种无形的精神导向和精神氛围的凝聚与陶冶一起作用于大学生，使其思想道德素质和科学与人文精神及情感同时得到升华，最终实现大学生德、智、体、美的全面发展。大学精神对大学生的价值教育不仅为其提供了教育内容、引导方向，而且提供了可供选择的行为和价值标准，具有全面育人的积极作用。

第五节 学术氛围与学生创新精神

●

一、学术氛围的内涵

关于"学术"的词义，据《旧唐书·杜羔》记载，"素无学术，每当朝谈议，涉于浅近"。[1] 在这里"学术"指专门、系统、全面的学问。而梁启超在《学与术》中对学术进行了如下论述："学也者，观察事物而发明其真理者也；术也者，取所发明之真理而致诸用者也。"[2] 即学者，知也；术者，行也。可谓明晰了学术的要义。正如蔡元培先生所说："学为学理，术为应用。各国大学中所有科目，如工商、如医学，非但研究学理，并且讲求适用，都是术。纯粹的科学与哲学，就是学。"[3] 某种意义上，学术可作科学研究来解释，学就是科学，就是较一般知识而更加高深的学问。术就是研究方法、手段、应用。学术可作科学研究与研究科学之解。而"氛围"则可作"气氛包围""环境""场域""风气""气候"解释，在学术氛围词域中，"氛围"其实是一种"人造气候"，具有群体性、感受性、即时性的特点。

---

① （后晋）刘昫：《旧唐书》，北京：中华书局，1975 年。

② 梁启超：《学与术》，载《中华现代学术名著丛书》，北京：商务印书馆，2011 年。

③ 丛彩娥：《论蔡元培"兼容并包"的中西文化观》，《东岳论丛》2007 年第 3 期，第 201–202 页。

那么基于上述对"学术"与"氛围"的分解厘析,大学学术氛围就是在大学中以追求系统的、专门的学问为目标的人与物的集合在学术过程中形成的、可被感知的、影响人的精神和行为选择的风气与环境。这种包含人的主观动机和目的、以人的行为为目标导向和结果诉求的人造环境,不同于自然存在的自然环境,可以说是一种完全意义上的人造气候,这种气候的形成与作用发挥都源自人本身。

经过查阅相关文献,学界一般认为学术氛围应主要包含学术自由、学术规范、学术民主、学术道德、学术责任、学术生态六个方面。[①] 这六个方面同时存在于学术氛围的整体营造中,其中以学术自由、学术规范为基本的学术要件,它们是学术能否开展的前提;学术民主、学术道德、学术责任、学术生态等是相对较高层次的学术标准,是学术研究能否开展得好的重要保证。它们相对独立却又彼此关联,在营造浓郁学术氛围的过程中共同发挥着重要作用。

学术民主是指人们具有对客观事物全面的、专业的、深刻的系统性认识和具有自由、民主的学术研讨行为和作风,不强求、不专断,重自主决策,不被约束和不受限制地发表通过研究实践获得的看法与结论。学术民主与学术专断、学术霸权等控制甚至混淆、歪曲学术是非的学术强权相对应而存在,是为一切学术真理所追随和重视的学术作风。

学术自由是指大学里每个人都有从事学术研究、发表学术见解、保存和分享自我学术成果的思想自由和行为自由。学术自由与学术专制、言论控制相对应而存在,是针对大学中存在的学术不自由现象提出来的。学术自由是大学教师和学生进行学术研究的基本前提和必要条件。

学术道德是指大学人在进行学术研究时应遵循的基本伦理规范和道德底线,这是针对当前社会上存在的各种学术不端和道德失范现象提出来的。学术道德不仅是学者在进行科学研究时的学术品质的表现,也直接体现了个人的人格。学术道德是保护学术成果、提高学术水平、维护学术尊严、促进学术繁荣的基本保障和伦理要求。

学术责任是指大学人在从事学术研究的实践中应当承担的学术义务和社会责任。学术责任有两种体现:一是学术自身的责任,学术研究者在研究过程中承担有维护和保证学术成果科学性的责任,即倡导追求真理,探索真知;二是学术研究应承担的社会责任,即学术研究者要认识到并充分发挥其个人及其研究成果所应承担为人的发展、社会进步和科技创新服务的责任。学术责任在实践过程中需要通过学者自律和社会他律来共同实现,其中学者自律是根本,他

---

① 刘少林:《高等学校学术氛围营造》,《西安欧亚学院学报》2012 年第 2 期,第 76–80 页。

律是外在因素，只具有监督作用。

学术规范就是学者在科学研究实践中应遵循学术规律，符合学术研究、学术评价、学术交流的一定的要求和标准。遵守学术规范，有助于培育良好的学风，提高学术成果的质量。

学术生态是指大学人为实现科学研究和创新的目标而进行的一系列复杂的学术探讨、科学实验等活动的生态系统。学术生态可以体现为新生成的学术成果和成就，还体现为学术研究成果的原创性和独创性，是人的思想（大脑）—实践研究—研究成果—产品转化—外部环境的生态过程。学术生态的形成一方面有赖于宽松的学术环境和自由的学术气氛、优越的学术制度激励；另一方面取决于进行学术研究的人自身的学术素质和学术水平。

综上，我们认为，学术自由、学术民主是学术氛围外在的表现形式，既存在于学术研究之中，也存在于学术研究之外，是人进行学术研究的外部环境支持；学术道德、学术责任则是内在地存在于学术研究者自身，是进行学术研究的内向型价值规约，是学术团体学术水平高低的重要衡量尺度；学术规范是学术研究的制度性规约；学术生态则是学术研究的更高标准和价值导向。它们之间各自独立又相互关联，共同构建着大学浓厚的学术氛围。

二、学术氛围的营造

要营造浓厚的学术氛围，需要在多个层面上同时建构，既要有物质层面的环境氛围，又要有制度层面的体制机制保障，还要有精神层面的引导和支持。

物质层面的学术氛围营造。物质是精神的载体，我们在外部物质环境布局方面应努力让每面墙壁都会说话。这包括两个方面的建设主体：一是静态的物化环境，如校园内与学术相关的建筑群体是否有学术特色，耶鲁大学闻名于世的图书馆就形象地彰显了其学术气质与形象；与进行科学研究相关的教学设备、实验仪器、图书资源网络设备等，都能够直观地反映一所大学的学术硬件环境。与学术和科学研究相关的物化环境与设备先进、美观、富有学术特色，可以增强人进行学术研究的预期和信心，在表层营造学术氛围。二是具有学校特色和反映学术传统的学术报告会、学术论坛、学术学科竞赛、学术沙龙等能直接刺激和冲击身在其中的学人的感官和神经，使其亲身体会和直接接受学术信息，增强参与的欲望和信心，从而浓郁人文学术氛围。

制度层面的学术氛围营造。学术制度是进行大学学术研究和科学创造的重要保障机制。大学内应有健全的学术组织和服务学术研究的机构和部门，如学术委员会等，有关于提倡和尊重学术创新的组织制度、规章、规范、要求，各种科研奖励制度和激励措施等，它们可以是对学术组织职责的规定，也可以是对学术研究个体的行为规约和激励导向。制度健全、具有较强的操作性与针对性的学术组织和学术制度，有利于学术创新之风在大学校园里盛行。

精神层面的学术氛围营造。精神层面的氛围营造主要是要构建由学术文化、学术传统、学术理念等形成的大学学术的"精神场"，这是关于大学学术观念、学术意识的精神引导和凝聚。相对于物质层面来说，大学优良的学术传统、明确的学术目标、清晰的学术定位、勇于担当的学术责任等都属于在精神层面进行氛围营造的内容，尤其是一些有学术传统和学术特色高校凝练的校训，能够在大学人当中形成一个强烈的"磁场"，例如：竺可桢任浙江大学校长时确立的"求是"精神，被一代代浙江大学人不断传承，集中凝聚了浙江大学的学术内涵；哈佛大学的"与真理为友"的校训，无论是从历史传统的角度还是现实的角度，都能给身处其中的人以强烈的震撼，从而激励和鼓舞着哈佛人不断创造出世人瞩目的成就。大学内部上自大学校长，下至餐厅厨师、保洁员，都秉持和传承学术自由、科学创新的价值追求，那么整个校园内就无处不学术、无人不学术了。

三、学术育人的实质是大学生科学精神的培养

学术育人就是在大学浓厚的学术氛围中，以追求科学创新和学术自由的理念与精神教育、引导和鼓舞学生，增强他们的科学意识和学术研究能力，培育学生的科学精神。浓厚的学术氛围、宽松的学术环境是大学生科学精神养成的沃土。1916 年，我国著名学者任鸿隽在其《科学精神论》中首次提出并使用了科学精神一词，认为科学精神就是求真理。在大学文化育人实践中以学术精神涵养人，就是教育大学生追求真理，学术育人的实质就是对大学生进行科学精神的培养。

学术育人就是培养学生具有追求科学精神的意识和理念。大学学术育人包括学术氛围和学术主体的双重育人，教授人学习和传播基本的科学文化知识是大学教学的基本内容之一。学习知识就是学习和领会正确的文化知识、掌握科学的学习方法、养成善于追求科学和真理的习惯、传承追求科学的精神和理念。大学里浓厚的学术环境、以学术为先的大学精神和传统可以使学生深切感受到学校鼓励学生追求知识的理念和导向，并以此来衡量自己和要求自身。大学教师严谨治学、潜心科学研究的作风和严肃的态度、严密的方法是对学生最

直接的影响和引导，丰硕的科学研究成果和卓越的学术贡献是学生献身科学研究的信心和动力。教与学的过程中倡导学术自由，学术民主之风盛行，师生关系和谐，教师教书、科研的过程就是学术育人的过程。学校浓厚学术氛围营造的结果就是学术育人导向不断加强，学术育人环境不断优化，追求科学精神的理念不断深入人心。

学术育人就是培养学生具有追求科学精神和从事科学研究的能力。思想是行动的先导。具有了强烈的科学精神，学生会自觉地在日常学习中践行追求真理的理念，做自觉开展科学研究的典范。这种能力可体现为善于发现学习生活中的一些问题和不足，以批判的眼光提出质疑，并努力寻求解决的办法，我们会发现学习认真深入的学生也是提问最多的学生，是善于和老师争辩、探讨的学生。正如竺可桢所说，做学问的人"要不盲从、不附和、以科学和理智为依托，不畏强御，只闻是非，不计利害"。还体现为学生会更加积极地参与到学校各种学术讲座、论坛、学术沙龙活动中，聆听专家学者的学术报告，参加校内外各种学术竞赛，参与到老师的课题研究、著书立说中，表现为毕业生积极地选择继续学习深造，投身到以增强个人学术水平和研究能力为目的的实践中。学生科学精神的增强和研究能力的提升，一方面增强其自身的科学研究信心，增加研究成果；另一方面浓郁了学校的学术氛围，不断强化和传承学术精神。这是大学学术精神内化和外显的有力印证。

学术育人就是教会学生严格践行学术道德，积极承担学术责任。近年来，学术活动中道德失范和学术行为不端现象频繁发生，在一定程度上消磨了学术意志，势必阻碍学术繁荣，进而影响整个学术群体的发展与创新。尤其是对于身处大学学术圈之内，理论积淀不够牢固、学术信仰还不够坚定的青年大学生，更有必要予以教育和引导。大学期间对学生进行科学精神培养，不但要求学生具有追求学术自由和学术民主的精神，还要求学生充分尊重学术规律，严格遵守和践行学术规范，强化学术责任，不断增强学术道德意识，在强化知识学习的基础上创造高水平学术成果，同时，善于将个人研习成果进行产品和生产力转化，积极承担科学服务于社会和科技发展的责任。

第六节　校风校纪与学生习惯养成

◉

校风校纪是大学制度文化的重要组成部分，不仅直接影响校园秩序和学校的精神面貌，而且以制度特有的行为导向功能和行为规约功能对学生习惯养成发挥着重要作用。因此，如何优良校风校纪，优化育人环境，是一项值得深思和探讨的问题。

一、校风校纪概述

校风，顾名思义，就是一个学校的风气，是指大学人在长期共同的学习、生活、工作实践中，环境对个体的熏陶、影响和陶冶，经个体不断养成和内化、外化，形成的一种趋同的群体效应和氛围、风气。这种氛围，来自群体，也是群体行为的一种规范力量；同时通过群体的相互影响，又形成了关于群体生活的行为导向，久而久之，成为群体共同的习惯和做法。校风主要通过大学人的价值追求、治学精神、文化素养、行为习惯等表现出来，是一种无形但有效的精神力量，能使每个生活、学习、工作于此群体中的人无形而有力地受到熏陶、潜移默化和制约。在一种良好的校风规范下，即使有个别人有越出规则的动机，也难以外化为行为。这种良好的氛围，某种程度上还可以以其自身的坚不可摧自觉抵制社会不良风气的渗透和影响。

校纪就是学校所规定、制定的各种关于教学、管理、科研等的规章制度的统称。这些规章制度不同于国家和教育机关制定的普遍适用于各个高校一般的法律法规和管理规定，如国家层面的《高等教育法》等以法律法规形式从整体上规约着大学作为一个整体和法人应履行的权利和义务；这里特指一所高校内部制定的旨在规范学校发展、大学师生行为和价值取向的规则、规定等，如可在诸多高校范围内普遍适用的《普通高等学校学生管理规定》等一般的规章制度，是对学校与学生、教师或管理与后勤服务人员双方或多方教与学过程中的行为进行明确的权利义务要求，而《大学生守则》《大学生行为规范》等是学校对学生日常行为进行明确的制度约定，《人事管理制度》《职称评定制度》等是对教师在育人实践、研究工作中的相关事项进行的制度规定，这些都是单向度的行为规范。还有一些高校针对自身办学特点和特色，探索制定和完善了关于学校自身、教育管理、教师、行政人员、学生、后勤服务、科研、校企合作等的规章和制度，为大学和大学人在全部的教育行为中可能发生的状况进行了预设和安排，为育人实践提供全面的政策依据和制度保证。"无规矩，不成方圆。"没有一套切实可行的规章制度，就不会有教学、科研、管理工作的有序开展，因此，校纪是学校运转中非常重要的一环。

校风校纪是一所学校内部根据学校传统和办学要求，围绕中心任务和教育教学习惯而形成的风气和各种规章制度，因此，具有独创性、预先创设性、权威性和强制性等特点。独创性是一所学校校风校纪不同于其他学校校风校纪和社会风气习俗的独特个性；校风校纪一旦形成，就具有相对稳定性、持久性和传承性，所有身在其中的人都必须受到它的影响和约束，具有先于后来者而存在、为所有后来者而创立的预先创设性；一般情况下，这些风气习惯和行为规定一旦形成，不是十分必要和形势所需，短期内不进行改变和调整，并且每个人都要以此为参照，受到约束和规范，即校风校纪应具有权威性和强制性。校风校纪的形成与制定，为学校各项工作有效、有序开展与人才培养工作的健康运行创造了有利条件和有益环境，是实现大学发展的制度保证。

二、校风校纪体现了制度文化外显性与内隐性的有机统一

大学制度文化有外显性制度文化和内隐性制度文化两种形式。外显性制度文化就是由国家、教育机构等制定的普遍适用于各高校的法律、法规、章程制度和高校内部制定的规范大学发展、大学人师生行为的各种规章制度、规定等。这种形式的制度文化具有看得见、摸得着的现实状态，有显而易见的外在表现形式，是显性的、刚性的标准。如校纪就是这种外显性制度文化的一种形

式。而内隐性制度文化则是指大学和大学人在践行大学外显性制度并受其引导和规范后，自发自觉地内化为自身和群体在教育教学活动中的行为风尚和价值导向，以及由此而形成的独特的、持续的文化氛围和风气，如校风、学风、教风等。那么校风就是大学内隐性制度文化的突出形式。这种内隐性制度文化确切地说是一种氛围，某种意义上的制度精神，看不见，摸不着，没有显而易见的外在形式，最直接的体现可能就是大学人说什么话、做什么事、怎么说话、怎么做事，通过这些去揣摩和判断其中蕴含的价值导向和行为标准，是隐性的、柔性的规约。

因此，我们说校风校纪体现着大学制度文化内隐性和外显性的对立与统一，它们之间虽然相互区别但看不到明显的区分界限，没有确切的区分标准；它们之间又是相互统一的，校纪通过大学人的内化和践行，会转化为自觉的行为规范，进而形成校园的一种习惯和风气，即校风。校风内隐着校纪的内在规定性和价值导向性，在很大程度上不断强化着校纪，并以无形的方式向外界传递着校纪的信息，是一种自内而外的自觉与自律。两者合而为一，从内在到外在为大学人提供了有形可见、有据可循的行为导向与价值标准，共同促进和保障着大学人的健康发展和大学事业的有序进行。

三、校风校纪对大学人行为养成的规约

斯金纳认为人们的行为不一定是从小养成的，具有可塑性，影响人的行为养成的决定性因素其实是环境。我们所讲的校风校纪就是这样一种制度环境，从行为规则和价值导向上影响和规范着大学人的行为养成。

校风校纪外在地规定着大学人行为养成的规则和标准。我们前面说到校风校纪具有预先特设性、权威性和强制性。尤其是学校内的各种行为准则和规范，可以说一定程度上它在大学人来到大学之前就已经被制定好，客观存在着，一般情况下，任何人都没有随意改变和撤销的权利（极其特殊的情况除外）。大学人来到这个环境中，就要自觉接受各种规章制度的规范和制约，不能按照要求去做的，就要受到惩罚或制止。尽管大学内的各种规章制度不一定具有法律法规的法定约束力，但在大学校园的特殊环境中，是具有相当的限制和约束功能的。如学生不按照学生管理规定按时上课，达到一定数量是要受到相应处分的，学生考试作弊影响获得学位资格等硬性规定对学生日常学习生活中应当做什么、不应当做什么有着明确规定。这些明确的、具体的规章制度是学生行为养成的起点，也是标准，是对大学人行为规范一种最基本的要求和规

约。正是这些硬规定，规范着大学人的行为方式，使大学内人与人之间、人与各项事务和工作之间的关系得以顺畅和和谐，维持了良好的大学秩序。

校风校纪是大学人行为养成的内在的价值导向。校风校纪通过大学人的不断内化，成为凝结在大学人个体上的一种行为规则，同时在这种规则的指导下，外化为大学人的自觉行动和行为自律，无限个自觉、自律凝聚在一起，形成的一种文明、优雅之气，那就是校园风气和氛围。身处到处洋溢着文明、高雅之风的校园之中，每个人都会以他人为参照标准来对照自我的行为和理念，不断改变个人不良的行为方式，不断调整个人不正确或不符合这种校园氛围的思想观念，进而逐渐内化为自我行为养成的价值导向。而生活学习在校园里的每一个人，每时每刻被这种同样的传统和气息包围和感染着，就形成了价值趋同的选择和标准，成为弥漫在大学内的一股文明风尚，成为区别于其他群体和其他大学的个性标准与品牌。这是大学制度文化烙在大学人身上的文化符号，并通过大学人辐射和渗透于社会人群，最终成为引领社会文化发展和前进方向的先进文化和价值理念。

第七节　校园文化与学生能力锻炼

◉

　　校园文化是大学行为文化的重要方面，主要表现为以大学生为主要目标群体，以各类思想、学术、科技文化艺术、体育娱乐活动为载体的文化形式的综合。校园文化以充分发挥和挖掘校园内"第二课堂"育人平台和资源为主要特色，以丰富和活跃学生课外学习和生活为主要目的，在和谐校园构建和学生综合素质培养与能力锻炼中发挥着重要作用。

一、校园文化的内涵与特征

　　如果单从字面上理解，校园文化就是对发生在校园内一切文化形式的统称。通常情况下，我们也可以将校园文化分为广义的校园文化和狭义的校园文化。

　　广义的校园文化一般通指所有以大学人为主体、发生在校园内的与教学、科研、生产、生活相关的文化活动和文化形式。自20世纪90年代以来，随着大学的扩招和大学教育大众化程度的不断提高，大学发展中的很多问题也不断暴露出来，我国随之兴起的文化热现象催生了人们对大学文化研究的兴趣和热潮。尤其是在研究的初期阶段，人们多数将这里所讲的大学文化与大学校园文化等同起来，认为大学文化就是大学校园文化，是发生在大学校园内的以大学人为主体的各种物质文化、精神文化、制度文化、行为文化的总和。如葛金国、石中英等认为："所谓校园文化，就是在学校环境中，由学校管理者和广大师生员工在教学、科研、生产、生活等各个领域的相互作用中所创造出来的一切物质的和精神的产物以及创造的过程。"[①]这是在很长一段时间内具有极高认可度和影响力的观点，直至今天，还有很多学者在进行大学文化理论研究时，仍依循着这样的观点和思路。这种观点从整体上反映了大学文化应具有的各方面内容和要义，但将大学文化等同于校园文化的说法有待深入考证和思量。还有的学者将校园文化定义为学校教育与社会环境相结合的产物，这种思路在内涵上不够清晰和明确，外延上又无限宽泛，不能准确体现大学文化的特质。

狭义的校园文化，也就是从微观上讲，是指大学人在课堂教学之外，直接参与创造的校园精神财富和各种形式的思想文化教育活动。这种意义上的校园文化是各种活泼的、丰富的文化娱乐、科技创新、社会实践活动的文化形式，发挥着进行思想教育、浓厚校园文化气息、提升学生综合素质和能力的作用。狭义的校园文化是学生进行自我活动、自我教育、自我服务和自我管理的有效形式和载体。本书所述的大学校园文化，专指这种意义上的校园文化活动和思想学术引领形式，特指各种规模和形式的文化体育娱乐活动、班级文化、宿舍文化、社团文化、学生自组织文化等。

校园文化在一定意义上应是社会文化在大学校园内的延伸和发展，但其根本上应是对大学精神文化、制度文化的直接体现，以其独特的形式和载体传递着大学文化形态的精神和实质。校园文化具有一般文化的基本属性，如继承性、发展性等，但还有区别于一般文化和其他场域文化的特殊性，这就是校园文化的特性。

主体的单一性与自我性。与大学文化其他育人活动的多重主体相比，大学校园文化的主体只有一个，那就是校园文化的直接参与者和受益者——大学生群体。从校园文化活动的组织、实施到教育管理，文化育人的主体都是大学生，整个活动过程都是大学生自组织进行的自我教育、自我服务与自我管理，这种意义上可将校园文化称为学生文化。

教育载体和形式的独特性。校园文化活动的载体可以是执行自我管理职能的学生会组织和机构，也可以是学生社团，还可以是班级、宿舍、公寓社区等。文化活动形式有思想引领、管理导向、学习竞赛形式、文化创建形式、体育娱乐形式等。

内容的灵活多样性。文化活动的内容可以是依托学术论坛的思想性教育活

① 葛金国、石中英：《论校园文化的内涵、特征和功能》，《高等教育研究》1990年第3期，第60-68页。

动，也可以是各种科技创新发明活动，依托专业学生社团开展的专业教育活动，依托各种社会机构和学生组织进行的社会实践、就业见习活动，依托班级、宿舍等发起的志愿服务活动、文化创建活动，依托大学生艺术团进行的文化娱乐、舞会活动等，各种形式和内容的文化形式都可以在校园文化活动中找到对应的载体和形式。

隐性教育效果突出。尽管校园文化的形式和内容灵活多样，但其作为大学文化育人载体的根本功能始终不会变化。校园文化的独特性就在于改变了传统直接的、说教式的、赤裸裸的教育形式，将教育内容和教育目的寓于活泼生动的文化、娱乐活动当中，以学生喜闻乐见的形式和富含时尚气息的内容，集思想性、学术性、文化性、趣味性于一体，对学生进行隐性的、潜在的教育和引导。校园文化活动贯穿于学生课堂学习之外的时时处处，每天都会有内容各异、形式多样的文化活动在校园内发展，以其独特的形式、活泼的内容吸引着学生，学生参与积极性和主动性无限高涨，很多校园文化活动的影响力甚至超过了枯燥的课堂学习，在学生中发挥了良好的教育作用，扩大了大学文化的影响力，极大地提高了文化育人效果。

二、校园文化在和谐校园建设与文化氛围营造中的作用

校园文化作为大学中一种极其活跃的文化载体和文化形式，育人是其最基本的功能和最突出的作用。但在育人实践中，也同时具有其他方面的功能与作用，如可以促进和谐校园建设，可以营造良好的校园文化氛围等。

校园文化活动可以有效促进和谐校园建设。校园文化通过其自身独有的文化特色和活动形式，一方面调节每个参与主体和影响对象的身体和心理状况，使他们放松心情，愉悦身心，促进每个个体的身心和谐与发展。另一方面，校园文化活动通过在活动中的协同、合作与分工，增进人与人之间的认识和了解，减少因距离、误解等造成的冷漠现象，通过规约他们之间的交往行为，减少摩擦与冲突的可能，提高每个人的自我调节与适应能力，促进学生之间的和谐；通过开展各种尊师重教活动、教学评价活动、后勤服务督查、角色互换等活动，增强教师、管理人员、服务人员与学生间的互动，促进学生与学校其他人员群体的和谐；这就从整体上实现了校园内人与人之间的和谐，即人际和谐。此外，通过开展有关的爱国教育、爱校荣校活动，增进学生对国家、学校的了解和理解，通过开展各种勤工助学活动、困难帮扶活动等增强学生对学校的认同，从而激发爱校热情，促进学生与学校的和谐。和谐校园建设包括的含

义比较复杂，但和谐的核心是人自身、人与人、人与外在校园环境的和谐。校园文化通过以上途径在促进人与人、人与学校的和谐关系构建中发挥了重要作用，可以说，在很大程度上保证和促进了和谐校园构建的进程。

校园文化具有营造良好文化氛围的作用。良好的文化氛围，主要通过两个方面体现出来，即"比、学、赶、帮、超"的学生学习和进取的意识与行为、校园文化繁荣发展欣欣向荣的景象。一个是关于人的活力四射的景象，一个是人造的关于文化的气候。校园文化通过各种不同的形式和途径展示文化与知识的魅力，如科技创新竞赛和小发明小创作活动激发学生创新意识，学术沙龙活动引领学生畅游知识的海洋，人文知识竞赛、文艺体育活动等促使学生不断寻求本学科之外的知识学习，大家通过参与达到学习的目的，同时还通过参与发现学习的不足，在后期学习中不断查疑补缺而实现了提升的目的。这种在每个学生的思想和行动中扎根的知识学习理念和行为形成了一个强大的不断优化的循环系统，辐射和照耀着磁场域中的每个人，大家以学习为乐为荣，在学生中形成了浓郁的学习氛围。同时，校园文化通过促使各种理念、各种知识在各种活动中的激荡与融合，形成了文化之间的互相传动和影响，文化理念不断更新和进步，文化组织不断增加和活跃，文化活动不断丰富和新颖，文化辐射力不断增强和扩大，校园内出现一片欣欣向荣的繁荣景象，不断吸引着青年学生追求知识、传播文化、弘扬传统。

三、校园文化对实现大学生全面发展的意义

校园文化的触角可以延伸到校园的每一个角落，校园文化的魅力可以辐射到校园的每一株花草，校园文化以其内涵的丰富性、内容和形式的新颖性吸引着大学生的关注与参与。校园文化以其独特的存在性和潜在的优越性在构建高品位的大学文化、培养高素质的大学生方面发挥着无可比拟的作用。具体来说，校园文化在隐形思想道德教育与引领、文化品位塑造与人格培养、人文精神传承与科学精神弘扬等方面为实现大学生的全面发展提供可能。这些方面相互交叉，指导和规范着大学生在某一个或几个方面的行为与发展，共同制约和促进大学生不断实现全面发展的可能。

校园文化具有对大学生进行隐形思想政治教育的功能，有助于强化思想政治教育效果。尽管我们说校园文化是大学生进行自我管理、自我教育、自我服务的主阵地和主要媒介与载体，但也必须是在高校思想政治教育目标的引领与指导下，自主、自觉开展的文化教育活动。在这些活动中，内隐着思想教育和

道德教育的宗旨与理想，只是通过富有时尚元素的形式符号表现出来，寓思想性、严肃性、知识性于文化性、趣味性之中，各种文化活动实际上承担着对大学生进行日常的、隐形的思想政治教育的作用和责任。因此，与课堂教育和理论传授相比，校园文化教育活动在增强文化育人效果、提高大学生的思想认识和道德水平方面发挥着不容忽视的作用；同时学生在丰富多彩的校园文化活动中，通过自参与、自组织的方式不断深化和提升个人的思想认识和道德认识，这种思想素质和道德素质是大学生实现全面发展的重要方面。

校园文化具有人格塑造功能，有助于提升大学生的文化品性和增强文化引领能力。有人说，艺术和审美可以帮助消除人的身体疲劳、宣泄情感、疏导情绪，促使身心的平衡健康发展。大学校园文化中，文化艺术活动丰富多彩，高雅文化进校园、幽默小品相声、时尚活泼的流行音乐等文艺活动和其他文化科技活动共同演绎着大学生的青春激情，增强了学生的审美情趣，培养和发展了发现美、追求美、创造美的审美素质，从而丰富了学生的心智和情感，帮助学生不断认识自我、完善自我，增强全面发展的信心和勇气。大学校园文化中各种积极、健康的文化元素和形式，可以引导学生建立积极乐观的心态和改变内向型的性格倾向，发展品性，完善人格，增强文化内化能力，从而使大学生在反复的文化外化实践中增强引领意识和先进文化的传承能力。这些是大学生文化素质教育的重要内容和要求，是大学生实现全面发展的素质基础和重要前提。

校园文化具有能力锻炼功能，有助于大学生适应社会能力的提高和综合素质的培养。校园文化组织和各种以班级、社团、宿舍为单元进行的文化体育活动，主要是通过自我组织、自我教育、自我管理、自我服务来实现的，其最终目的是实现大学生的自我发展。一个学校就是一个小社会，一个班级、宿舍同样是社会的缩影，是有着复杂的人际关系、工作关系、学习关系、生活关系等的关系网。作为宿舍或班级的成员，要面对如何解决好人际交往的问题、同学竞争的问题，作为学生干部，要面对如何处理与老师、同学的沟通协调问题，如何处理学习与工作的关系，如何增强语言表达、文字编辑能力，作为社团的负责人，要面对如何管理好社团和社员的问题，等等。在各种社团活动、班级管理、宿舍交往的活动中，大家通过扮演不同的角色、承担不同的任务、提升不同的能力、锻炼不同的素质，增强了适应性和自我调节能力。通过参加各种就业见习、职业规划活动、社会实践活动，提前了解社会和职业，增强职业选择能力。这些不仅帮助学生掌握了社会发展所需要的知识和才能，而且规范和指导了他们的行为，不断调整和完善他们对自我的认识和定位，提升了其社会适应能力。

第四章

实现大学文化育人功能的

影响因素

大学文化育人实践是人们在一定的社会历史条件下所开展的关于人自身的认识和改造活动，处于一定的内外部环境中，以其为前提并受其制约。因此，大学文化育人功能的实现，必然会受到社会历史阶段、高校育人环境、育人主体的思想认识和实践水平等相关因素的影响。在诸多影响因素中，社会功利化容易消解大学的使命意识，教育市场化会侵蚀大学的人文精神，体制行政化易淡化大学的学术氛围，就业压力大可能会阻碍育人理想的实现，信息传播的网络化于大学文化育人功能的实现而言，也是一把双刃剑。因此，在大学文化育人功能发挥和实现过程中，应充分考虑对其影响较大的因素，以趋利避害，最大化文化育人效果。

第一节　社会功利化：消解大学使命意识

◉

一、社会功利化的表现形式

功利通常意义上是关涉物质的，其目标指向是物质利益；那么，我们就可以将追求物质或物质利益即追求功利作为主要的价值取向和行为标准的倾向与做法叫作功利化。

在经济学视野内，物质利益，一般情况下是以经济效益来衡量的。因此，在观念形态上，功利化可视为奉行金钱至上、物质利益至上的思想认识；在行为选择上，通常表现为无利益则不作为，唯利是图，以致见利忘义甚至损人利己，"天下熙熙，皆为利来；天下攘攘，皆为利往"[①]，映射的就是人们追求利益的行为。

在价值哲学范畴内，功利化与实用主义、功利主义是相通的。功利主义最早为人们所意识到并提出来起源于古人在伦理学诉求中关于如何获取最大化快乐的思维观念，如中国古代的墨子、西方前 4 世纪的伊壁鸠鲁等。功利主义最早作为哲学理论的概念提出来是在 18 世纪末 19 世纪初，英国哲学家兼经济学家边沁和密尔等认为，人的行为应完全以快乐和痛苦为动机。这种功利哲学更看重人在行为过程中的"投入—产出"的计算与比较，寻求短期内的利益最

[①] （西汉）司马迁著、李金龙编著：《史记》，长春：吉林文史出版社，2018 年。

大化。"花最少的钱买最多或最好的东西""以最少的付出获得最大的收益"等"经济人"的做法和取向可谓深入人心。社会主义市场经济在中国是不可逾越的阶段，在讲开放、求高效的时代，一些领域不可避免地受到功利主义价值导向的影响，这种现象事实地存在于中国的社会万象中，有其客观原因。一些领域的功利化倾向主要表现为以下几个方面：

一是经济社会发展领域的功利化。如在经济发展过程中存在相对片面的发展观念，认为经济发展就是物质财富的增加，对人的精神需求和生活环境的改善关注较少。二是政府行为的"功利化"。一定程度上忽略了人民群众实际生活需求和利益诉求。三是个别群体价值取向的"功利化"。主要表现为一些社会组织和利益集团为追求经济利益，难守道德底线，为本集团利益不惜危害人民群众生命健康。四是教育发展的功利化取向。教育是社会中一个重要的产业和领域，社会功利化对教育功利化有深刻影响。教育的功利化主要表现为：在教育过程中以学习知识的实用性与否作为衡量教育效果的最重要的标准，应试教育现象突出；大学教育以职业选择为主要目标，使大学成为某种意义上的职业训练所，只偏重某一项技能的发展而忽视人文精神和科学素质的培养，无益于实现人的自由全面发展。

二、社会功利化对大学功利化的影响

大学作为存在于社会中的一个教育子系统，是社会历史发展的产物，从不同层面和角度反映了社会经济政治文化发展的趋势和潮流，社会文化传统和价值导向将会直接作用于大学，影响大学和大学人的价值选择。自20世纪50年代以来，随着科学技术在社会发展中的作用日渐突出，大学在增强国家文化软实力和综合国力方面的巨大作用广为社会所认同，大学服务于经济社会发展成为世界性潮流。于是，高等教育者、大学毕业生群体等理所当然地成为了推动社会进步、实现既定经济社会发展目标的重要推动力，大学自身、社会组织较多地强化大学的社会服务功能和追求社会效益，容易导致大学发展功利化现象。在功利化价值取向影响下，大学内部的功利化思想也有明显的表现，如教育主体在教育实践中片面地追求外向性目标，重物质利益、工具价值而忽视精神情感、人文需求、本体价值等内在目标，较多期望短暂或即时的效果，忽视长远利益的考虑和做法。① 这种只重视短期利益而无视长远发展的近利行为和价值取向主要表现为大学不断地自制自身利益和大学人明显的功利化取向。

（一）大学不断地进行自我利益制造，加剧了大学发展的功利化取向

由于社会转型和教育体制改革，市场经济对教育产业产生了多方面影响，大学也面临着前所未有的市场竞争压力，从而出现了一定程度的浮躁和彷徨，一些功利化行为有悖于大学的本质与使命。其一，大学存在外部利益自制现象。一些大学通过挂名或举办独立学院、二级学院、职业技术学院等，收取挂名费或高额学费；通过招收在职研究生、举办成人教育、自学考试、远程教学等低投入、低成本教育，获取额外经济收入；甚至一些高校与社会组织或企业合作，以建设新校区的名义进行圈地实施房产开发；等等。这些外部利益自制形式，一方面不能为本体教育提供足够的教育教学条件，很难培养出各类拔尖人才；另一方面，占用学校主体教育教学资源，校园人员和层次复杂，教育教学效果不能保障，文化氛围可能会被弱化，与大学"象牙塔"的独特气质不相适应。其二，大学内部存在利益自制情况。一些学校置大学使命于不顾，盲目追求办学规模扩张，投入大量人财物攀比学校的硬件设施；在专业设置和招生政策上，扩大社会热门专业招生规模，相应缩减基础性学科、人文社会科学类专业规模和课程设置；在科学研究上，热衷于应用型和社会需求量大的研究项目，忽视基础学科研究，追求"立竿见影"的短期效应和商业价值；大学过度追求经济利益，忽视精神传承和品质培育，这与大学知识传播与创造、人才培养、服务社会的基本理念背道而驰，不是长久发展之计。

（二）大学人的功利化取向明显

大学为大学人的成长和发展提供了空间和环境，大学在一定程度上的功利化取向会直接影响长期居于其中的大学人的思想和理念。较为突出的表现是大学教师和大学生日渐浮躁的行为和务实取向。我们常常慨叹教育制度因市场价值而蒙污，而我们自己却正在加剧这一现象。在教师层面，迫于工作和生活的压力，一些高校教师出现了一定程度的学术功利现象。教师的功利化取向可能会直接到影响学生的价值取向和人格塑造。在学生层面，较之于社会群体而言，大学生群体总体上是健康乐观、积极向上并能够秉持正义的。但部分学生的一些行为和观念却不可避免地存在功利化倾向。大学生的功利化取向首先是

① 张兴峰：《从文化视角解读教育偏重功利价值的渊源》，《现代教育管理》2010 年第 5 期，第 12-14 页。

学习动机上的功利化，如选择专业时避免冷门和基础性学科专业，忽视公共基础课和选修课的学习而重点加强技术性、应用型、语言类课程的学习，花费更多的时间和精力考取各类职业资格证书和参加等级考试，不惜占用上课时间外出实习、兼职以赚取经济收入等。在大学生群体中，尽管上述现象不能以偏概全，但它却在一定程度上实实在在地存在并影响着整个群体的价值取向和价值选择，我们有必要对此进行反思。否则，大学传播创造知识、培养人才的使命将被撼动，而沦为追逐物质利益的名利场，没有使命承载的精神虚无状态是对大学本质的背离和异化。

我们不可否认，市场经济作为我国当前阶段社会发展的主要经济形态极大地促进了社会经济的快速发展，市场经济的价值理念和竞争原则也带给了大学教育新的教育启发和价值导向，一定程度上有利于大学顺应社会发展潮流而不断增强经济能力和独立办学能力，使大学在发展中不断适应产业化和社会化的运行规则，有利于加快教育事业的现代化进程。但如果将经济领域的运行模式和价值观念照抄照搬到大学的教育教学上，或盲目扩大市场导向和市场理念在教育事业中的分量和影响，就会使大学教育过度追求工具理性而丧失价值理性，放弃对本体价值的追求，毁掉的可能是整个国家和民族的脊梁。

三、大学功利化对大学使命意识的消解

毋庸置疑，功利化由于其自身的无限逐利性特点，极大消解了大学作为人才培养和学术创新高地的使命意识，会对人们践行大学使命产生无形的冲击，严重时会影响人们对大学的理想信念和育人使命的坚守。

（一）片面追求大学的物质利益最大化，使大学使命受到质疑

从纽曼到洪堡、雅斯贝尔斯，再到科尔·克拉克，伴随着中古世纪大学的产生与发展，人们对大学理念、大学使命的诠释也由知识传播、人才培养发展到社会服务，对大学本质与功能定位的认识越来越全面和准确，也为社会所认同并一直照此践行。但随着教育市场化对教育事业的冲击和影响，人们对大学办学宗旨和理念的认识也在悄然发生着变化。说明在物质世界里，迫于生活的压力、就业的压力等，大学和大学人也可能会不能很好地坚守追求真理和科学的底线，出现功利化的价值取向。大学这种片面夸大物质利益的重要性，追求物质利益最大化的行为和举措，会在很大程度上动摇社会群体和大学人自身对坚守大学信仰的信心。如此下去，谁还会一如既往地赋予大学最美好的期待，

去坚守和信仰大学的使命和本质呢？

（二）过度追求大学的物质利益最大化，会使得践行大学使命的实践遭遇挫折

我们知道，大学使命就是大学对自身存在的本质意义和对社会应承担社会责任的弘扬与践行。对自身而言，大学就是一个独特的文化创新组织，以传播知识、科学创新和培养人才为内在职责；对社会而言，大学在立足自身发展的前提下，通过文化的、科技的、人才输送的途径为社会发展作出应有贡献。而在推进大学发展的进程中，人们如果为了适应社会竞争或个人生存的需要而去追求物质利益最大化，将更多的甚至全部的精力和时间用于自身利益，则无益于大学长远发展、大学使命与责任的传承。因此，过度追求大学利益最大化，极有可能会使践行大学使命的行动和发展大学使命的理论无处安身和实施，而大学要追求的学术自由、科学精神、创新精神、新科学家培养、新发明创造、服务于社会的新理念等更无从谈起。停滞不前，就意味着丢弃，丢弃的不只是一个大学精神，而是整个社会的文化。我们应时刻谨记《礼记·大学》中关于大学和大学教授"格物、致知、诚意、正心、修身、齐家、治国、平天下"的治学理念，坚守大学追求知识、修养心性的实践和美好期望，以防消磨大学人的意志和追求。

（三）单纯追求大学利益最大化，会动摇大学在社会教育事业中的神圣和崇高地位

任何时候，我们都不能否认，社会对大学是有期待的，而且有其很高、很完美的要求与标准，这种标准不单单是校园多大、环境多美、楼宇多雄伟，更多的是要求大学具有独特的精神风貌和内涵气质。尽管在很多时候，无论大学还是大学人，都避免不了逐利行为，并且这在某种程度上可能是合理的、有益的；然而，我们所说的追求大学利益最大化是要有一定的限度和底线的。如果单纯地、一味地追求物质利益，纯粹地以物质形态的成果作为衡量大学发展好坏的唯一标杆，长此下去，大学将会被社会和公众抛弃、唾弃。大学自其一产生就是以社会文化和创新组织的形式存在的，它的本质就是育人。现如今，大学在适应社会发展变化的过程中，从"象牙塔"里走了出来，如果在蜕变的进程中不能坚守和传承大学的本真，那么大学必然会在公众群体中丧失其神圣的精神使命和崇高的社会地位。

功利化之于大学使命，犹如物质欲望之于精神追求，尽管一般情况下后者是基于前者而存在和发展的，但若一味强调物质需要，过分追求物质利益，必

然会抵消人们对精神理想的追求。人的精力是有限的，一方面被过多地占据了，另一方面势必会受到削弱和忽略。况且，社会功利化不单以物质占有多少来衡量财富的多寡，还可能会导致人们以物质的标准取代精神的标准作为价值选择的主要尺度，倘若如此，表征人类精神世界的"象牙塔"的大学，将何以传承和引领人类文明呢？

第二节　教育市场化：侵蚀大学人文精神

◉

一、教育市场化的时代背景

纵观世界历史上大学发展的历程，我们发现大学的发展经历了宗教化、世俗化、民族化、大众化等几个主要的发展阶段，在各个不同阶段，宗教、国家、民众等分别成为影响大学发展最重要的力量和因素，从而推动大学不断从宗教世界走向世俗世界，从"象牙塔"步入大众生活世界。我们可以发现，在20世纪中期以前，宗教和政治势力是大学发展的主导力量；而20世纪中叶以后，随着大学为经济社会发展服务理念的提出和流行，大学为适应经济社会环境变化的新形势和新要求，才开始逐渐走向市场。20世纪中后期，在美国，由于政府对教育事务的强力干预和垄断，导致美国公共教育的培养质量和效率严重下降，美国自由主义经济学家弗里德曼首先提出了对公共教育系统进行改革的设想，即将市场竞争的机制和家长自由选择教育的价值理念引进公共教育系统。也就是从这时候开始，以美国为首的西方国家拉开了教育市场化改革的序幕，其主要目的是提高教育质量和教育效率，基于此，以市场为主要手段和影响力量的经济因素在大学发展中的作用越来越大。在市场机制的驱动下，随着社会力量不断涌入高等教育行业，无论在深度上还是广度上，市场在教育系统中的影响越来越深入。进入20世纪80年代，世界范围内高等教育市场化已出现锐不可当的发展势头，高等教育的规模和影响也不断扩大，犹如著名教育学家阿特巴赫所说，20世纪下半叶至今，规模扩展是高等教育领域的重要现实和主题。这里的规模扩展，应主要指高等教育市场化的进程之迅猛。

　　而在中国，在长达几千年的高等教育史上，大学的实际控制者就是国家。但随着改革开放的实行，市场经济和西方办学理念的传入与发展，一方面使得我国传统办学理念受到了冲击和挑战；另一方面也为新型办学思想的产生提供了借鉴和参考。改革开放以来，随着教育普及化程度的逐渐提高，高等教育规模不断扩大，一些地方的大学由于政府经济支持力度不能更好地满足办学需要，在学校教育经费不足的情况下，政府不得不推行教育改革，而效仿西方的做法将教育事业推向市场是偶然中的必然趋势。随着社会资金和社会组织不断加入到高等教育的办学实践中，各种形式的合作办学、民间办学、社会力量办学不断涌现，整个社会的教育资源得以优化，招生规模随之不断扩大，尤其是20世纪90年代以后，我国逐渐步入了高等教育大众化发展阶段。政府对高等教育的控制从严格管控到宏观指导，从全部财政投入到逐渐放开、自主办学，大学之间资源配置和社会对大学的选择更多地由市场机制来配置和导向。此外，高等教育的市场化进程与我国高等教育产业化的改革也相互呼应，直接相关。从经济学角度来说，高等教育制造和生产的也是产品，是面向社会公众提供的公共文化产品，有产品就需要有市场来进行产品和资源配置，于是，在我国高等教育大众化和产业化的改革大潮中，高等教育市场化不断扩展和延伸，市场日益成为影响高等教育发展的重要力量。但我国的高等教育市场化与西方的市场化程度有着明显的区别，除了公立大学的数量仍然占据着国家绝对的优质办学资源和办学优势外，一方面是政府代表国家对高等教育的控制除了表现为经济支持，还有政治的控制，在一定程度上限制了大学的办学自主权和自治权；另一方面，由于传统的办学理念影响，大学仍然不愿意完全脱离对政府的依附关系而独立运行。这种"要管"与"想要被管"的思想相契合，一定程度上限制了我国高等教育市场化的进程。

　　高等教育市场化就是让市场成为高等教育资源配置的主要方式和途径，让市场调节教育实践各方的关系及行为，使教育资源和教育关系实现自然的均衡分布状态。高等教育市场化一方面使大学适应了市场经济对教育产业发展的需要，在大学中确立了优胜劣汰的竞争机制，实现了教育资源的优化，可以提高教育教学质量。另一方面规范了政府对教育控制和调节的行为与权限，可以极大地扩大大学办学自主权；同时通过调节教育资源在不同办学主体间的分配，促进资源共享和流动，优化教育结构，进而加快高等教育大众化的进程，一定程度上有利于实现教育公平。高等教育实现市场化后，高校可以将后勤等产业实现社会化，提高管理服务水平的同时，增强教育教学能力和精力，更好地为实现大学本体功能服务。

二、教育市场化的可能及限度

教育市场化依据市场作用的大小和市场调节的程度与范围，可分为完全市场化和部分市场化。高等教育完全市场化，即将高等教育的全部资源和所有环节完全推向市场，全部依据市场规则进行资源配置和教育行为调节。教育部分市场化就是将教育产业中适合以市场原则进行调节和配置的环节和要素通过市场杠杆进行资源配置与调节，将不适应或不适合以市场标准来进行配置的部分由高校在政府部门的指导下进行自主配置。完全市场化下的教育产业不需要或不允许政府对高等教育事务指手画脚，学校完全作为一个市场主体在市场经济的竞争中实现优胜劣汰。部分市场化模式下的高等教育需要在政府宏观调控或部分的指导下实行市场原则，市场调节不到的地方由高校在政府指导下自主完成。因此，在市场经济环境下，只要政府放开限制和减少干涉，教育市场化就有无限可能，在教育行为的必要方面实行市场化，有利于促进高等教育的发展和进步。然而，高等教育事业尽管有必要引进市场机制，可以适用市场规律，但国家法律明确规定它不是营利性产业，任何时候任何情况下不能以营利为办学目的，所以，社会主义办学条件下，高等教育市场化进程需要有步骤、有控制地逐步放开和推进，不可能一蹴而就，也不可能实行完全的市场化。

（一）市场调节和政府调控、高校自主管理相结合，以最大限度地服务和发展大学本质目标为基本标准

如前所述，教育的部分市场化，就是高等教育在市场调节为主导的同时，要充分重视和发挥政府对高等教育的宏观调控作用。政府的这种宏观调控包括有利于大学发展的政策环境支持，有利于保障大学自主运行的管理体制和模式，有利于支持大学独立运转的经济和财政支持等。其中政府对大学最核心的调节是在服务知识发展前提下促使大学尽可能地服务于民族国家的意识形态延续和传承，在此基础上，赋予大学更多的自主权，使大学在依循市场规律、遵从市场调节的范围内最大限度地实现自主发展和大学自治。市场调节也好，政府调控也好，抑或是自主办学，其最终目标都应该是服务于知识传播和人才培养的大学使命，任何情况下都应以此为根本任务和核心目标，为衡量一切教育行为的基本标准，任何时候都不能动摇。

（二）以市场为手段，而不能以市场为目的

在高等教育是否市场化的问题上，有两种明显倾向：一种观点是反对实行教育市场化，认为市场化必然导致教育行为的无序性和盲目性，阻碍人们对大学使命和大学本真的坚持与践行；另一种观点是支持推进教育市场化，认为市场化可以提高教育效率和教育质量，有效促进高等教育事业的发展和与国际教育接轨。其实这两种观点都有一定的道理，它们的分歧是以市场为手段还是以市场为目的的问题。我们认为高等教育以市场为实践手段，可以转变传统教育理念，使用现代教育和管理方式与手段，以促进教育事业的发展；而如果以市场为教育目标，那就是教育以追求物质利益为最主要的价值取向，就会葬送教育事业的前途。高等教育市场化要以市场为手段，就是高等教育运行和管理要适应市场经济发展对大学的管理、大学的服务等方面提出的新要求和新方法，摆脱传统教育中守旧的、过时的、不适合现代教育发展的模式和思维，更有效地组织教育活动。如以市场手段调节教育费用使用和教育类别设置，教育双方都可以根据自身需要进行选择，受教育方即教育需求方的需求得到满足和重视，可以促进高等教育质量的提高和高等教育多样化发展；高校间日趋激烈的竞争关系，可以促使高校不断更新教育理念和调整教育方法，促进高校间优势资源互补和互通有无，提高教育效果和教育水平。以市场为目的就是依据市场经济的以追求物质利益最大化为高等教育的目标，以此代替大学自身发展的目标和使命，这属于大学市场化发展的极端。照此目标分析，利润最大化就是大学办学的主要目的或唯一目标，这种过分追求物质利益与大学作为一项精神性活动所应该实现的精神产品生产和崇高理想承载，有着根本的、本质的区别。正如"社会的精神生产任何时候也不会完全融合在社会的物质生产活动之中，……，在物质生产中起作用的原则和规律只是在有限的程度上适用于精神活动"。① 因此，在一所大学里如果将市场原则强加给精神性活动，就会将精神创造和理想追求所需要的宽松、自由的氛围毁灭。另外，以市场为导向的市场目标不会兼顾和保全社会目标的实现，如果大学发展完全任由市场来控制，那么很有可能造成整个社会价值取向的畸形发展，使人完全成为物的附属品，使整个社会变成物欲横流的世界。因此，大学作为自在的文化传承与创新组织也好，作为社会先进文化的高地和人才培养的摇篮也好，自然需要适应和融入市场化发展的新形

---

① ［苏联］托尔斯特赫等：《精神生产——精神活动问题的社会哲学观》，安起民译，北京：北京师范大学出版社，1988年。

势和新要求，但绝对不能以市场化取向作为大学发展的主要任务和终极目标。这是大学区别于社会团体和经济组织而为大学的本真存在，也是高等教育市场化的底线。[①]

三、教育市场化与大学自治

就当前高等教育改革与发展的现实状况而言，高等教育市场化就是通过增加市场在高等教育发展运行过程中的比例和影响，改变传统的以政治需要为主导的、政府控制和垄断的高校运行与政策选择机制。表面上看，教育市场化与实现大学自治没有直接的本质的联系，然而，通过分析我们会发现，市场因素在教育过程中的增加，必然会导致政府对教育控制和干预的减少，那么高校就会在自身体制和市场运作与需求之间不停地调整和变换决策与行为方式和内容，这实际上是增强了高校办学的自由度和自主权，为实现大学自治提供了条件和可能。

（一）教育市场化与大学自治不是对等关系，大学自治不等于教育市场化

教育市场化是要将市场化的理念和规则引入大学的发展和运行过程中，一是要大学和大学人在进行决策时增强市场竞争的理念和意识；二是要将教育事业更多地推向社会和市场，适应消费者和社会发展对大学发展的诉求和期待，以不断调整自身的发展方式，满足社会公众对教育发展的期待与诉求。可以说，教育市场化就是一种新的发展和游戏规则，不是具体的发展模式和途径，但它可以通过适当的方式改变大学的发展思路和方向。市场对于大学发展而言，仍然是外在的、客观的，反映外部需求的杠杆和机制。而大学自治则是大学内部通过调整与政府之间的关系，通过改变决策与行为方式、管理模式、评价机制等而实行的自主管理、自觉治理的制度和模式，是相对于政府对大学事务的过度干涉、严格管控和大学对政府的严重依附关系而言的。因此，从市场在教育过程中的作用机制来说，教育市场化不等于大学自治。

（二）教育市场化可以助力于大学自治的实现

教育市场化过程中，减少和规范了政府对大学管理的行为和影响，由事无巨细式的全面干预改为宏观的政策支持和经济手段调控，使大学根据市场在对大学进行调控中所反馈的信息和要求进行决策，一方面适应了市场发展的需

[①] 赵婷婷：《大学市场化趋势与大学精神的传承》，《高等教育研究》2001 年第 9 期，第 1—6 页。

要，另一方面，大学可以在自主决策的时候，充分考虑本校特点和实际，强化自主治校的理念和增加自我治理的行为，将大学人自己的意志、大学发展的目标、办学定位等体现于治校理念中，充分发挥大学人的主观能动性和自主创新意识，适应市场化和教育产业全方位覆盖、多样化发展的要求，保证高等教育功能充分、有效的实现。然而，以教育市场化的运行方式为参照，我们也可以将其运用于一所大学的自治管理中，如果将一所大学看作一个市场，那么大学人就是大学自治运行中的主体，他们要根据大学发展和育人实践的需求与变化不断调整和完善自身的发展模式，以适应大学学术进步、人才培养、社会服务功能发挥的需要，而不能以人为的、行政的、强制的方式直接干预大学发展的进程。因此，教育市场化在杜绝主观因素决定大学事务、减少大学发展的主观臆断行为、增强管理者对大学诸多主体的尊重和关注方面具有重要的参考价值和借鉴意义。

当然，有人可能会有疑问：教育市场化与大学自治之间到底谁为主要谁要次要呢？如果以市场作为大学发展的主导和完全以市场要求决定大学发展轨迹，那么大学可能就会变得千篇一律，市场提出了一个新要求，所有的大学都看到了这个机遇，趋之若鹜，则有可能会导致教育发展的盲目性和无序性，这显然不是我们所期望的。我们所希望看到的，就是在市场机制和政府宏观、有限的调控下，最大可能地发挥大学人作为大学发展主体的作用和能动性，既充分考虑市场发展所反馈的要求，又能够结合自我发展规划和大学宗旨，有计划、有步骤地实施大学自治，提升大学自主办学、独立办学和适应社会发展要求办学的能力。

四、教育市场化对人文精神的侵蚀

教育市场化可能会导致在大学改革与发展过程中种种逐利行为的发生，在进行大学发展决策时人们可能会更多地考虑市场需求和竞争需要。这个度如果把握不好的话，可能会在一定程度上侵蚀大学的人文精神。

重工具理性而轻价值理性。在市场环境下，人们在做决策时，会更加倾向于考虑市场竞争的需要，将市场反应好不好、经济效益高不高作为衡量行为标准的最主要参照标准，这反映在教育行为中就是将大学变身为教育市场化的手段和工具。比如一些新技术、新发明因市场需求应运而生，转化为生产力的时间短、见效快、利益大。那么大学在进行课程设置时，可能会增加自然科学类学科、专业的课时量，扩大相应专业的招生规模，重视相关学科的发展并给予更多的政策支持，以增加社会效益；而一些见效慢的人文社会科学类学科和专业，可能会受到冷落和忽视，学生培养质量下降，基础学科知识普及率低，不利于传统文化的传播和博学人才的培养。这是在市场化条件下，社会上重视功用化实用主义的理念对大学价值理性的冲击与挑战。

重商业行为而忽视人文信仰。教育市场化是大学不断与市场、社会组织、经济利益团体等交往、接触的过程，在这个过程中，可能会有来自政府和学校以外的社会资金对学校进行投资，也可能会有各种形式的捐赠与资助，还会有学校与媒体之间的往来，大学离最初"象牙塔"的本真状态可能会越来越远，社会化程度更高，社会关系更加复杂，社会因素对大学的影响日益加大，其中某一个或几个方面甚至可能会成为大学发展中的主导和决定性力量。大学要兼顾各方面利益，可能会有所得有所失，知识和学术成果成了可以用货币买卖的商品，校园可能会成为商业演出的场所，也可能会成为商业租赁的区域，大学人基于物质利益的需要可能会兼职成为商人，学生可能会偏离学业去外出挣钱……种种追求商业价值的行为，使得大学内的知识学习和人文信仰遭遇冷落，大学的宗旨、大学的办学目标为短期物质利益所取代，严重地吞噬着大学的人文精神。

重个人需求而轻集体利益。大学教育市场化另一个重要原则是竞争，竞争的首要标准是优胜劣汰。无论是大学还是大学人都在市场化的过程中面临着这样的挑战与选择——适者生存。因此，为了实现本校良好的发展和较高的社会影响力，大学在决策时可能只考虑自身需求和发展的需要，而忽略其他高校的情况与整个高等教育事业的本质要求。一个大学人，由于竞争的压力，可能会片面夸大个人需求而忽视他人感受，可能会通过不正当手段达到个人目的而失去道德价值判断能力。这种一味追求个人利益、只考虑个人需要的行为和选择是大学市场化而引致的竞争压力所造成的，但从内因来说，还是功利化的个人价值取向代替了集体主义的价值取向，仅仅将市场竞争需要什么，个体实现需要什么作为行为依据和判断标准，过分夸大个人需求和个人利益。这种价值取向扭曲了个人正当利益的获得，也无视集体利益的存在，是一种社会良心丧失的表现，是与大学弘扬传统美德、求善求美的精神背道而驰的。

第三节　体制行政化：淡化大学学术氛围

●

一、高校行政化的历史根源

　　"行政"一词在中国有很早的历史渊源和记载，如在《孟子·梁惠王上》的"为民父母，行政"一句中就道出了"行政"的含义，与我们现在对它的认识和理解一样，作为名词，借指国家行政机关；作为动词，"行政"可指执掌国家政权，行使管理权力来管理国家事务，也可统称为公共行政。随着经济社会的发展，后来人们对"行政"的含义进行了延伸，广义上泛指一切企事业单位、社会团体和组织的内部管理活动。在西方国家的政治传统中，政体采取"三权分立"的政治制度，而三权之一的"行政权"所对应的政府管理行为就是"行政"，它是与立法权相对应而存在的。而我国，"议行合一"的政治体制模式决定了政府行政权的强大和广泛，在所有国家机器中居于事实上的主导地位，所奉行的也一直是国家行政权力高于一切。"行政化"就是使机关之外的部门或组织的工作成为或者效仿国家机关管理国家事务的模式，它既是一种状态，也是一个过程。在国家行政机关实际上是不存在所谓的"行政化"问题的，因为国家机关的管理工作本身就是行政式的管理，而在不适合推行行政管理的企事业单位、部门和组织实行行政化管理，即实行"上下主从的行政命令式"的机制与方式，就是"行政化"了。概括地说，行政化就是某一机构或管理部门的运行管理模式和资源分配方式几乎全部由行政权力掌握，形成了行政权力至高无上的权力模式和层级管理体制。

在中国，自古以来，教育与政府就有着千丝万缕的联系，从最初的官学，到科举制度，官本位的遗风伴随和影响着中国高等教育的发展。尤其是新中国成立以后，计划经济体制在教育领域集中体现为政府对大学的中央集权和计划管制，大学因此被行政化了。所谓大学"行政化"，一方面是指大学外部的公共行政机构的权力和指令成为大学运营管理的指导力量；另一方面是指大学内部的科层管理体制在一定程度上夸大或滥用行政权力，并有可能成为高校教学、科研、管理的基本推动力量和模式。[①] 作为一种管理手段，行政管理在大学管理中应用的初衷在于提高大学管理的效率，确保大学有效地实现其组织目标，更好地实现其功能和使命。但如果科层制的行政管理模式在大学中被泛化，即把大学当作行政机构来管理，把学术事务当作行政事务来管理，就成为了广为社会所诟病的官僚主义、官本位了。[②] 因此，本应学术自由之风盛行的高校里弥漫着行政官僚的厚重之气，高校行政化的弊端应予以重视。

二、高校行政化与学术发展规律的张力

（一）大学自治与政府干预之间的张力

学术自由与大学自治一起作为大学最核心的价值理念流传至今，已然成为大学传承文化与文明的内生力量。而大学作为一个社会组织，其自身的存在和发展也不可能完全脱离社会环境和其他社会组织而独立存在，政府则是诸多外部因素中的重要方面。大学和政府之间力量的互动与交织，"决定着大学自治的程度，也决定着政府和社会能在多大程度上监督大学，使大学对社会负责"。[③] 在大学教育管理的实践中，政府力图保持对大学的控制，而大学期望拥有一定的自治权，双方必然要面临大学自治与政府干预之间的冲突与矛盾。大学如何才有实现自治的可能？政府应以什么样的方式去呼应大学的发展？两者看似矛盾，实则具有极大的内在关联。因为对于政府而言，正如克拉克·科尔在《大学的功用》中所言："所幸的是，无论在什么地方，除了很少的一些

---

① 陈学飞：《高校去行政化：关键在政府》，《探索与争鸣》2010 年第 9 期，第 63–67 页。

② 钟秉林：《关于大学去"行政化"几个重要问题的探析》，《中国高等教育》2010 年第 9 期，第 4–7 页。

③ ［美］伯顿·克拉克等：《学术权力——七国高等教育管理体制比较》，王承绪等译，杭州：浙江教育出版社，2001 年，第 162 页。

例外，这种权力没有被无限地行使。"而作为大学，"大学自治的基本信念并没有动摇，它仍然是政府干预或控制大学的边界"①，它们之间形成了一定的张力，存在着共同性追求，即从长远来看，国家与大学的利益目标是一致的，诚如"国家在整体上，……，不应就其利益直接所关所系者，要求于大学，而应抱定这样的信念，大学倘若实现其目标，同时也就实现了、而且是在更高的层次上实现了国家的目标，由此而来的收效之大和影响之广，远非国家之力所及"。②在中国，政府干预方式与大学自治的实现之间出现了某种失衡，政府的较多干预压制了大学的自由，功利化取向限制了大学办学的自主性，使得大学自治的理念受到削弱，部分丧失了自我约束与自主发展的能力。要不断推进大学自治的进程，有效的出路就是政府要适量放权给大学，并要坚信大学自治和学术自由不会导致国家性教育目标的丧失，反而能够促进大学育人目标的实现。因此，如果政府尽可能地减少对大学治理的硬性干预，增加经济支持和政策倾斜，反而会激发大学自主办学热情，使其更坚定地延续和发展大学自治的理念。这犹如我国高等教育发展初期，尽管教育属于民间办学或个人行为，但孔子以其教育理念和实践为封建国家培养了大批优秀人才，实现了教育目标与国家目标在自主治学层面上的高度统一与契合。

（二）行政权力与学术权力之间的张力

大学作为社会性、文化性的学术组织，为维持大学的持续发展和文化传承，需要设定特定的组织机构以满足教育管理所需，即学术组织和行政管理机构。中世纪的大学最初并没有设立行政管理组织，但随着现代大学的发展，由于门类众多、人员繁杂、功能多样，在学术权力之外设置相应的行政管理和服务机构已不可避免。正如布鲁贝克所言，"没有任何一所学院和大学是纯粹的学者团体，……，正如高深学问的发展需要专门化一样，在学院或大学的日常事务方面也需要职能的专门化。事务工作和学术工作必须区别开，因为每一方面都有它自己的一套专门的知识体系"③。但我们应该而且必须接受的是行政机构的设置改变不了学术性作为大学本质属性的事实。如果说行政权力是大学发展衍生出来的，或者是外部赋予的，那么学术权力机构则是大学自身的发展逻

---

① 张俊宗：《现代大学制度：高等教育改革与发展的时代回应》，北京：中国社会科学出版社，2004年。

② 陈洪捷：《德国古典大学观及其对中国的影响》（修订版），北京：北京大学出版社，2006年，第34-35页。

③ ［美］布鲁贝克：《高等教育哲学》，王承绪等译，杭州：浙江教育出版社，2001年，第37页。

辑与特质。在学术权力与行政权力长期共存的过程中，二者之间的摩擦也从未停止和间断过，这是因为学术文化和行政文化在一般意义上有着不同的价值追求和行为导向。学术权力对真理和自由有着不懈追求，"是否有利于或者更有利于学术的创造创新和自由"是一切学术活动的根本动力源和行为规范的基本标准，这种权力来自学术权威和学术影响。行政权力的基本宗旨是公共责任，它们要确保大学事务的有序、正常运转和公共责任的实现，这是行政工作的出发点和归宿，这种权力主要来自岗位职责、社会责任。这两种权力在碰撞、交叉时存在着张力。鉴于我国当前大学行政化趋向显著的现实状况，在制衡二者之间的关系时，我们认为，尽管行政权力不可或缺，但行政权力应以从属和服务于学术发展为基本要求，以保障学术权力的主体地位为行为标准。因此，在行政权力与学术权力关系问题上，不是孰多孰少的问题，而是在何种意义上可以使二者更好地共存并发挥最大效力的问题，以促进大学使命的真正实现。[①]

三、高校行政化对学术氛围的影响

一般地讲，学术是大学的生命线，大学行政管理部门和机构是为学术发展提供相应服务和支持的组织。然而现实中的高校，行政体制科层化，行政干预现象明显，弱化了大学的学术氛围。

（一）大学行政化弱化了大学的学术精神

大学的学术使命就是追求学术自由和学者自治、崇尚和追求科学与真理、富有创新精神的学术理念和学术行为。这种学术使命只有在宽松、民主的氛围和环境中才能得到较好的发展和传承，是其之所以为大学的根本所在。大学行政化使得整个大学校园丧失了本应洋溢着自由和轻松的应然状态，使得教师和教授缺少专心学术、潜心钻研的氛围和精力。追求真理的人无暇顾及真理，从事研究的人无力研究。大学行政化弱化了大学的学术精神，淡化了学术氛围，须予以纠正。

---

① 王英杰：《大学学术权力与行政权力冲突解析——一个文化的视角》，《北京大学教育评论》2007 年第 1 期，第 55–67 页。

（二）大学行政化占用了大学的学术资源

　　大学就是做学问的地方，大学的每一寸土地都是为做学问而准备的，每个大学人来到大学这个神圣的地方都应是为学问而来的，大学行政管理部门应服务和服从于大学的学术发展。而事实上，一些大学的学术机构和部门在组织设置和运行机制上偏重科层化，人员配备和使用上倾向行政化；一些学校供教学和研究场所的资源配置需由学校管理部门审批；一些学校的图书馆、教学研究辅助机构由行政管理人员按照正常上下班时间"准时"关门；等等。行政权力时时处处影响着学术权力的发挥。学术资源充满了行政化气息，弱化了大学学术精神。犹如纽曼所言，大学就是做学问的地方，任何权力都不能侵犯学术，不能凌驾于崇尚学术创造和追求真理的人们之上。这更应该是新时代大学应遵循的底线和恪守的规则。

第四节　就业压力大：阻碍育人理想目标

●

一、就业形势分析

大学生的就业状况与经济社会发展态势和速度直接相关，目前我国经济形势整体发展良好，能够为大学毕业生提供广阔的发展空间和大量的就业岗位。但由于社会总体的劳动力供给出现结构性矛盾，再加上大学生自身在就业观念方面的偏见和较高的就业期望，当前我国大学生就业形势仍然严峻。

（一）高校毕业生人数逐年迅速增加，劳动力供给总体上远远大于需求，人才结构性矛盾更加突出

我国大学自 1999 年开始扩大招生规模，每年的在校生人数呈急剧增加态势，尤其是自 2003 年以来，我国高校毕业生人数每年高速递增，从 212 万增加到 2019 年的 830 万。国家统计局的这些数据一方面体现了我国高等教育的逐步大众化和取得的可喜成绩，另一方面反映了我国高校毕业生可能面临更加严峻的就业形势和更加激烈的就业竞争。与此相对应，往届未就业毕业生、城市下岗再就业职工、农村富余劳动力转移等无疑加剧了大学毕业生的就业压力，由于社会每年所能够提供的就业岗位是有限的，这就造成劳动力市场供大于求的现象和矛盾。另外，传统的就业空间如考取研究生、考取公务员、国有企业、事业单位等的进人要求和标准不断提高，用人需求也在不断减少和压

缩，在一定程度上加剧了就业困难的局面。再加上劳动力供给增加导致的企业用人标准和门槛的提高，对女性毕业生的偏见造成女生就业难度更大，高校专业设置与企业岗位需求不完全一致造成的专业错位现象，都在说明目前社会人才供需存在严重的供求失衡和结构矛盾。这些因素叠加在一起共同造成并不断加剧了当前严峻的就业形势和失衡的人才供求机制。

（二）大学生传统的就业观念和较高的就业期望加剧了严峻的就业形势

中国人"学而优则仕"的传统观念可谓"深得人心"，一出"校门"便想要入"官门"的择业意向是对大学生传统就业观念的真实写照，到国家机关做公务员，到国有企业和事业单位从事一份稳定的工作可以说是绝大多数毕业生的理想和追求，这就导致了每年浩浩荡荡的"赶考"大军现象的出现。还有一些毕业生宁做"凤尾"不做"鸡头"，宁可到大企业、外资企业做底层普通职员也不愿做普通企业的骨干，宁可到北上广"蜗居"做"蚁族"也不到基层和中小城市做贵族。一些毕业生起薪低的工作不愿做，工作条件艰苦的西部不愿去，技术性劳动不想做，难度大、综合要求高的工作做不来。据了解，我国一些区域和岗位的人才缺口还是比较大的，如各种工程建筑类行业、计算机软件开发类行业等技能型、技术导向型岗位人员紧缺，却苦于招不到人，于是各种技能培训机构应运而生，针对学校技能学习和培训的不足而专项强化和应对企业对技能型人才的需求。然而现实是很多学生不愿意学技术类、软件开发类的专业，认为这些学科学习难度大，工作强度大，畏难情绪严重，吃苦精神不足，长远规划缺乏，这在很大程度上限制了毕业生的就业选择空间。过高的就业期望和传统的就业观念不利于大学毕业生顺利就业，使得整体就业形势更加不容乐观。

而与本科毕业生、研究生相比，一些大中专院校的专科毕业生、技能型劳动力由于择业标准比较务实，具有一定的技术才能，却可以很好地实现就业。也就是说，大学毕业生的就业形势是可以通过调整心态，转变观念，增强技术水平来得以有效改变的。但如果高校一味地为适应社会技术性岗位需求，而加大对工科专业和技术性专业的招生规模，加强培养程度，那么一些基础学科、人文学科的知识学习可能会受到冷落，这与高校实现人的全面发展和成才的目标是相互矛盾的。

二、就业取向对学生学习目标的固化与异化

我们常常会听到类似这样的话，上大学就是为了以后能找到一份好工作，无论本科生还是研究生，最终都是要就业的。现实社会中，求学的落脚点就是就业。学校培养人有学校的就业取向和就业目标：一方面提高就业质量，这种取向以培养高素质的人才为内在要求；另一方面提高就业率，这种情况以满足社会需求为外在标准。当然，大学的就业取向是要以大学生的就业取向为前提和基础的，也就是学生首先要有就业的需求和愿望。我们认为大学生的就业取向可简要从以下方面理解：一是基于生存需要的就业取向，即毕业生一旦作为完全独立于家人供给的社会人而存在，为了生存和维持生活，就不得不就业，生存是其最基本的内在驱动，也是最低层次的就业取向，目前高校毕业生中的极少数是以此为取向的。二是基于传统观念的就业取向，就是在社会传统和家庭影响下，学生依循着传统的社会价值观念而选择到国家机关、国有企业和事业单位等能获取"金饭碗"的地方就业，这从根本上说不一定是大学生自由自愿的选择或想法，而是一种社会传统和观念定式，他们只是遵从或适应了这个社会形势。三是基于理想追求的就业取向，这种情况下，可做两种理解：一种是为个人理想追求而选择自己喜欢的职业，并最终期望能成就一番事业的就业取向，另一种是为社会或国家民族的共同理想和社会需要而进行职业选择，并在社会贡献中实现个人价值的就业取向，如在国家号召下，一些青年大学生积极到边疆去，到基层去，到国家和人民最需要的地方去来奉献青春以实现个人理想等就是这种就业去向的可能情况。四是社会现实的就业取向，这种取向一般是在传统观念取向和理想追求取向短期不能很好实现的情况下，学生综合分析个人情况和社会现实而作出的就业选择，这是目前绝大多数毕业生的就业取向。[①]

就业事实说明，在大学毕业生实际的就业行为中，以传统观念取向和社会现实需要取向进行就业选择和导向的人数几乎占据了90%以上的毕业生，而内隐于这两种取向中的决定性因素一个是传统的官本位思想，一个是社会的现实需求和职业导向。就业导向决定了学习内容和学习目标，这种依据传统观念的、现实需要的就业导向可能会导致学生学习过程中的固化和异化现象。

就业取向对学生学习目标的固化。固化就是学校在进行课程设置、专业学科建设调整时主要的参考标准是社会对热门专业和技术人才的大量需求，使办

---

① 赵海燕：《大学生就业取向影响因素分析》（硕士学位论文），东北师范大学，2010年。

学思维定格在外在的社会标准上，单纯地为实现学生就业而实施教育和管理活动，这种情况下学校就成为了社会服务的工具和手段，学校内开设的技术科学学科、工程营销类专业常会受到热捧和重视。而对于学生来说可能的后果就是，他们在校学习期间，看哪些课程与就业直接相关，哪些课程可以学到实用的职业知识就学哪些课程和专业，对一些基础性理论课程和人文素质教育不予重视，只参加那些可以增加学分、提高职业能力的社会活动，公益活动从不参加。而作为知识传播和文化传承、创新之所的大学，在本来意义上是要尽可能多地传授知识和传播文明，学生要尽可能多地汲取知识和完善自身，这才是大学培养人才的初衷和本质，这种单一化就业导向的培养模式和学习模式固化了大学生的价值取向和行为选择，不利于学生的全面发展和成才。

就业取向对学生学习目标的异化。受传统思想和观念的影响，学生在就业时以能否到机关、事业单位、大企业就业为导向，所以在学校时就有意地进行权术的学习，关注社会关系网络的建立，各种功利化取向导致学生不能树立良好的世界观、价值观和人生观，也在一定程度上加剧了大学和大学人"官本位"的风气和行为，这种理念与大学作为学术圣地而追求自由与真理的理想是格格不入的，是对大学崇高的价值理念的异化。同时，学生在学习时，以就业和职业培养作为是否学习、怎么学习、学习什么的唯一标准和依据，不利于学生对全面知识的掌握，过分夸大学习知识的工具理性和实用价值，而忽略知识的价值理性，容易造成实用主义、功利主义在大学里的传播和盛行，极大地影响着大学生的价值判断和行为选择，是对大学弘扬科学精神和人文精神、重价值理性轻工具理性的主旋律的异化和背离。

三、就业目标中实用主义与人文主义的竞争

在大学的人才培养方案中，一般都会这样设定：通过大学教育和学习，使大学生具有较高的专业素质和良好的职业能力，以便于学生就业和服务社会发展，培养社会经济和职业发展所需要的实用型人才，这是当今大学人才培养的务实性、倾向性目标。基于此，大学的专业设置和课程安排、学生的学习或实践内容也基本上是按照这种就业目标来设定的。这种大学内外无差异、处处围绕"有用没用"的教育观念来进行教育安排和实施教育行为的现象，就是实用主义在大学内的蔓延和影响。犹如朱清时所说，大学只瞄准市场需求，教学思路完全按照就业需要走，开的课程也都是非常实用的、学完就能找到工作的课程，这是教育急功近利的表现，不应该让大学成为某个领域或专业的技工

学校。过分强调和看重教育的实用价值，必然会冷落大学精神对人文主义的追求，忽略学生人文素质的培养。

当今大学的教育不能仅仅将育人目标定位于就业需要、专业技能等"器"的层面上，而应更加重视学生在掌握规律、学习知识、追求真理方面的全面的人才培养工作。我们虽然不能完全奉行孔子关于"君子不器"的教育理念，但现代大学教育就应该做到"道"的培养与"器"的训练并行不悖，不能因为实用主义的盛行而抛弃或弱化人文主义，要在学生具有广阔眼界、广博知识、完善人格的基础上加强就业教育和专业素质提升，这才是真正符合社会长远发展需要的育人之道。

就业目标或就业导向的大学学习实用主义与人文主义之间的竞争，从根本上体现了大学理念与大学使命中人才培养与服务社会内在的根本的统一。培养人才，本质上说就是要服务于知识传播和社会发展，只是在教育过程中或社会发展的特殊阶段，不同的人出现了差异性的判断标准和行为取向。从根本上讲，实用主义应该是大学人才培养和知识传播对社会服务的一种衍生工具，人文主义要求培养全面发展的人，实用主义要求培养专业精通的人，全面发展的人不仅仅知识广博，专业知识过硬也是人文素质的重要方面，二者统一于育人实践和社会发展的过程中，都是实现人的全面自由发展和社会进步所必不可少的。

第五节　传播网络化：弱化文化育人效果

●

在科学技术日新月异的时代，随着计算机应用的日益广泛和深入，人类社会已经进入了网络时代，互联网以其独特的方式潜移默化地影响和改变着每个人的思想观念和生活方式。大学人作为先进文化传播的排头兵，对网络的使用已经非常普遍，网络文化的辐射力渗透着校园的每一个人和每一寸空间，出现了一片繁荣景象。这里所说的网络主要指以现代传播手段为主要方式，以电脑、手机等为主要载体的虚拟环境以及由此形成的网络氛围。网络对大学文化育人实践既有促进作用，也有消极作用，双向作用于文化育人的实践。

一、网络对大学（育人阵地）的覆盖与渗透

据中国互联网络信息中心（CNNIC）发布的《中国互联网络发展状况统计报告》称，截至 2019 年 6 月，中国的网民规模已经达到 8.54 亿，中国手机网民规模达到 8.47 亿，而且在校大学生目前成为我国网民尤其是手机网民最集中的群体之一，其网民数量达到了 100%，可以说网络的普及和应用，大学和大学校园是主要的覆盖区域和渗透对象。

网络成为大学人日常学习、生活、交往的重要工具和方式。现代大学校园称得上是一个繁忙的网络阵地，大学生人手一部手机，一部电脑，时时处处都可以上网。他们在网上可以进行信息查询和搜索、聊天交友、浏览网页新闻、

文化娱乐等，大学生通过网络可以为生活和交往提供信息和服务。而在教学过程中，大学也在适应现代科技发展的需要，教学设备更新为多媒体教学设施，提交作业可以在网上直接提交，还可以进行远程教育，学生对老师进行网上评教，网上查询课程安排和学分情况，利用网络进行沟通和答疑，传送和提交资料，网上进行项目申报，等等。教学学习过程中网络是师生教学、科研和沟通交流的重要方式，成为必不可少的现代教育手段和教学资源共享平台。

网络成为大学生进行自我教育和自主服务与管理的重要平台。大学生利用手机使用的网络便利，在校园内就可以搜索到 Wi-Fi 网络信号，在学生们之间建立起最直接的网络空间。他们通过建立学院、专业、班级网络阵地如 QQ 群、微博、微信、校友录等发布个人信息或工作信息，在同学之间架起了沟通的平台，在网上开班会，在 QQ 群里共同探讨问题，通过微博、微信关注社会、学校、班级和同学近况与新闻，等等，这样，足不出户，大学生们就可以以最自我的方式和最先进的手段不断实现着自我教育和管理。这是对传统意义上自我教育管理的一种有效补充和超越，通过这种宽松、自由、民主的方式和平台，易于准确了解学生的真实想法和意图，提高自我教育管理水平和质量。

网络成为大学文化育人的重要载体和平台。大学为便于教育和管理服务工作，一般都很重视校园网络的建设和完善，并将其作为创新育人手段的重要平台和载体。在各级各类校园网上，发布与教学、育人相关的信息，以新闻宣传的力量去扩大育人效果和影响。例如：校园广播凸显校园文化气息；大学校长的网络微博增强了与学生的互动；每日一条教育和安全信息提醒，彰显对学生的人文关怀；校园设施不完善时直接网上报修，突出服务育人理念；如此等等。网络在高校课堂教学、日常管理、教育服务、氛围营造等诸多育人环节发挥着越来越重要的作用，有着越来越直接的影响，成为大学文化育人的重要阵地。

网络以其独特的方式、先进的理念、时尚的语言、民主的作风、自由的风格在青年大学生中有着广泛的影响，成为大学生日常学习、生活、交往、消费的重要方式和平台，在学生自我教育管理、学校育人工作实际中具有重要的积极作用。当然，由于网络自身的随意性和接受主体在认识和接受程度方面的差异性，网络只能作为一种教育途径和沟通平台，成为传统育人机制和方式的有效补充，不可能代替实体育人而独自承担全面育人的功能。

二、网络文化对大学文化育人的机遇与挑战

由于网络几乎将每一个拥有现代传播手段和工具的人都连接在了一起，形

成了一个强大的网络群体和虚拟阵营，如网民、网恋、网友、网络道德、网络营销、网络价值、网络新闻、网络语言、网络符号、网红等，这些现象具有其自身存在和传播的物质基础和精神场域，是社会文化的一种特殊形式和存在状态，人们称之为网络文化。学者认为，网络文化就是指人们在以互联网为主的网络环境下，以收发信息作为核心要素，在开展工作、生活、学习、交流、娱乐等活动中所形成的行为方式和思想观念的总和。[①]网络文化具有信息公开化、内容动态化、制约松散化、传播互动化的特点。也正是由于这种独特的气质和特性，网络文化吸引了越来越多的大学人，促进了网络文化的传播和流行，对大学文化育人带来了机遇和挑战。

（一）网络文化的丰富性、开放性、互动性对大学文化育人具有积极作用，提供了新的发展机遇

网络文化以其海量的信息源和惊人的传播速度为传统大学文化育人工作提供了广泛的信息来源渠道，网络文化以其开放性和动态性，帮助我们在网上很容易地查询到国内外先进的教育理念和教育模式，足不出户就可以了解和掌握中国传统的历史文化脉络和璀璨的人类文明成果，极大地充实和丰富了高校文化育人的内容。网络文化以学生喜闻乐见的形式和现代时尚的语言风格、民主灵活的行为方式为我们创新文化育人方式、拓展文化育人平台提供了可能和条件。网络文化以其便捷、轻松的交流方式和民主的氛围为师生对话交流提供了更多的机会和可能，使高校教育者更全面地了解和把握学生的真实想法和思想动态，为积极调整育人内容和方式方法、增强育人效果提供了可能。因此，网络为大学文化育人提供了开放的、宽松的、民主的环境和氛围，网络文化为大学文化育人提供了丰富的内容和可供参考借鉴的育人方法和渠道，有利于将人潜在的、内在的价值诉求转化为外在的、现实的价值行为，有力推动着人的正向价值的实现，从而不断促进人的全面发展。

（二）网络文化的多元性、交互性、虚拟性、隐蔽性对大学文化育人实践形成了冲击，向现代大学文化育人提出了新的挑战

网络文化是松散的、随意的、对传播内容不加筛选的外向型自主文化，这就决定了它还具有广泛性和多元性的特点。在网络上，东西方文化相互激荡，各种社会思潮不断交融汇合，先进的和嘈杂的、正确的与错误的、精华的与糟

---

① 田贵平：《中国特色社会主义文化中的网络文化研究》（博士学位论文），天津师范大学，2006年。

粗的文化符号同时提供给人们，这种文化的多元性加大了大学文化育人的难度，需要进行专门的筛选和甄别，才能发挥它们作为主流文化之外的文化育人作用。同时，网络文化的虚拟性和交互性强化了人的主体性和主体价值的诉求，在一定程度上改变着人们传统的文化理念和价值标准，甚至会体现出个体明显的叛逆特征，可能会使人在进行价值判断和行为选择时，要求将网络上通用的"话语平等""人格平等"的虚拟民主带入现实，可能会增大处理个人与集体、社会之间的关系的难度，网络参与主体自我意识的增强，对高校文化育人工作提出了更高的要求和标准，增加了大学文化育人工作的难度和强度。此外，一些别有用心的人和团体可能会利用网络不断进行社会意识形态领域的渗透，一些不良社会现象和个人行为随时可能会被传入网络进行肆意传播和过分夸大，而价值观、人生观尚未完全成熟和定型的现代在校大学生，则很容易受到外界不良信息和情绪的传染，对他们进行正确价值判断和选择造成困难，不利于增强青年学生自我价值实现的信心。这些挑战增加了大学文化育人的困难，考验着大学的文化甄别能力和风险转化能力。此外，网络的虚拟性使得人的主体身份不需要像在现实中一样必须真实地进行文化和信息传播，学生完全可以根据个人兴趣爱好在网络上进行自主学习和自由的信息获取，改变了现实中教师教学和育人的被动教育、知识灌输现象。因此，网络文化在一定意义上对教师、管理服务人员的主体地位造成了冲击，这是网络对人的冲击与挑战。

大学网络文化具有社会先进文化的属性和新时代时尚文化的特质，是现代大学校园文化的重要组成部分，其以强大的辐射力、影响力和猛烈的冲击波多向作用于大学人和大学文化，已经成为大学文化育人的重要阵地与主要的育人手段和资源。

三、网络文化对大学文化育人效果的影响

网络是一把双刃剑，网络文化由于参与主体的多样性以及他们在文化程度、认识水平、道德品质方面的差异性，也有优质文化和劣质文化之分。但网络文化在作用于大学人时是直接映入他们的视角系统，因此需要在认识和把握的过程中进行区别对待。

（一）正向的、积极的网络文化可以强化大学文化育人效果

网络文化的产生和发展为大学文化育人提供了丰富的文化资源和传播渠道，海量的文化信息和多样的文化内容可以促进大学生知识和智慧的增长；优质的思想文化在网络中不断交叉和碰撞，提升了学生的思想认识水平，促进了

学生思想的不断成熟；网络以其现代化的传输手段和传播速度加速着大学文化育人的进程，网络文化中要求平等、民主的诉求通过作用于网络文化主体而增强人的自我教育和管理意识与能力，并在现实文化育人过程中不断强化着人作为教育和受教育主体的主人翁地位，有助于激发他们的活力和创造力；网络交往文化可以增加学生与外界交流和信息交换的机会，锻炼他们的交往能力和社会适应性；网络上传递的各种正义的、道德的、先进的正能量，可以从积极方面对学生的价值判断和行为选择做出引导，提高他们的社会道德意识和道德素质。因此，我们提倡以优质的网络文化资源和正向的网络文化价值理念来充实大学文化育人内容，以先进的网络文化形式和活泼的网络语言来影响和感染大学生的情趣和意志，以达到增加知识、提升认识、增强道德素质和综合能力的目的，强化大学文化育人效果。

（二）低质、消极的网络文化削弱了大学文化育人的效果

我们所讲的低质、消极的网络文化是指以网络为载体、通过信息化手段传播、对我国当前主流意识形态和公民道德建设等带来危害或不良影响的负面文化内容和文化现象。在信息化时代，消极的网络文化具有受众的广泛性、传播的迅速性、危害成本的低廉性、网络舆情的突发性、危害结果的严重性等特点。消极的网络文化因其随意性、虚拟性和不加筛选性，极易消解人们的政治情感，危及道德底线，诱发心理疾患，弱化法律意识，滋生犯罪行为。这些消极的网络文化对大学生的影响主要是通过作用于他们的政治观、价值观和人生观来实现的。同时，以美国为首的西方国家，凭借其对网络技术的垄断，肆意对我国进行意识形态渗透，这在网络文化中极有可能会演化成一种"文化霸权"和"文化殖民"，它们过度吹嘘西方民主，贬低东方文明，一定程度上影响着青年学生的民族意识和国家信念；网络信息的繁杂、多重，打破了传统中政府对信息的控制和垄断，消解了社会舆论的统一性，这些良莠不齐、纷繁复杂的网络信息可能会模糊学生的政治评价标准，增加他们的判断难度，不利于形成坚定、正确的政治信仰和正向积极的价值理念。大学生正处于价值观、人生观形成的关键时期，低质无品、消极的网络文化信息犹如"毒瘤"，在很大程度上抵消和弱化了大学文化育人的效果。因此，我们必须高度警惕消极网络文化，重视培育积极网络文化。

大学文化育人，直接关系到高校的人才培养质量和整个国家社会的发展进步，因此，要善于把握和利用网络文化中先进的、优秀的成分和形式，使其更好地作用和服务于大学文化育人实践，同时加强对消极网络文化的筛选和判断，减少它们对大学文化育人的不利影响，建立科学有效的甄别机制，在大学生价值观成型阶段，帮助他们排除阻碍，确立正确、健康的价值导向，以促进大学生全面发展。

第五章

提高大学文化育人功能的

对策建议

第一节　提高大学文化育人的理论自觉

●

一、育人主体要加强大学文化育人的理论研究

思想是行动的先导，理论来源于实践，却又高于实践，正确的、科学的理论和高度的理论自觉可以推动实践活动不断向前发展。作为一项实践性很强的活动，高校文化育人实践只有在先进的育人理念和科学的文化理论指导下，才能开展得更好，进步得更快。高度的理论自觉是实现文化育人实践自觉的前提和向导。

（一）高校文化育人主体要增强学习和实践马克思主义先进理论自觉性

社会主义中国大学的办学目标就是要为社会主义现代化建设培养可靠的接班人和合格的建设者，大学文化育人的社会主义方向始终不能动摇，这是社会主义大学办学的根本，也是保证文化育人方向和培养质量的根本，因此，必须加强育人主体对马克思主义基本理论、中国共产党先进理论的学习与研究。我们知道，马克思主义关于社会主义、共产主义、文化、教育的理论体系是中国进行社会主义建设和高等教育的理论源泉，中国共产党历来是一个高度重视理论研究和理论创新的政党，自其诞生以来的九十多年间，中国共产党领导全国人民，在马克思主义与中国革命和建设实践不断结合的过程中，实现了对中国社会发展的规律性认识和中国人民根本利益价值判断科学认识基础上的理论自

觉和理论自信。马克思主义基本理论连同这些具有中国特色的文化理论成果都是中国社会主义先进文化的重要组成部分，富有鲜明的现代性和时代气息，对大学文化育人实践具有重要的示范和指导意义。因此，我们在育人活动中，一是要认真实习、宣传、贯彻马克思主义基本理论和党的各种教育方针、先进的教育理念，将其作为指导日常学习、工作和育人活动的准则和规范，以保证育人理念的准确性和育人目标的科学性。二是要学习和传承马克思主义理论和中国共产党善于进行理论创新、不断与时俱进的理论勇气和精神品质。马克思主义自其产生以来的一百多年里，依据社会历史环境的变化不断实现着理论传承和创新，而中国共产党在马克思主义与中国实践不断结合的过程中，不断产生新的关于社会主义革命和建设的理论成果，形成了毛泽东思想、邓小平理论、"三个代表"重要思想、科学发展观等，极大地推动了马克思主义的与时俱进。文化育人的实践是一项改造和培养人的活动，需要在马克思主义的科学指导下，不断地在育人实践中积累经验和凝聚智慧，形成更加符合时代精神和青年人气质的新的育人理论，以更好地指导文化育人活动，这种不断开拓进取、与时俱进的品格不仅是一种精神力量，更重要的是这种品质本身就是一种育人实践。

（二）高校文化育人主体要加强对中国传统优秀文化和国内外先进文化理念、网络时代时尚文化的传承和借鉴

中国几千年的优良传统和优秀文化是中国先进文化的重要方面，是现代大学文化育人活动的重要内容，它体现着中国文化育人实践的民族特色和文化个性；国内外先进的文化理念和文化内涵是中国传统文化育人内容的有效补充和有益借鉴，可以促进大学文化的与时俱进和与国际办学接轨；网络文化以其丰富的内容、时尚的形式活跃着大学文化育人氛围，其中的高尚元素可以极大地增强文化育人的效果。因此，高校文化育人主体要加强对上述文化的学习和了解，增强自身文化涵养，提高文化认识和鉴赏水平；同时将其运用于育人工作，让闪耀的传统文化、先进的社会文化、时尚的网络文化在文化育人活动中互相补充和共同发挥作用。这样更加有利于增强文化育人活动的吸引力和趣味性，促进学生文化素质的提高，强化文化育人效果。

（三）高校育人部门和教师要自觉加强对大学生成长规律和文化传播规律的认识和把握

大学生处于思想发展和认识提升的重要阶段，其自身的成长具有不同于人生其他阶段和社会其他群体的特殊规律和特点，高校育人部门和教师要善于了

解和把握大学生思想认识特点和成长阶段的规律，从而对育人实践做出有效的规划和科学的指导。社会文化的传播也有其自身遵循的发展和传播规律，这对不同时代、不同环境、不同人群的施教效果有着明显的影响。因此，高校文化育人活动必须充分了解上述规律，循着人才培养的轨迹和文化传播的路径不断更新育人理念，创新育人模式，做到因材施教、因人施教。

（四）高校要加强对大学文化育人工作的理论研究

加强对大学文化育人工作的理论研究不仅包括研究大学文化的基本理论和基本知识，还包括对文化育人实践的研究，对于文化理论和育人实践的科学研究和理论占有是育人主体进行文化育人工作的重要前提和基础，它们共同为文化育人实践提供了重要的理论支持和科学的理论指导。要加强对高校文化育人实践的理论研究，要对大学文化进行科学分类和准确定位，依据不同的分类标准，不同的学者对大学文化的结构层次有着不同的理解，这种理解上的偏差可能会直接影响育人活动的实践和成效。因此文化育人主体在全面统筹本校文化内涵、文化优势的基础上，首先要综合分析文化的基础理论和基本要素，对大学文化作出合理的分类和定位，这是进行文化育人的先决条件，是保证文化育人活动有效性的重要影响因素。不结合本校文化优势和文化特色对本校文化进行专门分类和统筹规划，就可能导致育人实践的盲目性和随意性，不利于育人活动的有效开展。其次还要加强对已有文化育人实践进行总结和调查研究，这些已有的育人经验可以为之后的育人实践提供大量的佐证和参考，尤其是通过对育人实践、育人对象和育人主体的调查研究，加强对育人工作新情况、新变化的把握，从而产生更加符合育人要求的新的育人文化和育人理论，增强文化育人活动的针对性和不断实现育人理论的与时俱进。

二、确立"育人为本"的教育价值理念

育人为本的教育理念源自马克思主义的人本理论，是马克思主义人本理念和科学发展观中"以人为本"的发展理念在教育工作中的具体体现。胡锦涛曾明确指出："坚持以人为本，在教育工作中的最集中体现就是育人为本、德育为先。"[①] 育人为本的教育理念是针对中国传统文化中教育为政治服务和现代高

---

① 胡锦涛：《在全国教育会议上的讲话》，新华网，2010 年 9 月 8 日，http：//news.xinhuanet.com/politics/2010-09/08/c_12532198.htm。

等教育中教育为经济和社会发展服务的工具性教育价值观而提出来的，要求在教育中重新审视和重视人作为教育主体的作用和地位，教育发展要为实现人的发展和人的价值服务。"育人为本"教育思想的提出是一次深刻的、彻底的教育思想变革和创新行为，更应是一个全面的教育实践行动。在教育实践中突出以人为本的教育理念，就是要为每个个体提供充足的教育资源和平等的教育机会，满足不同主体的教育需求，尊重人的教育主体地位，发挥教育主体的主观能动性，以增加人的知识、提升人的能力、促进主体意识增强和个性发展、实现人的自由全面发展为教育宗旨和目标。要实现育人为本的教育理念，首先要从以下方面转变观念，并以此来指导实践。

（一）使教育内容实现从单向度重视智的培养向德智体美全面培养的转变

现代意义上的文化育人就是以文化人，是通过文化的普及和教育，实现人的全面素质的培养和人格的完善。我国 2010~2020 年的人才发展规划和教育发展规划中都将"坚持以人为本、全面实施素质教育"作为教育改革和发展的战略主题，与"以人为本"的教育理念共同作为教育改革发展和人才培养的目标，具有极强的针对性和导向性。因此，文化育人说到底应该是一种素质教育，注重的是人的知识、素质和综合能力的全面提升。在文化育人的过程中，要充分尊重和考虑人作为社会主体存在的所有个体和社会的需要。在开展智力教育或单纯的知识传授时，还要对其进行基于关注个体身体和心理健康的生命教育、基于家庭的伦理道德教育、基于社会群体的公民权利义务与责任教育、关注生存和长期发展的职业教育与兴趣培养等。同时注重引导他们参与培养社会适应能力、人际交往能力、人格塑造能力等情商教育实践活动，将课堂传输、课外锻炼和社会实践有机结合，引导学生接受全面的素质训练和培养，最终促进高等教育的个体功能、群体功能、社会功能的全面实现。

（二）在教育方式方法上实现单一主体灌输向主体间双向互动、平等交流的转变

传统的教育是以课堂灌输、教师为主体的单向度育人模式，这种情况忽视了学生作为教育主体的地位和作用，不利于在育人过程中充分发挥育人主体的积极性和主动性，是对学生主体能动作用和角色的漠视，无益于提升教育效果。以人为本的教育理念不仅要求重视教师的教育主导地位，还要求将学生作为对等的教育主体，充分重视他们的学习需求、学习兴趣和学习感受，将传统的以教师为中心的教育模式转变为以学生为主体、以教师为主导、师生平等交流、双向互动的教育教学新模式和新理念。学生可以向老师说"不"并提出质

疑，进行教育教学质量评价，不尊重学生教育主体地位、不受欢迎的教师可以被学生"炒鱿鱼"，这种双向的、互动的、平等的双主体教育模式可以极大地增强学生学习的自主性，提升教育和学习效果。

（三）教育目标要实现从工具理性到人的价值实现的转变

在封建社会，人们接受教育更多地是为了能够参与政治，统治者兴办学校的初衷也是传播统治者的思想和意志，教化民众，将优秀人才吸纳到封建统治机构中，达到为统治者进行政治服务的目的。在现代社会，随着教育与经济和社会发展的关系更加密切，教育的目的更主要、更直接地体现在为经济发展输送和培养专门人才，可称为人力教育。因此，教育过程中过分强调和灌输与社会需求和职业发展直接相关的专业知识，使人成为为经济社会服务的工具，这种价值理性的导向极大地忽视了人的价值的存在和需要。在以人为本教育思想的指导下，我们应该扭转这种将人作为机器和社会服务工具的旧思想，全面正视人作为社会发展主导力量的主体需要和价值实现；应该认识到人的工具性必须从属于人的自我实现和自我发展的需要，只能是作为人的价值的实现手段，而不能作为价值目标，即育人的各个阶段和环节都必须充分体现人本教育。人学到知识和本领，参加社会生产和服务，这种社会劳动的最终目的是人自身的生存和发展，人正是为了实现自身的不断发展而进行着社会劳动和实践活动，这是促进人的价值实现的途径和方法。这是现代育人主体应该理解并践行的育人目标和宗旨，从而不断地通过实施教育最终促进人的价值发现和价值实现。

三、自觉以社会主义核心价值体系引领大学文化育人工作

社会主义核心价值体系是社会主义先进文化的核心内容，是对中国特色社会主义文化形态和社会主义意识形态的根本体现，是中国共产党在社会主义文化建设实践中关于思想政治工作和文化引领工作的重大理论创新。文化育人是高校的一项本质任务，其第一要义就是以社会主义的先进文化凝聚和感染、教育青年大学生。我们知道，文化的力量归根到底来源于凝结在其中的先进的核心价值理念的吸引力和感染力。由于青年大学生正处于世界观、人生观、价值观形成的关键时期和个人成长的重要阶段，因此，必须以正确的文化理念和科学的价值观念对其进行正面教育和引导，才能帮助他们正确地进行价值认识和科学地进行价值判断，不断完善人格和品质，确立与社会主义发展需要相一致的人生方向。

以马克思主义指导思想、中国特色社会主义共同理想、以爱国主义为核心

的民族精神和以改革创新为核心的时代精神、社会主义荣辱观为主要内容的社会主义核心价值体系生长和发端于中华民族深厚、浓重的优秀历史文化，通过吸收、借鉴人类文明的丰富文化成果，成长于中国特色社会主义现代化进程尤其是改革开放的肥沃土壤中，是社会主义现代化建设的思想导向和价值取向。党的十七届六中全会明确指出，社会主义核心价值体系是社会主义先进文化的精髓，决定着中国特色社会主义的发展方向。这不仅表明社会主义核心价值体系与社会主义先进文化是内在地一致的，揭示了核心价值体系是社会主义先进文化的内核，决定了社会主义文化发展的方向；同时还肯定了社会主义核心价值体系是兴国之魂。马克思主义为中国的发展指明了方向，是社会主义中国的思想导向，保证着中国在社会主义大道上不迷航、不偏向；中国特色社会主义的共同理想、民族精神和时代精神为民族团结和奋发进取提供了力量源泉和理想信念，凝聚着中华儿女为实现中华民族的伟大复兴而奋斗不止；社会主义荣辱观为社会主义和谐社会建设提供了道德基础和支撑。这几个方面相辅相成，内在地统一于社会主义现代化建设的进程中，是关于社会主义政治理想、文化追求、价值引领的纲领性论述，必须全面贯彻于大学文化育人实践和社会先进文化弘扬的全过程，引领社会风尚。

以先进文化为主要文化导向和育人内容的高校文化育人工作，应全面呼应和自觉弘扬社会主义核心价值体系的主旋律，在文化育人实践中坚持以社会主义核心价值体系为理论指导，增强弘扬社会主义先进文化的文化自觉。主要体现为：在思想理论认识上，就是要引导大学生通过比较、借鉴、分析、思考，坚信马克思主义思想体系的科学性和真理性，自觉确立马克思主义的政治信仰，尤其是要结合中国特色社会主义的实践和理论创新的成功经验，做到对中国特色社会主义理论体系真学、真懂、真用、真信，学会用马克思主义的立场、观点和方法来认识世界和指导实践；在理想信念确立上，通过重温中国革命和建设的历史尤其是改革开放的成就，以及通过总结和反思国内外社会主义建设的挫折与失败的历史教训，积极引导和教育青年大学生全面认识和深刻把握中国共产党及其开辟的中国特色社会主义道路在中国历史发展进程中的客观性和必然性，社会主义道路是实现中华民族伟大复兴的历史选择和必经之路，也是党领导人民和青年一代创造美好幸福生活的必然选择，从而坚定他们跟党走社会主义道路的信心和勇气；在民族精神和时代精神培育上，引导青年学生积极参与社会实践和进行人生体验，通过学习和认识民族发展历史与国家建设的实践，自觉确立起爱国就是热爱中国共产党领导伟大的社会主义中国的信念，激发爱国情感和增强民族自尊、自信和自豪感，在学习和实践活动中不断奋进和创新；在道德品质塑造上，引导青年学生通过亲身参与和不断实践，把握社会主义荣辱观的内涵和要求，增强道德判断能力和道德荣辱感，增强履行义务和承担社会责任的自觉性，教育他们坚守道德底线、提高道德境界、完善道德人格，在为国家、人民和社会的奉献和服务实践中不断彰显人生价值。[①]

在丰富的校园文化引领活动和具体的育人实践中，还要善于用社会主义核心价值体系统领多样的校园文化和多元的社会思潮，牢牢把握校园文化的主动权和话语权，营造校园舆论优势；同时在制度文化建设过程中，积极融入社会主义核心价值体系中的道德规范和行为引导相关的内容，使之成为教育内容中可以直接感触的有形文化；充分发挥社会实践和人生体验活动的实践育人作用，让大学生在政策宣传和宣讲实践中不断深化对社会主义核心价值体系的认识和领悟，并转化为指导日常学习和行为的文化自觉和实践自觉。

---

① 李家珉：《文化育人的三维思考》，《思想教育研究》2012 年第 1 期，第 51–55 页。

第二节　培育特色大学文化

○

办学特色是大学在长期的办学实践中逐步积累、不断创新而形成的独特的气质风貌和文化形态，是学校在进行准确定位的基础上形成的独具特色的文化理念和文化符号。特色的大学文化，紧密结合学校特点和充分反映着学校优势，在一定程度上可以更好地发挥文化育人的作用和功能。

一、科学进行大学定位，明确育人目标

特色不一定是面面俱到、标新立异，特色也不一定是离奇古怪，每一所大学的特色文化应该说就是大学自身办学理念、学校定位、运行机制的正确反映。综合大学与专科学校、研究性大学与教学性大学、公办学校与民办学校、国内大学与国外大学、大陆高校与港澳台大学等由于学校性质、历史传统、社会定位、学科特色互不相同，文化定位就会有差异，凝练出的特色就会不一样。因此，凝练大学文化特色，首先要对大学的办学目标、社会定位、文化传统、学科特点等进行准确分析。

大学定位和办学目标不仅是大学文化中的重要方面，也是进行特色大学文化建设和凝练的前提和基础，决定着大学文化的引领方向和办学宗旨。世界上一些特色鲜明的著名大学往往都有明确而具体的目标和定位，如耶鲁大学的"追求光明与真理"、哈佛大学的"与真理同行"等。据记载，一位新进哈佛大

学的新生，对校长说："我一直在跟踪你的数据，你的数据有错误。"他可以不顾校长权威直接对校长的数据提出质疑，追求真理，这就是哈佛的理念。[①] 而事实上，在我国一些大学中，由于受到市场竞争的冲击和社会功利价值取向的影响，他们在"育人目标"与"经济利益"、"超越现实"与"适应社会"的两难选择中不断困惑和彷徨，或过分强调经济效益，或为单纯地适应社会而停留在制造和生产"机器人"的办学层面，始终无法实现育人理想对物质追求的超越。这就使得一些学校要么没有明确的办学目标，要么不能按照既定的科学的育人目标开展育人实践，让社会需求牵着学科定位和人才培养的鼻子。这种偏颇的价值取向和急功近利的心态必然导致大学文化无特色，特色表面化、形式化、口号化、趋同化。[②]

要培育大学特色，首先要坚守大学作为人才培养、知识传播创造场所的文化信念。这是大学在上千年的发展演变中沉淀下来的办学理念的精华和根本。任何一所大学，都不可能改变和背离大学的本质要求。在此基础上，大学要结合自身的文化传统、学科专业特色和优势对自身进行科学的定位，找准人才培养的方向和目标，寻求文化特色的着力点，提供有利于特色形成的制度保障。任何形式和意义上的文化特色，都会从不同层面和角度体现大学追求真理、学术自由、大学自治、崇尚科学与创造的大学精神和制度理念。这也是判断大学有无特色、是否真正有特色的一条极其重要的标准。

大学文化特色不是一蹴而就的，不是一朝一夕就能形成和凝练的，同样地，经过千锤百炼而成的大学特色，也不是转瞬即逝的。因此，高校必须牢牢坚守大学办学宗旨，明确办学目标和治校治学的理念，并将其融入到教书育人、科学研究和社会服务的全部过程中，不断塑造大学的精神品性和文化品位并持之以恒，经过数代大学人坚持不懈的努力和奋斗，才能做到大学本真与育人本性的不断传承和延续，在传承创新中凝练和积淀出大学文化特色。

二、构建大学视觉文化和形象标识系统

大学文化特色有体现独特精神气质的内在特色文化，也有体现视觉标识、形象风貌的外在特色文化。大学的视觉文化和形象标识系统就是体现在有形载体上的外在的文化特色。这种以冲击人的视觉神经为主要特征的大学视觉文化

---

① 王宇平：《大学魅力体现之六——特色的大学文化》，《高校招生》2013年第3期，第35–36页。

② 刘咏：《办学特色——大学文化的理性追求》，《中国成人教育》2009年第22期，第22–23页。

和标识系统，可以帮助大学尽快形成品牌效应、凝聚校内外认同和有助于形成优良的学风校风。

视觉文化起初被应用于企业经营理念、企业文化、企业形象的塑造，大学的视觉文化和形象标识系统的理念正是从企业形象识别系统（CIS）借鉴、迁移而来，其在企业文化应用中是一个包含诸多不同方面的系统，而其中的视觉识别（VI）系统是整个系统当中最具有传播力、冲击力和感染力的层面。我们知道，视觉是人接受外部信息最直接、最主要和最有效的通道，在人们所感知的所有外部信息中，有至少 83% 的内容是通过视觉传达给心智的，极具美感、震撼力、冲击波和感染力的视觉识别系统在向人们传播信息时，有时候能达到立竿见影的效果。大学形象标识系统是一所大学在长期的办学实践中积淀下来的关于大学精神和大学风貌的外显与标志，综合反映了一所学校的内外部办学实力和未来发展前景的潜力，体现了大学的校园建筑风格、环境风貌、精神气质、育人理念等。下面就构成大学视觉系统的几项主要标识做简单介绍。

一是大学校名。校名一般是在建校之初便由创建者经过多方求证和深思熟虑而确定好的，并沿用至今。个别学校可能会随院校合并或其他原因而中途更改。有的学校以其所在地进行命名，如北京大学、新疆大学、郑州大学等；有的以学科专业命名，如上海财经大学、中国农业大学等；有的以学校所在区域加办学特色、专业命名，如华北水利水电大学、西南民族大学等。一旦校名确定，就作为学校最直接、具体的形象为外界所认识和了解。

二是校徽校标及其标准色彩。即学校的徽章和胸标。校徽多为圆形，用汉字或字母变形组合而成，代表着学校最深刻的精神和价值追求。如北京大学的校徽就是由鲁迅先生设计的包含"北京大学"四个字的圆形的篆体徽章。胸标一般是人们别在胸前写有标准校名的长方形标牌。徽章、胸标作为学校的重要标志，一旦确定，不能轻易更改。正如五星红旗代表中国，天安门意指北京一样。学校的校徽校标都有其确定的标准颜色要求，一般不超过三色，任何人任何场合不得随意更改。

三是校名标准汉字。中国大学的校名一般都使用汉字，并且以行书居多，多由有一定影响力和知名度的名人学者或领袖人物题写，以突出其人文性、纪念性，扩大社会影响力。如"清华大学"为毛泽东所题写、"杭州大学"为舒同所题写。对校名的标准字体进行缩放，必须采用严格的技术手段，不能随心随意变化，这些都体现着大学文化的传承性和大学形象的稳定性、一贯性。①

----

① 王爱军：《大学视觉形象设计研究》，《石河子大学学报》2001 年第 6 期，第 27-32 页。

　　四是校园规划及建筑设计。校园规划和建筑设计是大学形象最直观的体现，应十分讲究，高度重视，周全考虑。校园的外观造型和设计风格在一定程度上体现了大学决策者的人文素养和艺术鉴赏水平，可通过区域划分（教学区、生活区等）、形状设计、颜色、质感等传达出学校的品位和风格。如斯坦福大学黄砖红瓦的校园楼宇建筑和设计理念体现了17世纪西班牙传统传道堂的建筑风格，剑桥大学高高的尖塔被誉为最富有特色的校园标识，北京大学的未名湖、清华大学的清华园、河南中医学院号称亚洲跨度最大的教学楼等都是这些大学的标志性建筑。此外，校园建筑和规划还包括校园环境导向标牌和节点标识等狭义的标识系统，也从微观和细节上体现了大学的底蕴与品味。①

　　这些视觉文化符号组合在一起形成大学的视觉标识系统，是大学特色文化的重要组成部分，以最直观的角度体现着大学的理念和文化导向，是大学人文底蕴和精神内涵的延伸与象征。因此，大学管理者要学会用经营企业的理念来经营大学，塑造富含大学精神和体现大学本质的大学视觉特色文化，凝聚自身文化特色，打造文化品牌。

三、凝练突出地域特色和自身办学特点的特色育人文化

　　德国的历史哲学家斯宾格勒说过，每一种文化都要植根于它自己的土壤，映像它们各自的家乡和故土的观念与传统，即各有各自的"风景"和"图像"。这里的"风景"抑或"图像"特指文化自身的特色，是它所植根的文化沃土的特质。任何一所大学，都处于一个国度、一个地区和区域之中，那么这个大学的文化就会无形地受到区域环境的影响和渗透，这种承载着鲜明的区域文化气息和历史传统风俗的大学文化形式，是社会和历史给予大学的一份丰厚的文化遗产和精神馈赠。大学与区域这种割不断的地缘关系注定了大学文化与区域文化之间相互传递和渗透的必然性。大学文化要培育和凝练具有自身独特气质的文化个性，就要大胆地接受特色地域文化的影响和赠予，将大学的办学理念和育人使命不断地与地域文化传统和特色进行合璧和融通，形成自我文化优势。国内外很多高校在办学和育人实践中都非常重视对地域文化的吸收和借鉴，挖掘地域文化中的优秀传统和优质资源成为高校凝练文化特色的一种潮流和趋势。例如：山东大学依托齐鲁文化的魅力和底蕴，以"山之魂，海之韵"寓意山东大学的文化传统和文化渊源，以山的精神厚重和海的胸怀宽广等齐鲁文化

　　① 刘远等：《重解大学校园外部空间环境标识系统》，《华中建筑》2008年第10期，第82—84页。

的风韵寓于山东大特色的大学文化之中；曲阜师范学院将儒家文化传统贯穿和渗透到教育教学的全过程中，在全校师生中广泛开设《论语》等课程，涵养了校园文化底蕴；黄山学院充分汲取徽州古村落"天人合一、融于山水"的文化精髓，实现了大学文化在丰富的生态、完备的功能、优美的景观方面的和谐统一；广州大学则以传承广府文化基因，发扬光大岭南文化而闻名；郑州大学依托嵩阳书院的建设优势，将中原文化融入课堂教学、社会实践和校园文化的方方面面，体现着浓郁的中原文化气息。

由此可见，有形的、无形的具有区域特色的地域文化不仅可以寓于大学精神文化中涵养人的品性，还可以寓于大学物质文化和环境中滋润人的身心，陶冶人的情操。可以说个性突出鲜明的地域文化在很多方面滋养、滋润着身处其中的大学人和大学文化，为形成独具地域特色的育人文化提供着便利的条件和优越的资源。因此，我们在构建大学特色文化时，第一要增强吸取优秀地域文化以丰富大学文化内涵的意识，"近水楼台先得月"，这是其他任何地域的大学所不可能享有的独特资源和优势。第二要善于挖掘地域文化中利于和易于滋养大学文化的成分和要素，密切结合大学文化建设需要，充分考虑二者结合的实际可能，找准契合点，搭起互相借鉴和优化的桥梁，如设置区域文化课程和民俗体验实践活动等。第三要善于引导大学文化反哺地域文化，在对地域优秀文化进行借鉴、传播和继承创新的基础上，充分发挥大学先进文化对地域多样文化的甄别、纠错和引导功能。第四要积极利用现代化传播手段和校园文化活动载体，宣传和践行具有地域特色的育人文化，丰富特色校园文化活动的内容和内涵，增加文化生活的活跃因素，扩大地域文化的辐射力和影响力，使富有地域特色的大学文化扎根于大学师生的心中，形成传承和发扬地域特色文化、优秀传统文化的文化自觉和实践自觉。

第三节　建构完备的大学文化育人体制机制

●

一、完善自上而下的大学文化育人体制

大学文化育人实践是一项庞大的、系统的工程，学校里的每一个人都是实践主体，每个机构和部门都承担着育人职责，每一个理念、精神、行为、活动甚至一草一木都具有育人功能。要确保大学文化育人功能的有效发挥，就必须建立一套与之发展需要相适应的完善的育人体制。这种育人体制应是以"育人理念—组织机构—制度保障—育人氛围"为主要内容和组织支撑的完善的育人体系。

首先，要求全校上下都要秉承育人为本的文化育人理念。大学自其诞生之日起就是以传播知识、完善和发展人为根本取向的，大学不是为了获取经济利益而设，也不是为政治服务而存在。每个大学人和承担有文化培养、管理服务育人职能的组织和机构都必须将大学是文化育人组织的理念深深植根脑海，并在实践中予以很好的贯彻。现阶段，我国高校的领导机制都是党委领导下的校长负责制，以校长为代表的决策层的办学理念和目标定位对大学文化育人工作的育人导向具有决定性作用。校长作为学校的代言人，必须以身示范，高度重视文化育人工作，将此作为学校发展和人才培养的根本。没有文化育人的理念和思想作为前导和指导，就不会使育人的精神贯彻到日常教学管理的行动中。

其次，大学内完善的机构设置和合理的人员安排是大学文化育人工作重要

的组织保障。大学文化育人活动体现于教学、管理、服务、环境氛围营造的各个方面。教书育人主要通过课堂教学主渠道对学生进行专门的知识传授，这种教学安排一般是通过教务部门来进行，教务部门强烈的育人理念和完备周全的教学安排、先进的教学设备和优美的教室环境是教学育人能够有效实施的前提和基础；管理育人一般是通过教务部门的教学管理、学工部门的学生管理来实现的，通过完善教学服务、开拓学生素质教育第二课堂和平台，不断提高学生的认知能力和综合素质；服务育人则主要通过宿舍管理和后勤部门来进行，优良舒适的生活环境和人性化服务，可以极大地增强学生对学校的归属感和责任感；环境育人是通过每一个与人文氛围营造和物质环境建设有关的部门和人员来实现的，是育人硬环境和软环境的综合体现，可见于育人活动的各个环节。不同部门的育人职责都不是单一的，可能同时承担着管理育人、服务育人、环境育人的多重功能，每个部门的育人作用都很重要，都是必不可少的。因此，这些完善的组织机构和工作人员必须全心全意服务于学校育人工作，并将其作为开展各项活动和工作的宗旨与衡量标准。

再次，完善的制度安排是实现大学文化育人功能的制度保障。每个大学都应该有关于大学文化建设和大学文化育人工作的整体规划和部署，这不仅包括大学作为学术机构要追求学术自由、崇尚真理、科学创新的精神和理念，还应包括如何实施大学文化育人工作，如何凸显大学文化育人功能作用发挥等制度安排，为文化育人实践提供行为依据和工作规范。这种制度安排是大学文化育人的重要内容也是基本保障，使得大学文化育人工作以确定的形式和要求固定下来，每个人必须遵照执行，体现制度的重要性和权威性。

最后，浓郁的自上而下的育人气氛为有效开展大学文化育人工作创造条件。全校上下，从理念上充分重视文化育人工作，在机构设置和制度上充分考虑文化育人的需要，确立一切为学生成长、成才服务的宗旨，完备的教育教学设施和优美的物质文化环境共同体现着大学作为文化育人场所的文化气息和精神状态。这是有效开展文化育人工作的外部环境氛围，使每个身在其中的主体都深深感受和传播着这种积极向上的氛围。

大学这种自上而下的完善的机构设置和制度安排，相互渗透、共同影响和作用于大学文化育人实践，使得文化育人理念深入人心，文化育人氛围浓郁而厚重，它们共同构成了大学文化育人工作的体制机制，促使大学人的全面发展和价值实现。

二、构建大学文化"濡化"与"内化"相结合的双重育人机制

文化育人过程是作为育人主体的人和作为育人客体的文化之间不断互动和逐渐传递的动态过程。首先，文化作为外在的独立于人的一种存在，通过专门的直接的传授和间接的感知与熏陶作用于大学人，使其进行学习和理解，这是文化育人的起点；其次，作为主体的人通过自身的消化、选择、领悟和创新内化为自己的知识认识、文化见解和文化成果，这是文化育人的终点。因此，文化育人是文化对人的不断濡化和人对文化的不断内化的双重作用和互动的过程。

美国人类学家赫斯科维茨在《人及其工作》中首先提出并使用了"濡化"一词，人们对"濡化"的英文释义是 Enculturation，意即"进入文化""在文化中"，表达了文化对人的介入和人对文化的获取与接触。对于新来到大学校园的学生来说，他对大学文化的认识和理解需要一个长期的、持续的过程。而首先要进入这个大学文化，被其熏陶、感染，即"耳濡目染"，指的就是这个文化"濡化"的过程，即大学生对大学既有文化的习得、获取、传承的过程。大学文化濡化主要通过外显性的传授灌输和内隐性的自觉领悟来实现。外显性的濡化指针对学生主体通过课堂教学、各种学术讲座、报告等直接进行知识灌输和文化引导，主动传播大学的文化理念和价值精神，积极主动帮助他们接受文化思想观念。内隐性的濡化主要是学生通过自我感受、自我体会和自觉领悟到的大学文化内涵，诸如文化氛围、教师的人格魅力和治学态度等。文化育人的濡化机制是这种外显性濡化过程和内隐性濡化过程共同作用的结果，但内隐性濡化方式发挥着主要的、决定性的作用。[①] 因此，学校在做好日常教学、管理工作的同时，还要善于营造良好的文化育人风气和氛围，树立优良的学风、教风、校风，充分发挥文化氛围和隐形育人载体对大学人的濡化作用，培养学生较高的思想认同、良好的精神风貌和气质。

当然，外在的影响因素无论多么强大，也抵不过人内心的排斥和不接受。因此，在文化育人过程中，一个更加重要和关键的环节就是大学人对作用于自身的文化因素进行吸收和内化，也就是文化育人的内化机制。大学人将外在的东西不断进行内化，体现着人作为实践和认识主体对主体自身的能力、价值的一种肯定和认可，是一种自觉的意识。人通过对外部信息进行判断、选择、接

---

① 杭品厚：《大学文化育人的机制探析》，《第三届教育管理与外部环境国际学术会议论文集》，2012 年。

受、消化，不断内化为自我的知识和认识，并以此为标准来调整和优化本身固有的观念和行为，自觉形成"我"的思想、观念和行为。人还会通过自我思想的传递和行为表达将自己的意识和理念再次进行外化，以此来影响他人的思想理念和行为标准，这是人对文化进行选择、传递不断实现文化自觉的表现。而每个人都会依据自身认识水平、文化偏好和思维习惯，对进入自我头脑中的思想有一个批判过程，并有可能在批判的基础上形成创新性的思想和观点，这也是人进行文化内化的最高境界——产生新思想和新的精神成果。这种创新性的精神成果并不是大学内每个个体在文化内化的过程中都能实现的，它与人的特质、与学校是否提供宽松的文化氛围和是否具有鼓励创新的文化传统都有密切的关系。因此，我们应该看到在大学中进行文化创新的可能和机会还是比较多的，应加强营造创新氛围，鼓励创新行为。

"濡化"和"内化"的双重育人机制通过不同的途径和作用方式，将人与文化紧紧地捆绑在一起，人自在文化中，文化自在人心中，两者不断地进行互动和交换、融合，共同推动着大学文化育人的实践，促进文化育人目标的实现。

三、创建学校、学院、班级、宿舍、学生"五位一体"的联动育人模式

学校作为一个大集体，在其内部有依据学科专业门类而成立的不同学院、系所，学院、系所按照专业方向细分为不同的年级和班级，班级里以男女性别、人数差别分配到不同的宿舍，宿舍由具体的、不同的学生个体组成，学生是大学里最小的主体单位，也是大学里最重要的主体单元。学校的各种学院、系所、班级、宿舍的划分和学科专业门类细分，是为了学习和管理的方便，但最终都是根据培养人的实际需要来进行的，其最终目的都是服务于人的价值实现和实现人的全面发展。因此，这种一环套一环的自上而下、由大到小的管理体制有助于形成大学"五位一体"的育人模式。

在我们所构建的"五位一体"育人模式中，学校要从整体上确立大学的目标定位和办学宗旨，并在大学精神、制度文化、物质文化、行为文化的设计中充分体现和规定大学的文化育人理想、制度机制、育人氛围和育人形式，为大学文化育人实践提供充分而有效的精神支持、制度保障、氛围营造，并进行整体调控与监督指导。学院作为学科专业的细分组织，是文化育人活动的具体承载单位，在学校总体育人工作安排下，它可以通过强调和构建学院文化、学科

文化、教师文化、特色专业文化等对学院内的育人主体进行文化教育和文化熏陶，一些特色的学院文化可以很好地带动和促进学校整体文化育人活动的不断进步，可以辐射学院以外甚至学校以外的人和群体，是大学文化育人实践的重要环节和大学文化的重要方面。班级直接依附于学院，并直接指向学生，是学院和学生之间的重要纽带和沟通渠道，班级将几十名学生从入校开始紧紧地捆绑在一起直至毕业，大家一起上课、学习、科研、生活，是大学里学生联系最直接和最紧密的集体，班级按照学院育人工作的要求，通过创建班级精神文化（如凝练班训、营造班风、创作班歌）、视觉文化（如设计班旗、班徽、班服）、制度文化（各种班级规章制度）、环境文化（美化班级环境）、微文化（创建班级微博、微信、校友录、QQ 群）等传播班级理念，开展班级管理，有效地进行学生的自我教育和自我管理，由于其针对性强、自由度和灵活度大，成为学生参与度比较高和较受欢迎的教育载体，这种以学生自教育、自管理为主要方式的集体育人平台，在大学文化育人活动中发挥着举足轻重的作用。宿舍是学校中最小的一个集体单位，也是学生日常生活和学习、交往最频繁的场所，一般情况下，每个学生平均每天待在宿舍的时间是 13 个小时左右。因此，宿舍从来都是对学生加强文化教育和思想引导的重要阵地。尤其是在学分制改革逐渐普及的教育体制下，学院、班级概念被淡化，宿舍将有可能成为未来学生进行自我教育管理最重要的阵地；一个健康活跃的宿舍文化和宿舍氛围，可以极大地带动学生学习、生活的积极性；但由于其松散性在一定程度上可能会影响教育效果，很大程度上还要依赖于学生的自主自觉。个人是大学中最独立、最基本的主体单位，但无论是学校育人，还是学院育人、班级育人、宿舍育人的模式，都是外在的提供育人可能和育人环境与育人氛围的单元，即是文化育人过程中的濡化阶段，最终都必然要通过学生主体的内化吸收，才能达到文化育人的目的和效果，所以说学生个体是众多育人链条中最独特，也是最具根本性和决定性作用的一环。只有学生真正认同了学校的理念、学院的文化、班级的管理、宿舍的氛围，他们才会从主观上去接受这些并逐渐内化为自我的知识、理念和行为标准。因此，大学一定要在深化文化内涵、增强学生归属感和学校凝聚力上下功夫，使学生能够真懂、真信学校精神和真正理解育人工作，从而主动参与到育人实践中，实现文化自觉和实践自觉。

第四节　丰富大学文化育人的方式方法

●

大学是社会诸多组织中进行文化传播和创新的高地，大学人是大学中最活跃的群体，他们具有先进的理念、跳跃的思维、敏锐的观察力、丰富的想象力、彻底的执行力，大学里随处可见跳跃着的音符，也正是基于此，大学文化育人的实践中才会增加更多富于创新和活泼的育人内容和方式。

一、"互动式""体验式"课堂教学育人方法

课堂教学是大学进行教书育人、知识传授的最传统、最直接、最频繁的方式和途径，教师在讲台上讲，学生在下面听、记，由于其专业性强、信息量大、可同时进行的受众多而成为高校主要的知识育人方式。但由于其课堂教学单向的知识传授模式、僵硬的枯燥理论教化、教师为中心的被动灌输育人方式等与现代教学理念相背离的表现被大学生广为诟病。而作为文化育人最重要的平台，课堂教学必将要持续开展下去，那么就必须对其进行革新和调整，用新的理念和方式融入现代因素。比如一些教师善于运用和发挥现代科技手段在课堂教学中的作用，以有声、有形、有色、有光的多媒体课件代替传统的板书，增强传授内容的生动性和吸引力，这在一定程度上可以弥补传统授课的不足，只是在形式上、视觉上进行了改变。那么，在现代一切以学生为中心的教育理念下，就是要转变教学思路，在怎么样能够增强学生的主动性、参与热情上下

功夫，也就是课堂教学必须充分认可、重视、发挥学生的主体作用，要以学生为中心。在这种理念指导下，课堂育人平台可以采用教师传授与"启发式""互动式""体验式"课堂教学相结合的方式，主动关注学生关心的问题和兴奋点，在讲授过程中融入案例分析、分组讨论、读书报告、演讲答辩、实地考证等环节，与学生形成讨论式、启发式、探索式、体验式的互动与交流，让学生听得进、有共鸣、真受益。如一些学校在研究生教学中所采取的"今天我主讲""读书报告会""课堂学术争鸣"等，可以在很大程度上促使学生进行自主学习和增强学习效果，这些在本科生教学中也可以进行尝试和推广。当然，最根本的还是要增强教师自身的理论水平、授课水平和人格魅力，在课堂上注重联系现实和历史，融会贯通，增强教育理论的说服力和感染力。

良好的课堂教学风气和活跃的教学氛围，可以促进知识在教师和学生之间的不断互动和传递，使学生在增加知识的同时提高教师的育人水平；教师良好的治学水平和治学态度、崇高的道德品质和人格魅力，可以传染和带动学生提升价值认识。这些都是大学文化育人的重要方面和直接体现，必须高度重视，不断改进和提高课堂主渠道育人的"化"人水平和质量。

二、科技创新为龙头、社会实践为依托的学术活动和实习实践育人载体

教授学生在大学里学习较高深的专业理论知识是大学教育的基本任务，同时还要引导学生不断开展科学研究、创新创业创造、实习实训实践等教育活动，将理论知识不断转化为科研成果和进行实际应用，实践证明，那些具有较高理论水平同时具有较强科技创新能力和实践转化能力的复合型人才有更强的社会适应能力和竞争能力。因此，大学在课堂教学传授理论知识的同时，还应对学生加强创新与科学研究的教育引导，并注重提升学生的实践应用能力。创新主要是通过学生参与和开展相关的科学研究、发明创造来实现的，这些活动的主要载体是各种学术沙龙、科技创新竞赛、学术学科竞赛等，旨在增强学生的学术意识、提高学术能力、浓厚学校的学术氛围。如国内很多高校都提倡参与的"挑战杯"全国大学生课外学术科技作品竞赛和创业计划竞赛、"创新创业创造"挑战赛等，其他层面的如"冯如杯"大学生课外科技竞赛、ACM 竞赛及其他各类学术学科竞赛等；针对大学生的各种学术活动主要体现为大学内部的研究生学术论坛、才智大讲堂、学术沙龙等，都在各自校内和学生中具有广泛的影响，并形成了一定的品牌效应，一些学生还通过参加老师的课题项目

和书籍编写工作增强研究能力。实践主要是通过对大学生进行创业教育和引导，安排大学生参加社会实践、专业实习、职业教育等增强大学生的知识转化能力、实践应用能力和就业择业素质，如在全国范围内影响较大和学生参与比较普遍的大学生暑期"三下乡"和"四进社区"社会实践与体验活动，学生利用课余时间从事的各种兼职活动、为就业服务的专业实习和实训体验、职业规划活动等。

这些创新类、实践类的育人活动在内容上和方式上与课堂教学形成了有效呼应和互补，让学生以直接参与和亲身体验的形式强化知识学习效果和实践能力提高，不断增加生存本领和增强社会适应能力。对学校而言，则有助于营造创新、实践的氛围，扩大学术文化的影响力，树立优良学术风气，有效服务于学生职业发展和就业需要，强化和突出了大学学术文化的育人功能。但这些方式和途径只能作为育人主渠道的有效补充，是重要的育人平台，重在教育和引导，不能本末倒置，舍本逐末。

三、拓展"第二课堂"文化育人平台

丰富多彩的文化艺术活动是大学校园里一道光彩亮丽的风景，是大学文化育人的重要形式，这些集思想性、文化性、艺术性、竞技性于一身的校园文化活动，可以有效弥补课堂教学活跃性、艺术性不足的缺憾，让学生在亲身参与的体验中领会思想的深刻、文化的内涵、快乐的生活，可以极大地丰富学生的课外生活，"第二课堂"的校园文化活动是大学内课堂教学外最具生机和活力的育人载体和平台，是大学行为文化最具魅力的展示，是大学文化育人的重要阵地。大学行为文化育人载体可以是学生组织和学生社团，也可以是品牌化的校园文化活动形式。如在校园文化活动中，有极富思想性和学术性的思想学术节、毛泽东思想研讨会、科学发展研究会等；有富于创新精神的科技文化节、大学生科技创新社团、创意社等；有富有娱乐精神的文化艺术节、大学生艺术团、广播站、记者站等；有富有竞技和搏击意味的体育节、轮滑社、跆拳道协会等；还有弘扬公益精神和志愿服务精神的各种公益社团、志愿服务活动、义务支教支农活动，传播专业文化理念的英语角、计算机学社、法学研究会等。在众多的文化艺术活动中，精品活动和高雅文化也必将层出不穷，如高雅文化进校园活动，各种大型话剧展演和心理剧巡演，弘扬民族传统文化的汉服社、国画绘画作品展示等，每天都在为学生上演着文化盛宴。

这些集思想性、学术性、文化性、艺术性、竞技性于一体的丰富多彩的校园文化活动，不仅可以传递人文激情，而且可以传播知识和文明，从不同的层面滋养着大学人的身心，提升了大学人的文化品位，更新着他们的思想认识，是课堂育人主渠道的有效补充，是大学校园内第二大文化育人平台。这些文化活动以其多样性、灵活性、参与性、趣味性等影响着校园的每个角落，它真正肯定和体现了人的主体地位和自我意识，给每一位有思想、有才华、有勇气的人提供了广阔的发展空间和舞台。学生通过组织和参与这样的活动，必然提升组织能力和思想认识，提高综合素质，这是育人目标中的重要方面。因此，大学要重视和发挥好"第二课堂"的文化育人功能，使其在大学生自我发展和价值实现过程中发挥更大的作用。

四、发挥榜样示范育人效应

我们经常会说"榜样的力量是无穷的"，社会各个领域和行业时常都会涌现行家里手，他们可能是劳动模范、航天英雄、诚信典范、孝亲榜样。那么在大学里也同样会涌现各个方面的先进典型，如学习尖子、创新人才、创业之星、十佳歌手、体育超人、公益先进个人等。这些先进典范在某一个或几个方面体现着大学的文化选择和价值导向，是先进文化的重要组成部分。因此，在大学文化育人工作实践中，要善于发现、树立优秀典型，让他们的优秀成就、先进事迹、个人魅力影响和带动身边更多的人，从而使得整个校园文化氛围在不断传递中实现超越。

大学文化育人实践中发挥榜样示范育人效应就是发挥校园各个岗位、各条战线的先进模范人物对整个校园氛围的示范和带动作用，凝结积极向上的先进文化去教育人、感染人、激励人、鼓舞人，在校园内外形成求真、求善、求美的文化育人氛围。这种独特的文化育人方式是其他任何文化形式所不具备的，它不但对模范人物自身，而且对模范人物之外的每一个个体都具有教育和引导功能。中国之所以每年都要评选"感动中国"道德模范人物，就是因为他们对全社会竖起了道德价值引领的标杆，是影响社会群体进行道德选择的标准和参照。于是，一些学校也照此进行校园文化先进典型的评选，如北京航空航天大学的"感动北航"年度人物评选。其实学校的各条战线和各个岗位都有可树立的优秀典型，如教师岗位上的师德建设先进个人，服务岗位上的十佳"服务之星"，综合岗位上的"三育人先进个人"等。针对学生生活学习方面的先进典型如科技创新之星、就业标兵、三好学生、优秀学生干部、优秀团员、优秀党员。还有针对集体的优秀班集体、文明宿舍创建先进单位等，都从不同层面反映了这些集体和个人的先进事迹和成就，对外界具有辐射和教育作用。校园内的榜样示范教育不一定仅仅限定于在校内的先进人物，社会上的先进模范人物和英雄事迹也可以请进校园对学生进行教育和感化，如优秀校友、杰出企业家、感动中国人物等，通过他们立足本职的先进事迹激励和鼓舞在校学生，使他们立志成才，争做优秀楷模。学校要善于挖掘校内外不同行业、不同领域具有代表性的模范事迹和先进典范，充实大学先进文化的内容，寻求独特的教育方式来教育青年，培养青年，使他们认识到人不只是要为自我，还要为"我"之外的他人、集体、社会贡献力量和智慧。

无论是课堂教学主渠道的育人作用，还是第二课堂育人平台，或是各种形式的育人载体和模式，它们不是孤立地存在着的，都是在大学校园的文化氛围中互相吸收和影响，共同作用于大学人这一育人主体，也只有将多个平台相互结合，互相补充和促进，才能实现多方面、全方位的育人，加快促进人的素质的全面提高和实现人的全面发展。

第五节　构建现代大学制度

●

　　著名教育家夸美纽斯说："制度是学校一切工作的'灵魂'，……，哪里制度动摇，那里便一切动摇；哪里制度松垮，那里便一切松垮和混乱。"[①] 因此，大学制度是保障大学事务正常有序运转的规则和章程的统称。而在我国众多关于现代大学制度的研究中，对"现代大学制度"的概念界定并不是十分的清晰和明确，对现代大学制度的解析和建构还没有相对统一的说法。例如：有学者认为，现代大学制度是在 1810 年以后由洪堡主导建立的德国柏林大学来奠定的；[②] 有学者认为中国的现代大学制度是由蔡元培在掌印北京大学时开创的学术自由、教授治校的现代大学与学术制度；还有学者以克拉克·克尔走向社会中心的多元巨型大学观为依据，认为现代大学制度就是保证大学完成社会经济发展的人才库、知识库、思想库和产业孵化器的社会使命的制度；[③] 也有学者从分析现代社会与现代大学之间的关系着手，认为现代大学制度就是指与市场经济体制和高等教育发展需要相适应的大学外部关系、内部组织机构及大学成

---

① ［捷克］夸美纽斯：《夸美纽斯教育论著选》，任钟印选编、任宝祥等译，北京：人民教育出版社，1990 年，第 242 页。

② 韩水法：《大学制度与学科发展》，《中国社会科学》2002 年第 3 期，第 12-18 页。

③ 潘懋元：《走向社会中心的大学需要建设现代制度》，《现代大学教育》2001 年第 1 期，第 29-30 页。

员行为规范的体系；① 还有学者依据对我国现有大学的批判性认识，基于现存大学在组织架构等方面的不合理、不尽如人意的方面，认为需要用一种全新的制度模式来替代；② 如此等等。每个人基于对现代大学、现代社会及其与大学之间千丝万缕联系的不同认识和界定，得出了不同的结论。我们认为，现代大学制度是要建立在大学自身特有本性和传统文化积淀基础上的，但并不是要抛弃，而是要扬弃其固有的文化传统，也不是要隔离其与传统大学的联系，而应包括关涉制度一般特征、现代社会的特殊阶段、现代大学对传统大学的传承与创新等多重内涵，使得大学在此基础上能够有效进行制度构建，科学进行大学定位，正确处理大学与社会、政府的关系，有利于进行文化传承创新的体制机制。③

我国的现代大学制度，要在充分兼顾我国经济社会发展特点和文化传统、教育发展改革需要的基础上，解决大学自身发展的内在逻辑与我国社会功用性之间的关系和矛盾冲突。这既看到了我国现行大学制度存在的弊端，又寄托了人们关于大学的美好畅想与期待。因此，在中国，我们谈构建现代大学制度，要抓住几个关键的着力点：实行大学自治，有助于正确处理大学与政府、社会的关系；实现学术自由，有利于科学解决学校内部行政权力与学术权力的关系；加快推进大学章程建设，可以完善大学治理的价值和行为导向机制；倡导学者自律和学生自觉，可以弘扬学术道德，纠正并引领社会功利化倾向，实现大学的文化自觉和实践自觉。

一、实现大学自治

大学自治是西方大学最久远也是最荣耀的传统之一，大学自治的理念可以追溯到中世纪的大学。当时，在大学内部存在着两个团体，即学生团体和教师团体，它们分别从不同的层面，以不同的方式部分或全部参与学校的管理和监督。大学自治意即大学在行政、管理、学术、经济等方面具有很大的"自治权"，教师协会或学者行会自己管理学校事务。大学自治的古老传统是基于

---

① 赵文华等：《论现代大学制度与大学校长职业化》,《复旦教育论坛》2004 年第 3 期，第 35–39 页。

② 王洪才：《试论现代大学制度建设中的价值导向》,《复旦教育论坛》2005 年第 3 期，第 21–26 页。

③ 宋旭红：《现代大学制度概念综述》,《江苏高教》2005 年第 3 期，第 11–14 页。

人们对大学作为传播创造知识场所的认知，也是基于人们关于应该让教师独自解决其学术领域问题的认识。作为知识领域的学者、专家、行家里手，他们最有资格决定应开设什么课程，应怎么传授知识，应授予什么学位，谁具备教授资格等。

后来，随着社会发展和制度变迁，为了保证学校与社会、政府之间的密切关系，政府和社会组织通过多种途径和手段加强了对大学的控制和影响。而在我国，大学本身就有对政府过度依赖的传统，加上现代大学理念从西方移植的先天不足性，这种本体认知缺失、外部因素先入为主的认识和行为错位导致大学在制度安排上延续了政府行政机关自上而下的运行路线。在市场经济体制改革中，我国大学也在不断突破传统体制，逐渐主动地参与到经济发展和社会服务的过程中，而市场本身的固有弱点使之追求"真理"的崇高理想异化为追逐经济利益和政府服务的功利目的，这与大学的崇高使命渐行渐远。脱离教育本质，无视育人实践的内在规律，背离学术逻辑运行规则，完全用政治的杠杆、市场的标准来衡量学术和文化育人工作，必将毁灭教育本身。因此，大学教育和治理必须回归大学本真，强化大学自治和教授治校理念。

大学制度建设必须遵照高等教育发展规律和学术逻辑进行，维护大学作为独立的学术组织而存在，保证大学独立的学术价值，这是大学制度安排的前提。结合中国的特殊国情和高等教育的实际，中国的大学还必须兼顾处理好大学与政府之间、大学与市场之间错综复杂的关系。我们知道，大学是教育部门不是行政机构，应与政府具有不同的管理、运行机制与模式，不能用政府的管理思维和管控体制来管理和要求大学；但政府和大学又都是为社会提供公共产品的机构，在承担社会职能上具有相应的责任和使命，不过二者的地位和存在形态具有各自的独立性。因此，有效的管理应该是政府宏观管理和大学自主办学的高度结合，它们之间形成了一种契约式关系。在这种关系框架之内，政府提出教育目标和教育要求，为大学提供经济和政策支持，并进行教育教学评估；学校在契约框架内实行自主管理，根据人才培养和学校发展实际，确定招生规模、培养方案、学科设置、学术研究、经费预算等。西方一些国家的大学运行模式可供参考和借鉴，如英国政府对大学的科研评估和拨款、德国政府的基金会大学、法国政府对大学实行的合同制管理模式、日本政府对其国立大学实行的法人化改革等。[①] 处理好大学与政府之间的关系，尤其是将大学发展的物质保障、经费问题和教师待遇问题解决好，这是大学得以自主发展的基本前

---

① 马陆亭：《现代大学制度建设重在完善治理结构》，《中国高等教育》2012 年第 24 期，第 16–19 页。

提和保障，没有了后顾之忧的大学发展更有保障，也是有效解决大学与市场关系、大学与其他社会组织之间关系的前提。不用为经费问题头疼，大学就会解除基于经济和利益的目的而盲从市场导向，教师也不会为赚取生活费而丢失学者清高的品质，大学与市场之间就会多些理性，多些规则。在此状况下，大学就可以按照教育自身发展逻辑、教育规律要求自主进行科学办学。因此，拥有大学办学自主权，实现大学自治，是大学实现充分发展和做好育人工作的前提和根本，是现代大学制度之必需。

二、保证学术自由

学术自由是大学探求真理、传播知识的内在规约，这一基本原则曾首先为德国大学所推崇，之后逐渐为欧美大学所普遍认同。学术自由意指为了保证知识传播和创造的科学性，学者的学术活动必须只服从于真理标准而不为任何外力所影响和慑服。《简明大不列颠百科全书》对学术自由是这样解释的："教师或学校不受学校、学校规定的限制或公众压力的不合理干扰而进行讲课、学习、探求知识和研究的自由。"[①]在大学里，学术自由包括了学生学习的自由、教师教课的自由、学者研究的自由，即知识传播和创造的自由。这种自由不受来自校内外任何外力、人员、制度的约束和限制，这是学术自由的原始本义。而实际上，学术自由是有内在限度的，这要基于学者的学术责任而进行的自我警醒和规约。

而在现代我国高校的内部管理体制中，学术自由不仅是作为一种大学制度提出来，更主要的是针对大学行政化的内部运行体制和行政权力对学术权力的干预，在此意义上，学术自由也是一种学术传播理念和学术理想诉求。学术自由不仅是作为大学内部进行教育学习、科学研究的制度安排固定下来，还要成为有效制衡行政权力与学术权力的价值理念传承下去。

学术自由首先表现为一种思想自由，人的思想不用受到外界混乱思想和势力的影响和控制，可以自由地思考、想象，自由、公开地发表个人的思想见解和成果。在现代中国大学，随着网络进入人们的生活，社会舆论开放程度不断加大，大学人拥有了更多公开发表个人思想和言论的机会和渠道，但实际上，这种可能转化为现实的概率有多大呢？人们会纠结于各种利益，不断进行得失衡量，生怕顾此失彼，得不偿失，可见，这种学术自由度与完全意义上思想自

---

① 柯文进：《现代大学制度之大学学术自由制度研究》，《北京教育》2007 年第 1 期，第 7—12 页。

由的距离可不是一朝一夕就可以达到的。其次，学术自由还表现为人们对学术权力的尊重和学术权力至高无上的权威。大学重提学术自由就是要为大学学术"去行政化"，改变行政权力对学术权力一贯的干涉与把持，还学术权力原本的地位和权威，使行政权力、学术权力双双回归正位。这就要求党委领导下的校长负责制的行政决策群体要充分认识学术自由对大学发展的重要意义，首先给学术委员会"去行政化"，行政领导退出学术委员会席位，让更多的教授、教师、学生代表加入进去，增强民主性和学术性，让体现学术地位和权威的学术机关对学校内部所有关于学术的问题做主。行政权力与学术权力拥有不同的管理运行机制，学校作为学术创新团体，就要以学术为主，学术的根本要义就是要自由。因此，行政权力只能而且必须是学术权力的衍生，是为学术发展提供服务和外部支持的。因此，任何人、任何组织和机构不得超越和无视学术权威，这是学术发展和运行的内在要求。学术自由还要求在全校范围内营造开放、民主的学术氛围。如果说思想自由是解除精神层面的外部约束的话，那么我们认为开放民主的学术氛围主要体现为每个人参与学术、评价学术的行为应该是自由的。学术权力回归了其应有的地位和权威，那么在处理学术事务时，就要积极构建开放的、民主的学术环境，让每个大学人不论学术水平高低、能力大小都有机会参与学术、感受学术、评价学术。学术权力本身就是相对松散的权力机制，一切以真理为评价标准，因此，宽松的学术氛围更加有利于真理的产生和传播，它们是内在统一的。

三、加快推进大学章程建设

对于如何建立和完善现代大学制度的问题，《国家中长期教育和改革发展规划纲要（2010—2020 年）》专门用一章的篇幅进行了全面规划和展望，如提出了政校分开、管办分离、扩大办学自主权、完善治理结构、加强大学章程建设等要求。管办分离就是要求政府将办学自主权归还，推进大学学术自治，有助于正确处理大学与政府、市场的关系；政校分开就是要求大学加强学术权力对行政权力的规范和超越，回归学术自由，重拾学术权威，以科学设定大学内部机构和有效解决大学内部治理矛盾；大学自治和学术自由从外部治理和内部治理两方面理顺了大学的治理思路。

构建现代大学制度，必须尊重法律，坚决贯彻依法治校、按章办事的理念。这就要求政府完善法律、法规制定，以立法的形式和法律的规范来保障大学的办学自主权，同时约束和限制大学的不端办学行为。现代大学制度宏观上指国家层面关于高等教育的有关法律法规，一般具有法律效力和约束力，要求学校必须遵照执行；学校层面上，就是学校内部关于办学的章程、规则、规范、规定等，一般不具有法律约束力，但在大学庞大的内部治理体系中，大学章程应是其大学治理中最高、最权威的纲领性、规则性文件，是关于大学的性质、宗旨、组织结构、权力制约、机制运行、治学行为等最基本内容和规则的认定，可以说，大学章程就是大学内的"最高法律"，是大学办学和育人的根据。因此，加强大学章程建设，是推进现代大学制度建设的制度基础和前提。蔡元培任北京大学校长期间，主持制定了《北京大学章程》，包括学制、校长、评议会、教务会议、行政会议、教务处、事务等；1926年《清华学校组织纲领》则包括学制总则、校长、评议会、教授会、教务长、学系及学系主任、行政部、附则。这是现代我国大学制定较早的大学章程。[①]

首先，大学章程要遵循国家的宪法和与教育相关的法律法规，与政府之间形成明确的"合约"关系。在大学章程的制定过程中，以大学校长和教授为代表的治校主体要认真学习国家有关的法律法规，遵守中国特色社会主义现代化大学的办学宗旨和人才培养要求，体现中国特色；还要与政府部门和教育行政机关积极切磋交流，在学校定位、学科和专业结构设置、权力划分与制约、教育经费划拨等方面形成共识和默契，建立科学的契约关系。这有助于高校与政府之间建立良性的互动与合约关系，为自主办学奠定基础。

其次，大学章程要体现高校自主办学的文化特色。每所大学都有其独特的发展历史、文化传统和学科特色，大学章程制定要重点突出，不能千篇一律，避免同质化和形式化。大学应在综合分析本校的历史、现状、优势和所存在问题的基础上，从学校的使命、核心的办学理念、办学定位、内部组织结构、治理行为、权力制约、办学特色等方面，分别进行专门调研和考察，在充分征求学校主体意见的前提下，形成本校的大学章程。大学章程要重点完善大学关于自主管理、自我约束的管理理念和管理体制，并能够有效指导和督促学校其他各项具体管理制度和行为规范的制定，如组织人事制度、机构设置制度、管理制度、学术规范等都要严格按照大学章程的要求制定和实施。大学的权力主体只能在大学章程的范围内自主地行使权力和履行义务，监督机构和主体也须按照大学章程的规定对权力运行进行全面的、有效的监督，保证大学章程在大学权力制约和权力监督方面作用的正常发挥。

最后，大学章程还应明确大学与市场及相关社会组织的关系。大学处于市

---

① 邹晓东：《对构建现代大学制度的内在因素的思考》，《河南大学学报》2012年第7期，第127-136页。

场经济体制下，其发展和运行必然受到市场的影响和制约，大学章程应明确规定市场在大学内的运行机制和作用方式，是完全以市场为导向还是以市场为手段。同时，大学必然要与社会组织、企事业单位等存在千丝万缕的联系，如何在双方和多方复杂的关系中保持大学的独立性和自主权，是大学章程应包含的重要内容。科学处理大学与外部的关系，有效驾驭大学与外部的交往，这是指导大学维持良好的自主运行状态的外部环境保证。

我们应该认识到，规划和规范大学的各种权力运行是大学章程的重要内容和功能。如何规范大学与政府之间、大学与市场及相关社会组织之间、大学内部组织结构之间的权力关系和利益统筹，是能否实现大学自治和学术自由的决定性因素，也是大学能否实现自主发展、弘扬大学本质的关键所在，制定完善的、科学的大学章程是构建现代大学制度的题中应有之义。

四、倡导学者自律和学生自觉

现代大学制度的一个突出特点是其"现代性"，这种现代性决定了大学发展除其自身的发展需求之外，还必然要与现代社会、群体发生这样那样的联系。学者们所说的大学是社会的人才库、知识库、思想库，直接体现着大学对社会发展的积极作用和重要性，要求大学承担相应的社会责任；同时社会也会不断地向大学提出新的需要和发展要求，都有可能对大学发展规划和导向产生直接影响，这其中必然会有市场经济的诱惑、功利化的价值取向等，这些潜在因素都要求大学和大学人不断自觉自省、自查自律。

大学所肩负的重要历史使命要求大学人必须自觉承担起相应的社会责任。在知识经济时代，知识成为促进社会经济发展的关键因素，现代条件下知识就是科学技术，是推动社会生产力发展的第一个重要前提。不断步入社会中心的大学作为知识生产的主要场所，担负着持续不断地为社会经济发展提供新知识、新技术的文化和历史使命；同时，大学作为知识传播和文化传承之所，承担着传承传统文化、弘扬先进文化、摈弃落后文化的责任和使命。大学人应树立传播和追求知识的正确理念，不断发现和创造新知识，自觉成为文化传承、文明传播的使者，实现既弘扬真理又服务社会的文化自觉。作为人才培养的基地和摇篮，大学里每一个人都应该立志成为对社会有用的人才，积极投身于社会实践，服务经济和社会发展，将实现自我人生价值的追求与奉献社会的价值理想统一于为人民服务的伟大实践中，这是大学人义不容辞的文化使命和社会责任。

大学人应承担起传播先进文化、引领社会风尚的价值使命和责任。大学培养人才，不仅是要培养拥有高深知识的专门人才，更重要的是要培养具有高尚品德、完美人格的综合人才。而当今大学在市场经济浪潮中，过分地遵从市场导向，过度地追求经济利益和经济价值，出现了一定程度的精神衰微和价值迷失现象。一些大学人开始放弃大学所孜孜追求的学术道德和大学精神，陷进功利主义、实用主义的泥潭不能自拔。大学和大学人的这种精神懈怠和价值迷茫遭到了社会的批判和否定，进而对大学所应秉持的精神价值和道德操守有所怀疑。所以，在构建现代大学制度的进程中，在强调大学学术地位和贡献的前提下，有必要将大学的道德自觉列入其中。一方面，在校内，要求大学教师和学生严格遵守学术规范，加强学术自律，传承学术道德；另一方面，在大学之外，大学人应将学术道德的风气带入和影响社会人群，自觉承担发扬优秀学术传统和弘扬崇高道德风尚的责任和义务，使大学的浩然正气成为引领社会道德的一面旗帜，自觉传递大学文化作为先进社会文化所应传递的"正能量"。

第六节　优化大学文化育人的社会环境

●

大学处于社会完整而复杂的系统中，是构成社会的一个子系统，总要与社会上的其他组织有这样或那样的交叉和交往。社会环境中的各个要素和组织为大学的发展提供了条件和可能，也会带来冲击和挑战。大学文化育人功能的作用大小与社会环境的优劣密切相关。因此，必须正确发挥政府对大学的指导作用，科学处理大学与企业及其他社会组织的关系，有效引领社会思潮，为文化育人功能的发挥提供优良的外部环境支持。

一、正确发挥政府对高等教育的指导作用

在我国，政府与大学的关系长期处于一种剪不断、理还乱的尴尬境地与矛盾之中。前面我们从确立大学的办学自主权实现大学自治、进行权力制约实现学术自由、完善制度规划加快大学章程建设等方面阐述了大学如何进行自我治理的问题。那么，作为政府，应该发挥什么样的教育职能才能更好地服务于高等教育事业的发展呢？

首先，要推进高等教育改革步伐，加大改革力度。我国现行教育体制多由计划经济体制下的教育传统而来，国家和教育行政部门对大学进行高度监管和严格把控，极大地限制了高校人才培养和知识传播创造的自主开展，不适应高等教育发展转型阶段的特殊形势和国际高等教育发展的趋势。因此，政府要科

学发挥对大学的监管指导作用，必须要对现行教育体制进行大刀阔斧的、彻底的改革。一方面，要改变大学与政府的依附关系和体制限制，确立大学的社会独立法人地位；另一方面，要改变政府对大学的调控手段和方式，变行政干预、简单的发号施令为经济调控、依法管理为主，完善和加强问责制度和社会监督；完善教育立法，在法律范围内，实现大学自主办学和推进大学自治进程。

其次，要完善教育立法，确认大学独立的公务法人地位。我们都知道，在现代法治社会，法律法规体系为社会组织和团体的有效运行提供了相对稳定的体制保障和组织架构。一个组织在社会中拥有怎样的法律地位，就决定着它将扮演什么样的社会角色并承担与之相对应的社会责任。不可否认，在我国现有体制下，作为教育事业单位的大学，它们的法人身份是不够明确的，法律地位也非常模糊，这就给如何厘清政府和大学的关系、明确它们之间的权责范围带来了极大的障碍。因此，我们有必要借鉴西方大陆法系国家的公务法人制度来明确大学独立的法人身份和确定法律地位。一是要求国家通过立法，给予大学确定的公务法人资格和身份，使其具有独立行使办学职能的公权力，自主依据法律要求开展社会公共教育事业。二是政府对大学的约束仅限于法律章程内的法律约束和充足的财政拨款，厘清大学和政府的责权关系，为双方建立互信型的外部合作关系提供强制性的、具有约束力的制度保障和法律保障。而关于完善政府立法，以保障大学与政府之间的权责关系，在国家层面上，主要是通过补充、完善诸如《高等教育法》《教育法》等法律法规，来明确大学和政府的权利义务，如法律中必须明确规定对大学学术自由、教授治校的法律保护，并作为大学的建校治学原则固定下来，大学必须遵照执行。三是加强对具体法律规范的制定和解释，明确大学应承担的人才培养，传承、传播、发现和创造知识的社会责任和义务，并加强对法律监督和考核的相关规定和要求，明确大学章程的法律地位和相应约束力。在大学层面，就是加强和完善诸如大学章程等内部法规建设，在此不再赘述。这种立法可以为规范大学和政府行为提供一个可靠、可信、可依的标准，减少双方行为的不确定性。

最后，推进和落实高校问责制度。高校问责制度是参照政府的行政问责制度而提出的，但它也需要在相关的教育法律法规中予以明确规定，问责的主体主要是大学的利益相关者，如政府、社会机构和民众、公共媒体、学生、家长、教师等。它（他）们可以围绕大学职责范围内与自身利益直接相关的所有教育教学、社会服务、科学研究、法律责任等进行权力机制的问责、绩效机制的问责等。而问责客体就是高校、校长、书记、教职员工等，问责后的救济与救助措施、奖励惩戒制度和监督机制等都是法律应明确规定的问责内容。[①]这种高校问责制有利于加强政府和社会对大学办学公权力的约束和规范，引导大学更好地在法律规定的范围内有效行使权力，并积极承担公共义务和社会责任，增强大学使命意识。

二、合理协调学校与企业、社会组织的关系

"现代大学正由管理时代向经营时代转变"[②]，创新与经营的理念和做法增加了大学的生机与活力，大学也因此与社会团体、社会组织、企业有着这样或那样的瓜葛和联系，其中尤其以大学与企业之间的关系最为密切。一方面，基于学生就业的需要，大学和企业之间产生了人才培养、人才输送和人才接收的用人关系，这是大学为社会经济和生产发展服务最重要也是最直接的途径，大学间接地为企业创造价值，企业为大学提供存在和可持续发展的可能，人力资源是决定它们之间关系的最基本要素。另一方面，一些学校与企业和社会组织建立各种名义的产学研联盟、校企合作等，大学为企业提供知识和智力支持，企业为大学提供捐赠、赞助冠名甚至价值分配，以项目合作、产业合办实现了不同层面的利益共赢，它们之间有着明确的经济利益往来和物质利益关系。国内大学的这些做法与国外大学的基金会有相似之处，但差别也比较明显。国外大学以基金会的名义接受社会各界和企业的捐助与赠予，体现为基金会与社会组织的直接关联，大学只是作为一个学术组织间接参与。而在中国，一般大学没有设立基金会，往往是大学与企业和社会机构直接相关，产生各种不同的经济关系或社会关系，在这个过程中，大学可能会事实地依附于某一个或几个社会团体，在学校决策上受制于他人。因此，在进行校企合作时，大学要以高度的自觉善于省思自身，同时以高度的自治妥善处理各种社会合作，做到自主办学。此外，一些大学在进行基础建设、设备招标等工作时，由一些机构和个人代表学校参与各种具体事务的沟通与协调，这种情况很容易滋生腐败和行为不端现象，有可能会损害集体利益。因此，高校还要注重加强关于校企关系的立法、立规等制度建设，在体制和机制建设上要善于规范和约束个人行为，加强对外的权力制约和制衡；同时加强对相关人员和部门进行预防腐败的教育和法

---

① 吴晓春：《信任视野下我国大学与政府关系研究》（博士学位论文），西南大学，2012年。

② 范明：《构建中国现代大学制度：普遍共识与中国特色》，《国家行政教育学院学报》2011年第2期，第12—16页。

律培训，在社会交往中，克制个人欲望，规范个人行为。

此外，大学还要协调好与其他大学等科研院所的关系，倡导竞争发展。同样作为科学研究院所，大学与国内外其他高校、研究院所之间存在合作和同行竞争关系，突出表现为国内大学越来越多地实行了国际合作办学制度、联合培养制度，形成了一定程度上的招生竞争、资源竞争、学科竞争、就业竞争等。我们倡导合作发展，同样支持竞争发展，这样有利于资源合理优化配置和教育事业发展，有利于科学技术进步和知识创新，增强应对竞争和挑战的意识，提高办学水平。但竞争与合作都要正当、合理、科学，一切以有利于人才培养和教育事业的大发展大繁荣为原则，以优化大学布局、形成合理的学科专业结构、满足社会对教育和人才的需求为目的。同时，在这种竞争合作中，还要求增强创新意识，依托本校和地方特色、优势资源，培育特色专业、特色学科，形成具有核心竞争力的特色文化。这是大学求得发展的重中之重。

三、有效引导社会思潮

当代社会是一个文化多样、价值多元的社会，充满着各种不同的声音，通过各自的方式和途径影响着人们的思想和行为。社会思潮是存在于主流文化之外的一种影响较大、文化定位也比较复杂的社会意识现象。社会思潮产生在客观的社会历史条件和深刻的时代背景下，一般以某种哲学为指导和立论依据，呼应社会上广泛流行的社会心理，集中体现为某一个或几个群体的具体的、实际的利益诉求，通过一定的途径和方式对人们的思想和生产生活产生不同程度、不同性质的影响和作用的思想趋势、思想潮流等。[①] 随着我国经济和社会转型进入关键阶段，人们的思想和价值观念也日趋复杂，各种社会思潮相互混杂激荡，不断冲击着整个社会的主流思想体系和价值观念。高校作为文化传播和思想引领的重要阵地，必然以文化身份的特别性、受众群体的单一性和文化资源的多样性，成为社会思潮重点关注、渗透和传播的首要对象。

社会思潮是在民族国家所主导的社会主流意识形态和主要价值取向之外存在的思想或价值观念形式。那么作为一种非主流的意识形态层面的思想价值潮流，必然有积极和消极之分。积极的社会思潮反映了时代精神和时代要求，与主流思想观念相互映衬和积极互动，是一种值得提倡的思想潮流。消极的社会

---

① 曹红霞：《刍议中国当代社会思潮与大学校园文化的互动作用》，《当代教育论坛》2004 年第 12 期，第 120–122 页。

思潮一般是敌对的政治势力基于国内某些特殊社会阶层的局部利益要求而故意滋生的，意在模糊人们的视线，混淆是非，与民族国家和社会大多数成员的主体利益诉求和历史潮流相背离，它的传播导致人们对主流意识形态认识的混乱和怀疑，并有可能动摇局部人群的社会信念，如在市场经济影响下滋生的强调过分追求物质利益的拜金主义、实用主义、功利主义、享乐主义、利己主义等，迎合了人们对物的需求的膨胀和崇拜心理，有很多的追随者和信奉者；还有一些政治势力利用社会主义发展阶段中出现的特殊问题和矛盾，借机散播攻击社会主义的言论，以实现其政治图谋，如民主社会主义、自由主义、民族分裂主义等。这些社会思潮不仅影响着社会的思想价值观念，也对大学校园内的主流文化和价值观产生了重大影响和冲击。因此，大学要充分发挥文化育人的功能和作用，必须对繁杂的尤其是消极的社会思潮进行科学辨别和有效引领。

首先，大学要坚守文化育人的主阵地，唱响思想政治教育的主旋律，充分发挥大学引领先进文化的教育功能。打铁还需自身硬，大学要想抵御外来消极思想和社会思潮的不良影响和渗透，必须使自己强大起来。一是要求大学坚守为社会主义发展培养有用人才和传播先进文化的大学理念，并将其贯彻到大学发展的始终，任何时候都不能丢弃和放弃社会主义办学的方向和方针，始终以社会主义主流的先进的思想和价值观教育引导学生，一切有悖于育人目标的思想和行为都要给予有力回应和坚决打击。二是要求大学善于运用自身在文化教育中的优势资源和先进手段，增强学生分析和辨别真伪、善恶的能力，通过主流媒体、网络和其他教育平台深入全面进行大学生思想政治教育和文化引领工作，同时深刻揭示不良思潮的实质和危害，教给学生辨别真伪善恶的方法，增强他们抵御外界诱惑和防止上当受骗的能力，筑牢思想防线。三是要大力弘扬校园文化主旋律，对学生进行积极正能量的教育和宣传，善于树立先进典型和模范人物，发挥学生自组织在自我教育中的作用和优势；同时，加强校园文化建设，在育人理念和育人行为中，紧密结合时代精神和青年需求，不断地给校园文化注入新元素、增加新活力，满足不同群体学生不同的文化需要和营养供给，杜绝"文化饥渴"现象。

其次，加强政府对社会思潮的引导和转化，同时增强社会主义主流思想文化的吸引力和凝聚力。引领社会思潮不能是大学唱独角戏，社会思潮不单是针对大学，也不仅仅传播和影响于大学校园，其从一开始就是针对特定的社会制度、特有的社会现象或特别的社会诉求而出现的。因此，应对各种不良社会思潮需要全社会的共同努力，尤其是政府要加强对社会思潮的引导和转化。一是要增强主流思想文化的吸引力和凝聚力，更加注重发挥主流意识形态的优势，在执政理念、执政方式、政府作风方面进行改革和创新，同时要关注社会利益主体尤其是弱势群体和主流群体最关心、利益最直接的社会问题和社会现象，如住房问题、教育问题、看病问题、交通问题等关系人民大众日常生活和发展的重大问题，必须优先解决，减少社会矛盾和利益冲突，增强社会制度的吸引力和优越性，不给不良思潮可乘之机。二是要加强对社会思潮的转化和引导。社会思潮不是一朝一夕形成的，也不是消灭一个就不会再出现的，它有自身深层的社会根源和体制因素，任何时代和阶段，都会面临各种不同的思想和声音，要做好长期应对的准备。其中最有说服力的做法不是极力打压，而是想方设法疏导，即疏通引导，通过树立和弘扬正义的、先进的、科学的主流文化标准，使全社会具有高度一致的价值认同和价值判断，这是对不良思潮最有力的回击；同时还要辩证地看待社会思潮的多面性，其不良性也不是完全绝对的，总可以在其身上找到社会的影子，有针对性地加以分析、批判和转化，用先进的代替落后的，用科学的代替愚昧的，以主流文化强大的文化辐射力和影响力抵消不良社会思潮的影响。

第六章

正确处理大学文化育人活动
中的若干重大关系

大学的存在与发展深深植根于社会这个大环境中，大学与社会诸多因素之间必然要发生这样或那样的联系；同时，大学作为一个相对独立的系统，具有整体性和系统性，大学系统内部诸多要素之间也必然要产生千丝万缕的联系。这些内外部要素相互交织，共同作用于大学自身，直接或间接地影响着大学的存在方式和发展程度。那么在大学文化育人功能发挥的过程中，如何充分兼顾和恰当处理这些大学发展中的重要关系，则成为重大的理论问题，也是重要的实践问题。

第一节　大学利益与大学使命的关系

●

　　大学作为一个社会组织，其自身要存在和发展，需要一定的内外部条件源源不断地对其进行生存供给，这是大学保持自我生存和利益实现的前提和基础。同时，大学作为提供社会公共产品的非营利性文化创新机构，承载着人才培养、科学研究、社会服务的历史使命和社会责任，知识传播创新是其最根本的内在要求。如何平衡和协调大学利益与大学使命之间的关系，是关涉大学生存与大学功能发挥、大学使命实现的重要问题。

一、大学利益关注大学自身发展

　　任何一个组织和个人都有关乎自身的利益诉求，其是为维持自身生存和实现持续发展而产生的对经济的、政治的、文化的、社会的内外部需要。传统意义上的大学一般是围绕培养出满足政治的、职业的需要的人而实施教育，利益动机、培养目标明确而单一。而现代意义上大学的发展伴随着经济社会的迅速转型，尤其是知识和科学技术成为促进社会进步的重要动力，因而大学育人的内涵和外延都有了新的解释和变化，社会公众对大学有了更高的期待和需求，大学的知识创造和人才培养功能对社会发展的推动作用越来越成为知识经济竞争的重要工具和手段。为适应竞争环境，大学准确进行社会定位以适应外部竞争需要和大学内部发展需要成为超越大学自由发展的重要目标，这就更加强化了大学对利益的追求和标榜，大学办学的功利化目标昭然显现。

大学利益来源于大学自身存在和发展的"经济人"需要。这种利益是单纯地从自身、自我发展的角度出发，基于个人需要而从事的相关活动和实践，这种利益动机可解释为一种基于"经济人"假设的物质利益追求导向。正如马克思在剖析一般人性时所说："对于各个个人来说，出发点总是他们自己，……，在任何情况下，个人总是从自己出发的，……，人们奋斗所争取的一切，都同他们的利益相关。"[①] 从马克思的论述中可以确定，人在参加任何社会活动时的最初动机来源于个人目的和自我需要，"需要即他们的本性"，即追求利益是人们从事一切社会活动的动因，这是一种自然的必然性。所以说，尽管大学不是以营利为产生和存在目的的，大学的根本利益追求不以利润或物质利益最大化为目标，但以"大学人"为代表的大学首先要作为一个个体持续地存在下来，有其自然的必然的需求，这就决定了大学必然要不断地寻求大学利益以实现和促进大学的发展。追求物质利益是人们一切社会活动的动因、前提和物质基础，大学的利益需要是人们关于精神满足的最初需要，是维系一切大学活动的最基本需要，但这并不是大学存在的意义和目的。如奥尔特加·加塞特所言，"人类从事和热衷于教育，是基于一个简单明了、毫无浪漫色彩的原因：人类为了能够满怀信心、自由自在和卓有成效地生活必须知道很多事情，但儿童和青年的学习能力都非常有限，这就是原因所在"。[②] 这也说明人类为了更有效和便捷地获取知识才建立了有组织的教育形式和专门的教育机构，大学正当的利益诉求为人们更好地实现精神利益而提供可能和条件。

大学利益强化于市场经济的逻辑。在全社会功利化取向不断明显、市场化发展不断深入、大学竞争不断加剧的时代环境中，大学要在适应社会发展过程中始终立于不败之地，必然要以争取大学利益作为大学发展的前提。例如：为了扩大办学空间，大学要想方设法征买土地以建设开放美丽校园；为增加办学经费，大学要不断周旋于政府和社会团体之间，甚至以自主经营手段参与经济活动；为获取政府拨款，增加招生规模和人数，想办法提高就业率；为提高教师福利，而进行计划外办学和举办在职教育，参与社会培训；等等。这些围绕大学的经济需要、社会美誉度需要、大学认可度需要而开展的各种形式的自我利益制造，其实都是基于大学竞争和大学发展的需要。一些学校在进行自我利

---

① 马克思：《关于新闻出版自由和公布省等级会议辩论情况的辩论》，载马克思、恩格斯：《马克思恩格斯全集第 1 卷》，中共中央马克思恩格斯列宁斯大林著作编译局译，北京：人民出版社，1995 年，第 201 页。

② ［西班牙］加塞特：《大学的使命》，徐小洲等译，杭州：浙江教育出版社，2001 年，第 67 页。

益追求和制造的过程中，难免会将其中一些利益需要进行夸大，可能会模糊对大学本质的维护与坚守。而作为大学主体的大学人，每个人都会依据个人发展的不同需要而进行相关的利益追求和取舍，人的需要是十分复杂的，物质的、精神的、社会交往的需要等都可能会成为他们进行利益追求的原因，但归根结底都是基于自身不断发展的需要。

由于社会环境的特殊性和复杂性，无论是大学基于自身需要的利益追求，还是大学人基于个人发展需要的利益诉求，都会有正当的利益追求和不正当的或过度的利益驱使。我们提倡为保证自身发展而进行正当的利益追求，这是大学得以存在和发展的前提和物质基础，反对过分的功利主义、实用主义的利益制造；倡导在遵循大学根本任务和使命的基础上进行的正当利益获取，反对忽视和牺牲大学使命的彻底的自我中心的单纯物质利益追求。

二、大学使命要求关注人的价值实现和促进社会发展

人是大学存在和发展的核心因素，大学是人在社会实践中不断适应和超越自我的产物，大学基于人的需要而存在，基于人和社会的发展而不断发展进步。从远古时代大学的发端到现代大学的建立与发展，大学无论是满足人学习知识的需要，或是开展关于职业发展的人才培养，或是进行新科学家的培养，抑或是进行适应社会发展需要的综合人才塑造，其使命自始至终都是围绕人的需要而安排，为培养什么样的人而设定。人的实现自我发展和价值实现的主体需要是大学产生、存在和发展的根本所在，随着社会的不断进步和深入发展，人的需要也不断增加和多样，并以此推动大学不断地向纵深发展，大学的使命也从单一的价值向度不断转向多元的人的需要与社会需要相结合的维度。

大学价值的实现首先体现为对人的价值实现的满足。大学进行知识传播和知识创造，其传播、创造的功能主体是人；大学进行科学研究，其研究和转化的主体是人；大学具有社会服务功能，其服务的主体和对象同样也是人。大学每一个功能的实现，一方面是关于知识人才、创新人才、社会服务人才的培养；另一方面也是人自身不断地进行价值创造和自我实现的过程，人以自我实现的形式完成了大学的人才培养使命，以价值创造的形式承担了社会服务使命。因此，大学必须要以人的自我实现作为大学发展的使命和职责，通过人的价值实现体现和彰显大学的价值，并以此促进社会价值的实现。

现代化社会中，大学发展的市场化、功利化、行政化导向可能会导致大学过度追求自身利益，一些大学办学目标浮夸、虚无，以社会短期需要作为大学

定位的风向标和指示牌，大学精神受到消解，大学使命意识淡薄；一些学生成才观念不足，认为上学就是为了找到一个工作，学个专业或者技术，有个一技之长就可以了。这些观念和做法，与大学人才培养的根本宗旨是不尽一致的。无论是纽曼古典主义大学观认为大学是培养绅士的专门场所，还是洪堡倡导的新大学理念，"大学的首要目的在于形塑性格，造就伦理，培养或者说教化能够感受到真、善与美的人，能够领悟到人之尊严的人，引导学生成为伟大的人"，尽管他们在大学功能定位的问题上有分歧，但在大学人才培养方面的观点却是一致的。因此，我们认为人的问题是大学需要关注的核心问题，培养什么样的人、在何种意义上实现人的价值就是大学使命的根本。大学培养人的目标，正如洪堡所言，是使学生成长为追求真、善、美的有道德、有尊严的伟大的人；而如果用马克思主义人学理论关于人的问题的价值标准来判断，则就是实现每个人的自由而全面的发展。这种大学使命的现实与理想之间的差距说明大学对人的培养的核心理念不够重视，认识不够深刻，必须从大学内部和自身予以矫正和调整。大学以人为存在前提和目的，也要以人的发展和价值实现为根本目标和大学使命，关注人的价值实现，就是关注大学发展自身。

在大学利益追求与大学使命坚守之间，大学出现了彷徨，也孕育着生机。我们说，合理的、正当的大学利益追求是大学存在和发展的先决条件，是大学使命得以履行和坚守的前提和基础，推动和支撑着大学精神的繁荣和延续，如果大学这种自我存在和发展的物质基础不复存在了，大学也就失去了满足人的发展需要、实现人的价值的可能性。但过度地、单纯地以利益追求最大化作为大学办学目的的观念和做法，是要坚决予以抵制和摒弃的，这不但与育人根本相背离，而且与人的价值取向也是完全不相符的，它只会导致大学的精神荡然无存，以致大学自身的不复存在。

第二节　育人主体与客体的关系

●

文化育人活动是一个能动的、实践的过程，在这个过程中，育人主体和客体统一于大学文化育人活动实践中，形成一种主体与客体或者主体间的互动关系。

一、育人主体、客体的内涵

马克思主义的实践观点认为，主体是指有意识、有目的地进行认识活动和实践活动的人，这种以主体性存在的人是具有一定的知识或经验、从事认识活动和实践活动的有主观能动性的人，正是人的这种主体性和因此而具有的能动性、创造性的特别属性，决定了其对客观对象进行认识和改造的能力与水平。客体就是指进入人的认识和实践活动范围内的对象，这种对象的规定性由实践主体依据自身需要和认识、实践水平来决定，是在与主体的相互比较与互动中存在的。作为人的认识和实践对象的客体，可以是自然世界、社会存在、精神存在等，自然世界是自然界先于人而天然存在的客观存在；社会存在是被人改造过的依托人为世界的客观存在；精神存在是人在认识和实践过程中形成的各种精神文化成果和产品。在社会存在的主体间关系互动中，人既作为认识和改造活动的主体而存在，在特定关系中同时又作为认识和改造活动的客体而存在，是主客体的统一。因此，实践活动的主体和客体在一定的条件下，可以实现角色转换和相互转化，人既可以是认识和改造活动的主体，发挥能动性和创造性，也可以成为认识和改造活动的客体，成为认识和改造的对象，这需要在认识和实践活动中进行区分和区别对待。

在大学文化育人活动中，一般地，我们认为育人主体是从事文化认识和文化实践的具有主观能动性的大学人，依据不同的育人环节和特定关系，他们可以是教师、管理人员、行政人员、后勤服务人员、大学生等；育人客体则是与人相对应的以客观形式或精神形式存在的，诸如科学文化知识、大学精神、办学理念、大学制度、文化氛围、校园文化活动、物质环境等。例如：教师的主体价值一般体现为教书育人为本、学术育人为先，以德育人为重，讲究身先示范；大学生的主体价值一般体现为学习知识、培养素质、锻炼能力、全面发展的自我实现；而作为育人客体和育人内容的大学精神、知识、理念、制度、氛围等都属于意识形态领域的精神文化产品，需要主体通过发挥主动性去积极地认识、学习、实践，并逐渐内化为自身的知识和思想认识、行为规范；但在一些特殊环节和过程中，可能会出现主体客体化、客体主体化或双主体互动现象。如在课堂主渠道教学中，大学教师作为育人主体在育人过程中发挥主导作用，学生既作为客体接受教师的知识传授，同时又作为认识和学习的主体，不断自觉地开展学习、内化活动，在整个文化育人过程中，越来越关注学生的主体地位和重视学生主体作用的发挥是育人实践的客观需要，也是育人形势发展的趋势，学生是主客体的统一，也是育人活动中最重要的主体行为和主体因素。

二、文化育人主体间关系的特点

文化育人活动是一项复杂的认识和实践活动，作为一个整体，具有内在的规定性和统一性；同时，文化育人活动还兼具多个育人层面和体系，具有育人主体的多重性和主客体的同体性。

文化育人活动主客体具有内在的统一性。大学文化育人活动居于大学这一个完整的系统中，具有整体上的规整性和统一性，大学文化作为一个整体概念和文化体系，具有全面的育人功能。在这个育人实践中，如果对育人活动和对象不加细分的话，育人主体就是大学里具有能动性、自主性和创造性的大学人，人作为主体，主要是相对于物的被动性、从属性地位而言的。客体就是除大学人之外的大学内其他所有物化成果和精神文化产品，它们被人创造，由人传承，为人所用，而后内化于人的内心，规约人的行为。大学文化育人活动的主客体具有一般的人类认识和实践活动的属性和特点，他（它）们内在地统一于文化育人实践的整个过程中，相互作用，在特定条件下相互转化，具有目标指向的统一性，即同时实现文化的价值和人的价值。

文化育人活动具有主客体同体性。在文化育人活动中，在一定条件下，文化育人活动的主体同时也是育人客体，育人客体也可以转化为育人主体。人是育人实践中最重要的因素和最关切的育人指向，既作为育人主体主导着育人活动的各个环节，也同时作为育人客体接受大学文化的熏陶和感染。在显性的知识传输和直接的教育活动中，体现着大学教师、大学管理人员、大学生等的教育主体地位，他们之间互相传递着教育信息，同时作为育人主体存在。但在大学校园中还有一种以文化氛围、大学精神的感染熏陶作用于大学人的育人活动，所有处于其中的人和个体都必须接受这种潜在无形的风气和氛围的影响，哪怕人在主观上是冷漠的、排斥的、拒绝的态度，但这些潜在或有形的物化的校园氛围和校园景观会直接向人传递一种信息。在这种氛围熏陶下，人既是主体，可以去认识和内化；又是客体，被动地被传染着、熏陶着。作为主渠道育人环节主体的大学人，在这个过程中同时是育人主体又是育人客体。这就是文化育人活动中的育人主客体同体性，也是育人活动中较为普遍的一种文化育人现象。

文化育人活动主客体具有多重性和交互性。在大学文化育人实践中，依据育人内容和对象的不同，可具体表现为教书育人、管理育人、服务育人、环境育人等，还可表现为知识育人、行为文化育人、制度文化育人、物质文化育人等，每一种文化形式分别从各自独特的层面向育人对象传递着不同的育人信息，体现着差别化的文化育人形式和功能，育人主客体在不同的育人环节和育人实践中不断变换各自的身份和角色，同一个主体在不同的育人活动中可能以主体的身份出现，也可能以客体的角色存在。因此，大学文化育人活动由于其自身的复杂性和多变性，使得育人主客体呈现出交互性和多重性的特点，这种特点也深刻诠释着大学里处处皆文化、处处可育人的文化功能。

文化育人活动的丰富层次性和育人环节的繁复性，使得育人主体、育人客体具有身份的多重性，主体与客体间可能会不断进行着主体客体化、客体主体化的互换和转变，尤其是大学人在具体的育人活动中，可能同时会具有主体和客体的身份。因此，在文化育人活动中，必须全面、深刻地认识育人主客体的交互性和复杂性，才能从整体上驾驭育人实践，以适应育人活动需要。

我们还应该看到，在大学文化育人活动中，人始终处于育人环节最重要、关键的部位，所有的文化育人要素和内容，都必须经由人的不断认识、认同最终通过人的主动性实现文化内化，转化为人的自主意识和思想观念后，再外化为新的文化载体和行为载体构成文化育人的新成果，或为其他环节的文化育人活动营造文化氛围。因此，必须善于发挥人的主体性作用，将其积极性、创造性科学地寓于育人实践的全过程，在人的主导和积极参与中，文化育人活动才能不断地促进人的价值实现。当然，优秀的精神文化成果、优美的物质环境和浓郁的文化氛围是使人由此岸到达彼岸的阶梯和中介，也是非常重要的客观载体和育人内容，育人双方要善于发掘新成果、新形式去充实和丰富文化育人的内容和形式，以取得更好的育人效果。

第三节　科学精神与人文精神的关系

●

科学精神和人文精神是人类文化两种不同精神文化的表现形式，科学精神倡导理性的精神和理智的行为方式，人文精神弘扬丰富的情感和感性的精神追求，两者之间互相补充，内在地规定着人类文化的表现形式。人们关于科学精神与人文精神的论战，从来也没有休止过。尤其是近些年来，科学技术的突飞猛进极大地促进了经济社会的飞速发展，使得人们关于科学技术的功利价值取向更加明显，而关于精神和理想的人文精神追求则受到冷落，更是激发了人们对科学精神与人文精神研究的兴趣和热情。

一、科学精神的取向

科学就是追求真理、知识、客观规律，是人们对客观世界的理性认识，回答了人们关于"是什么"和"为什么"的问题，科学是一个知识体系，它作为一种崇高的理想和精神存在，体现着人们对知识和真理的孜孜追求和不懈奋斗。科学精神是人们在进行科学认识和从事科学实践的过程中，形成正确的知识、严谨的态度、科学的方法和完备的体制机制等的思想体系和价值规范的统称。一般情况下，科学精神不仅仅限于科学工作者所独有，普通的人也可以而且应该用科学的精神去认识和改造世界。科学认识以人与自然界的对立为前提，并以自然界为指向对象，其目标就是如实地反映人之外的自然界的实际状况。因此，人们在科学研究时，一般要借助数学的、逻辑的、实证的方法和手段以排除人的主观性因素的干扰。在发挥人的主观能动性时，也必须遵循和尊重事物发展的客观规律、人类认识规律和科学研究规律，并以此作为开展科学活动的指导和原则。

科学精神具有深刻的精神内涵，首先表现为探索真知、追求真理的理性精神，潜心探求事物真相并获得真理性认识，这是科学精神的基础和前提；基于实验实证基础上的求实、求是精神，即以实证方法引导人们探求客观世界的真实状况和客观规律，这是科学精神的实践基础；批判创新的进取精神，以批判的眼光和怀疑的态度看待已然发现的新知识和新方法，这是科学不断发展进步的创新基础。科学精神体现了人们对真理和知识的追求，可以极大地促进人的智力发育，增加对客观世界的真理性认识和把握。在近代，科学还将人们从对"神"的膜拜和崇敬中解救出来，对人类解放与发展作出了卓越贡献。科学在其内在规定性上，是为了追求真理而生，而不是为了追逐名利而来。

在大学文化育人活动中，坚持科学精神的价值取向，就是要求大学和大学人传播科学的文化知识，以科学的方法教书育人，遵循大学发展规律进行办学目标定位，制定合理的学科专业设置和人才培养计划，以及适度的办学规模，以批判的眼光和创新的精神不断传承、创造人类文化，以严密的逻辑、实事求是的作风和态度科学理性地认识和改造自然界与人类世界，摒弃封建迷信、愚昧落后思想，科学规划人生并予以认真实践。

二、人文精神的取向

人文精神是一种以人为主体和对象，以关注人的存在和人的需要为出发点和落脚点，以人对自身价值的理解和把握为前提，对人的精神世界的探索和对人的理想、人生意义和价值的追问与反思。一般地，人们对人文精神的研究，可分别从宏观世界和微观世界进行不同的理解和考察，在宏观上，人文精神是关涉整个人类文化和社会文明的精神价值取向，是关于人类文化的内在归宿和价值理想；在微观上，人文精神可理解为关于人文学科、人的个体的精神诉求和价值追求，如关于哲学的精神、艺术的精神、道德的精神、文学的精神，关于人的价值、人的需要等人的自我实现等。无论做何种理解，人文精神都将人作为认识和探寻的核心和根本，主要是围绕"人的需要""人的意义""人的价值"等问题展开的，是关于人"终极关怀"的精神追求和价值理想。

人文精神以"人"作为衡量世界万事万物的尺度，将人的价值实现作为一切价值判断和行为选择的根本出发点和最终落脚点，重视对人的生命意义和人生价值的思考，立足于对人类命运、人类幸福的思索与追求，体现了对人的终极关怀。就其基本的表现形式来说，我们认为人文精神可具体地表现为人关于世界的看法，关于人生的意义，关于人的信念、价值、追求、理想等，存在于所有人与人、人与自然、人与社会、人与自己的关系中。

可以说，人文精神是人类文化的重要表现形式和组成部分，具有丰富而深刻的文化内涵：人们对自由、平等、正义的呼唤、渴望和弘扬，对人的主体性和个性的关注、尊重与期盼，对生与死、道德与情感、信仰与幸福的反思和追求。因此，人文精神是对人的需要、生命的意义、人生的价值的关注和高扬，是人的求真、求善、求美的精神追求，它以实现人的自由而全面的发展作为终极理想和价值目标。

在大学文化育人活动中，坚持人文精神的价值取向，就是坚持和贯彻"以人为本"的育人理念。具体到文化育人实践中，就是要求高校向学生全面教授和普及人文社会科学知识，弘扬人文精神，不断提高学生的人文视界和人文素养，引导学生不断进行关于人生价值、人生意义和人生理想的追问与审视，增强把握自我发展与服务人类社会发展的意识和能力，以高尚的道德情操与求善、求美的精神鼓励和教育引导学生，带领他们在为人类争取自由、平等、正义、幸福的事业中实现人生价值。

三、实现科学精神与人文精神的完美结合

近年来，随着经济社会的转型和价值取向的多元化，人们认识的不断革新，学界对人文精神与科学精神的讨论日趋热烈，有的甚至将两者割裂和对立起来。一方面，在功利主义的文化氛围和市场经济追求实用的价值理念影响下，引起了人们对实效、实用、实利的过度强调，极大地刺激和推动了科学技术的发展，甚至在全社会范围内出现了重科学、重技术的认识和实践偏向，这就造成了人们对理想、价值等精神需求的漠视和打击，人文精神受到严重冷落和边缘化。另一方面，实证主义者将科学精神等同于纯粹"客观"的存在，功利主义从工具理性的角度解释科学精神，认为它只能作为单一的"工具"手段而存在和被使用，是存在于人的意识之外、行为之外的，与人的精神无关。然后否定科学精神的人文价值同否定人文精神本身一样，仅仅将人作为科学的工具，将科学精神作为科学本身的手段，没有认识到人作为认识和实践活动的主体所具有的根本的主导性的地位和作用，这是导致科学精神与人文精神对立的

重要的认识论根源。

事实上，科学精神也是一种历史性的能动的认识和实践活动，并且这种认识和理念越来越被人们接受和认可。"任何科学似乎与人性离得很远，但它们总是通过这样或那样的途径回到人性。"[①] 科学活动是人不断认识和改造客观对象的过程，整个过程始终无法脱离人的作用和影响，贯穿着浓厚的人文精神，人们科学活动的成果也因此深深地留下了人性的痕迹。如科学精神中蕴含自由的理念、宽容的情怀、民主的气息、批判的精神等都是人文精神的生动体现，教育界对人文素质的呼吁，科学技术领域对自由、创新、批判精神的倡导，国家"以人为本"的科学发展理念，都是对科学精神与人文精神的弘扬，不断促进二者在人类认识实践活动中的融合、转化与统一。

科学精神和人文精神是相辅相成、内在统一的，两者作为人类文化的核心与灵魂，共同推动着人类文明生生不息地向前发展。人类社会的不断发展前进，离不开科学精神对自然能量和人类智慧的整合与发掘，同样也离不开人文精神对人类行为和价值的精神规约与引导，片面地肯定或重视一方而忽视或贬低另一方，只会导致人们认识和改造客观世界与人自身的活动的失败，只有将二者放在同等重要的地位，统筹兼顾，才能在改造世界的成功实践中促进人类文明的进步。因此，在大学文化育人功能发挥的过程中，应积极探索科学精神与人文精神融合统一的有效途径和方法，使其更好地服务于育人实践。

在人才培养目标制定上，要注重实现科学精神与人文精神的融通。大学的根本任务就是人才培养，而人才培养的主要途径是文化育人，大学文化育人的最终目标是促进和实现人的自由而全面的发展。全面发展不仅包括人的知识的丰富、智力的发育，而且包括科学方法的使用、人文素质的提升、社会适应性的增强等。因此，大学在进行人才培养目标制定时，一方面要结合人才生活生存的需要设置专业技术教育；另一方面要充分考虑社会发展需求和人的价值实现的客观需要，增强对学生科学文化知识的传授，增强创新意识和动手能力培养，以人文精神熏陶和陶冶人的情感与意志，以提高人驾驭和改造自然、适应和超越社会与自我的能力，为促进人的价值实现和全面发展奠定坚实的基础。

在教育教学过程中，要加强科学知识和人文知识的融会贯通。大学在进行学科专业设置时，应遵循科学性原则进行科学安排，文科理科兼顾的基础上有所侧重，体现合理的办学优势和专业特色；传播科学的文化知识以促进人的智力发育和智慧增加，形成科学的世界观；价值引导和行为规约过程中讲究事实依据和科学方法、求实求是的态度和作风，尊重和关注人的现实需求；丰富基

---

① ［英］休谟：《人性论》（上），关文运译，北京：商务印书馆，1963年，第6页。

础人文学科课程设置，增强校园文化的人文底蕴和精神气质，以浓郁的学术风气、人文氛围影响学生的情操，以正义、民主、平等、自由、幸福的理念引导学生坚持正确的价值判断和价值取向标准，培育科学的人生观、幸福观，教育他们勇于承担社会责任和历史使命，鼓励他们在为社会作贡献中实现人生价值。

在育人观念上，要破除重工具理性、轻价值理性的认识和倾向。科学精神与人文精神之间的对立和冲突不是二者的原发状态，不是先天存在的，其矛盾的根源存在于人们的认识中，是人类在主观意识上将二者隔离开了。从根本上说，科学精神和人文精神始终是内在地统一于人类文化中的，始终共同作用于人类认识和改造主客观世界的实践活动。只是到近现代社会，知识对经济和科技进步的贡献与重要作用，使得人们在大学教育中更加偏向社会需求，过分地强调大学教育关于社会服务的工具价值理念，而忽视了大学对人自身的价值诉求。这种理念在一定程度上导致大学专业设置和学生学习取向重工科、理科等技能性知识，轻文科等人文性、社会科学性知识的学习，从而培养出较多的专业精通却不一定学识渊博的技术人才。这种重工具理性、轻价值理性的育人导向无益于社会和个人的长远发展，违背了大学人才培养和文化传承的本质要求，是不可取的价值和行为导向。

犹如康德所认为的那样，世界上有两样东西可以深深地震撼人们的内心，即头顶美丽的星空和内心崇高的道德法则，这不但揭示了人们对天地之间、世界奥妙的孜孜追求和探索，还寓意人们对于人生意义不懈探寻和坚守的永恒信念。因此，大学校园里应到处洋溢着科学的理念，充斥着人文的精神，科学精神与人文精神应贯穿和融合于文化育人的始终。

第四节　知识传授与行为养成的关系

●

　　传统的大学教育以对人们进行单纯的知识传授为主，但随着大学职能的演变和社会发展的需要，大学也日益重视对学生的素质培养和能力锻炼。尤其是伴随着知识经济时代的来临，社会对大学人才培养的需求无论是质量层次上还是专业要求上都发生了新的变化，使得一些学者认为高等教育应为社会和经济发展培养"适销对路"的人才，而其重要途径就是要实现从"知识传授"到"能力培养"的转变。这种观点的出发点是适应高等教育大众化和大学生就业压力增大的客观形势，改变传统教学只重视知识传授而忽视能力素质培养教育的状况。但如果过分偏重一方而贬低另一方，就与大学人才培养的目标不相符合了。在处理知识传授与行为养成的关系问题上，这里需要厘清两个方面：一是要改变人们对知识传授、能力素质问题的模糊认识；二是要改变人们过分关注和强调一方而忽视另一方的错误观念和做法。

一、知识传授是育智求真

　　一般地，我们认为"知识"是人类认识的成果，是人们在实践基础上对相关认识的归纳和总结，并经过实践检验而对客观事物的反映。人们众多的关于认识和实践的成果构成了不同的知识体系，处于知识体系较高层次的知识就是理论性知识。理论性知识是人们关于客观事物规律和本质的系统的理论性认识成果，在认识过程中经过了人们的分析、判断和选择，在去伪存真、去粗取精、由外至内、由浅及深的全面整理基础上，这些由概念、公式、原理按一定逻辑和规则组织起来的知识体系，反映着一定的认识规律和逻辑思维规律。因此，内含于理论知识之中的不只是以直观的形式体现于外的知识体系和知识结构，还有内隐于知识体系之中的认识方法、实践方式、逻辑思维习惯和规律等。这种理论知识为人们提供了丰富的知识点和知识体系，是人们进一步学习的基础和起点，人们在此基础上得以不断提升自我的抽象逻辑思维能力。[①]

大学文化育人的主渠道是课堂教学，主要内容是传授知识，这种知识就是我们所说的理论性知识，直观地体现为书本知识，是人们关于认识和改造世界间接的经验总结。大学所进行的这种理论知识的传授，可以是科学知识的传授，也可以是哲学、文学、艺术、道德知识的传授。大学里每个专业和学科都有各自专门的理论知识体系；同时无论任何专业和学科，一般都会有一个或几个共同的公共基础学科，如数学知识、外语知识、哲学知识、文学知识等。这些专业知识课程和基础知识课程构成了大学知识传授的理论体系和基础，是知识育人的主要内容和方面。同时，在进行知识传授的同时，内隐于学习过程和知识体系中的人们关于实践的方式方法、认识规律、逻辑思维等也是对学生进行引导和教育的重要方面，即关于学习和消化知识的能力、学习技术的培养，这与单一的知识传输的学习形成了有效互补。我们常说的为师之道在于"传道、授业、解惑"，即传授知识、方式、技能和解决疑问，"传道、授业"可以理解为知识层面的学习，如学习能力、职业素质的培养，"解惑"就是解除学生的疑惑、疑虑，说明学习的过程也是一个不断发问、不断怀疑的过程，这是进行创造、创新的基础和前提。所以，大学里所传授的理论知识，无论是自然科学理论还是人文社会科学知识，都具备一般理论知识的基本要素，应遵循知识传授的一般规律和要求，人们在认识和形成知识的过程中凝聚了其中一般的世界观和方法论，使学生通过学习，形成科学的认识，也使学生不断确立正确的世界观、形成科学的认识世界的态度和方法。

通过这种知识传授，旨在增加学生的知识认识，构建学生的知识体系，提高学习能力和认识水平，引导学生在不断的学习和探索中坚定对真理的追求和守护。因此，大学里的知识传授主要是对学生进行智力培养、增加学生的智慧、掌握学习的方法和技巧与提高逻辑思维能力和创新能力，这不但是大学文化育人的基本方面，也是文化育人其他各项工作开展智力的基础和知识前提。

---

① 刘硕：《传授知识是教师的神圣职责》，《中国教育学刊》2004 年第 5 期，第 28-31 页。

二、行为养成是求善、求美

在大学文化育人系统中，与知识教育相呼应的一个重要部分和内容是行为养成教育。如果说知识传授主要是对学生进行系统的理论知识的教育和知识养成，那么行为养成就是通过知识教育、制度规范、氛围营造、行为示范等对学生进行的关于做什么、怎么做的行为实践和行为艺术教育。

行为养成教育可以体现在大学文化育人的各个环节，尤其突出地体现为大学内的各种行为、习惯、风气对大学人行为养成的影响。课堂教学中教师的知识传授的行为方式、治学的态度和工作作风对学生良好学习行为和习惯的养成具有直接的引导和示范作用，专任教师是大学生认知和行为养成的最重要的示范群体；大学制度文化中关于学习、生活、交往的各种规定、制度和行为规范等是对学生日常行为的明确规约，以有形的、直接的制度要求作用于学生意识和行为习惯的养成；校园内各种文化体育娱乐活动、社团文化活动、志愿服务活动等鲜活的活动形式和丰富的活动内容，以有形知识的形式教育和影响着学生的思维习惯和行为方式；校园里有形的校园建筑、优美的校园环境、文明的交往风气、浓厚的学习氛围等都在无形中引导着学生以符合这种文化要求的行为和习惯融入其中。以上这些都是活动层面的知识、有形载体被赋予了学生行为养成的功能。除此之外，在一些理论知识体系中，关涉个人行为和社交礼仪、道德知识教育、公民意识养成、生命教育等与学生行为养成直接相关的内容，可以教给学生进行是非判断、价值判断的标准和方法，对事物进行有效剖析、识别、判断、选择是学生行为养成的重要步骤，因此，这些关于行为养成的理论知识的传授也是学生行为养成教育的重要渠道和方式。

对大学生进行行为养成教育，就是教会他们哪些可以做、哪些不可以做和应该怎么做。通过直接的、有形的校园氛围，熏陶他们的情操和品质，铸造美丽的心灵；通过对交往行为、学习、生活行为的规范和约束，使他们以恰当的行为增强社会适应能力，学会为人处世的本领和技巧。可以说，行为养成教育就是对学生进行的追求道德的善、心灵的美、行为的和谐的引导和教育。

三、大学文化育人就是要追求真、善、美

真、善、美是全面衡量一种事物有无价值以及价值大小的最高标准，它是一个三维的多重衡量体系，世界上一切有旺盛生命力的东西都应该是真的、善

的、美的。大学作为所有社会组织中最具活力和持久生命力的存在，很大程度上是源于大学精神和大学人对真、善、美的孜孜追求和不懈努力。尤其是在现代社会转型，文化和价值取向不断趋于多样性、多元化的形势下，在精神文化领域和人的价值实现的问题上，人们逐利的目的和动机日趋明显和强烈，实用主义、功利主义、个人主义、低俗化价值取向影响和激荡着大学校园和大学人的心灵，大学对真理的坚持、道德上的传承和美的取向的弘扬就显得更加弥足珍贵。大学文化育人过程，就要以最直接的方式和最具说服力与感染力的情景诠释人生的意义、价值，引导学生坚定对真、善、美的追求和信念。

求真是大学文化育人的科学价值取向。传播知识、探索和追求真理是大学的天职和本性，真理与知识是大学文化进行教书育人、文化传承的主要内容。通过探索和追求真理，对学生进行知识传授，使学生具备完善自身、满足自我发展和适应社会发展需要的知识和文化水平，是文化育人的主要方式和途径。也正是在这种意义上，大学通过大学人实现了知识的不断传播、扩散、更新、创造，丰富和充实着人的精神世界和社会文化。大学作为社会上最重要的文化组织，从事着最直接的科学文化研究活动，并不断地以新知识、新技术教育培养人才，不断转化为社会生产和发展的动力。正是这种追求知识、探索真理的活动，使大学实现了人才培养和社会服务的双重功能，带来了巨大的人力资源效益和经济效益。社会上任何一个组织和个人，在传播和创造知识、培养人才和服务社会方面的作用，都无法与大学相比拟。大学的这种知识本性和真理本能，不断培养出创新型人才，创新型人才又不断深化着大学追求真理的认识和实践，从根本上保证了大学与大学人的持续发展。追求真理是大学其他各项工作有效开展的前提和基础，在此基础上，大学文化育人的真理目标和行动更加深入人心，它不断引领着大学人去探索科学和未知，依据科学规律办事，以科学的方法从事学习和科研活动，以科学的理念和行为认识与改造客观世界，形成科学的理论认识和文化成果，并使之反向作用于认识与改造的对象，指导和规范人们的实践行为，不断促进自然界和人类社会的和谐共处。

求善是大学文化育人的人文价值取向。善是伦理学的范畴，求善是大学文化育人的重要内容和目标，与大学德育教育关系密切，对学生道德品质的培养应贯穿于大学文化育人的全过程。在哲学范畴内，求善是指尊重所有关于人的、自然的、社会的存在，维护有利于人与自然、人与社会关系正向发展的行为取向与价值导向。具体到大学文化育人实践中，我们认为求善即以科学的、正当的标准对待自我，以道德的标准对待自然、社会和他人，也就是以社会的道德要求和人的正当需要为起点，以人的价值实现和自由发展为根本，不断提高人们认识世界和改造世界的能力，培养符合社会发展需要的综合素质、道德品质、行为意志等。社会价值层面上的善，就是培养出符合社会发展需要的具有专业本领和善的品质的人才，推动社会革新和发展，弘扬善的道德理念，促进人类文明的发展进步。大学文化育人通过向学生普及伦理道德知识，促进人格发展和品质培养；通过专业教育和职业训练，促进人的职业素质的提高；通过幸福教育、生命教育、公民教育等，促进人的主体性的实现和社会人格的健全与发展；通过投身社会实践，增加社会经验，增强社会责任感和历史使命感。求善的精神深深地烙在每个大学人的身心，并通过他们外化和传递给社会群体，从而引领社会文化风气和求善精神的传播与递增，促进人和社会的共同进步。

求美是大学文化育人的审美价值取向。大学文化育人活动实际上还应该是一种美的艺术，教予人审美的情操和审美的能力。大学文化育人的求美体现在两个方面。一是关于大学的美。主要表现为大学自身美的内涵和美的外延，美的内涵是指大学要有崇高的美好的精神追求和审美情趣，美的外延就是大学要注重大学的外在美，如绿树如茵的美丽校园、富于个性的建筑楼群、独特的校园文化和人文风貌等。文化艺术的教育是培养高素质、高水平人才的重要内容，只有先学会欣赏美，才有可能去创造美，大学丰富多彩的富有品味的校园文化艺术活动和优美的自然、人文风光、风貌等都是文化育人的资源和载体，承担着重要的育人职责，大学寓美的教育在于有形与无形之间，更能升华人的认识，陶冶人的心灵。二是关于大学人的美。大学人不但要有美丽的形象、得体的举止言谈，更要有美好的心灵、美的情趣和理想，有善于和乐于追求美好与幸福的能力。大学一方面靠内隐性的内容和载体对学生进行美的教育；另一方面，一些制度规范类的文化可以直接对学生的行为进行引导和规约。校园里处处皆美景、处处皆美好，可以极大地激发大学人崇美、尚美、追求美、实现美的情感，较高的审美情趣和审美价值追求，是大学人综合素质的重要方面，是人的全面发展的重要体现。

因此，大学文化育人，说到底就是以文化的名义引导大学人不断追求和坚定真、善、美的文化理想和价值取向，必须将这一教育理念贯穿大学教育的始终，促进真理传播与道德审美价值的双重实现。没有真、善、美内在的统一，大学精神就会成为无源之水、无本之木，大学的理想和精神需要这种真理与价值的完美诠释。

第五节　满足学生需要与提高学生境界的关系

●

"以人为本"的人文价值取向和教育理念，引起了大学对学生主体性的高度关注和充分重视。大学在育人过程中，更加注重了解学生需求，主动满足学生需要，以求达到更好的育人效果。然而，这种对学生需要的关注和满足，能否真正有助于实现育人目标，是否能与提高学生境界发生实质性互动呢？

一、学生自我实现的短期需要与长期需要

马斯洛需求理论将人的需要进行了分层，认为人既有对于物质生活的需求，也有关于精神满足的需求。我们这里所要论述的学生的需要不是一般意义上生活生存的物质需要，而是侧重指向精神满足的需要，它可以是认知需要、交往需要、情感需要、自我实现需要等。此外，学生的需要依据时间期限来界定，还可分为当前需要与未来需要、短期需要与长期需要等。谭斌教授认为，"学生的需要是建立在其生活世界的理想性和经验世界的现实性相互作用的基础之上的，是理想和现实的融合，在时间上是指向现在的"。[①] 尽管关于学生的主体性需要具有多重性、复杂性，呈现多样化的特点，但其归根结底应该是那些能够满足和促进学生身心健康发展的需要，即帮助学生不断成长成才的内

---

① 谭斌：《论学生的需要》，《教育学报》2005 年第 5 期，第 32–41 页。

在的精神需要。

在此，我们说，学生进行自我实现的需要，主要是指学生在学习实践过程中，不断地达到一定的预期目标和个人理想的一种思想期待和心理需要。这里的自我实现需要仅指学生合理的需要，不包括自我口头表达和不合理的需要或要求。大学生的自我实现，可以是获取和探索知识上的满足的需要，即知识储备的需要；也可以是社会交往中被人认可、肯定和欣赏的需要和满足，即社会交往的需要；还可以是出于择业、就业目的的需要和满足，即职业发展的需要。物质需要是人不断得以延续的前提和物质基础，人的精神需要是最高层次的自我价值实现的根本需要。

学生在进行学习、生活和自我发展完善过程中，有短期需要和长期需要。短期需要一般可认为是在大学求学期间基于学习知识、人际交往、情感认同等的精神需要。知识需要可以通过知识学习和文化传播来获得满足，也是大学里学生最主要的需要取向；交往需要一般要通过人与人之间的交流、互相认同和欣赏而实现情感上的认可和归属，这是作为人除生存需要之外最基本的社会需要形式，任何个人都不可能孤立地存在于社会之中，作为社会群体中的一员，他必然要与社会上的其他人和群体发生各种相互的交叉和联系，那么关于交往、认同或排斥的情感归属需要必不可少。学生通过知识学习使得探索知识和真理的理想或愿望得以满足和实现，具有自我超越的成就感和对自然、社会知识把握与驾驭的优越感；学生通过与人交往满足交往需要，实现了社会生活和群居生存的意义，结交了志同道合的朋友，实现了社会交往关系的维系与发展，可以促进人的社会属性的发展和完善，增强人适应社会的能力。这种短期需要的不断满足，可以使人增加知识储备，提高交往水平，增强适应能力，为日后步入社会和实现长期发展奠定基础。

学生自我实现中的长期需要主要是获得长期立足社会、适应社会、促进社会发展和自我价值充分实现的需要，如人关于职业或事业发展的需要、人格完善和全面发展的需要等。学生通过在校期间综合学习各学科基础知识使得自身具备完善的知识结构和知识体系，再加上对专业知识的专门学习，获得某一专业领域的特别技能和本领，在综合素质和专业素质兼具的条件下，更容易促使人实现长期职业发展的需要，这种职业需要的实现和满足，不仅可以是物质方面的，更重要的是体现了人对自我实现的精神满足；而人要长期立足于社会，在贡献社会发展中不断赢得自我价值的实现和精神满足，除了需要得到知识的滋养，还需要塑造完善的人格、高尚的道德情操、完美的审美标准和超群的社会交往能力等，这是实现人的自由全面发展的精神支持和价值依托，是人基于一生的价值实现的需要。

学生自我实现的短期需要和长期需要不是绝对的，它们之间没有明显的界线和区分，可以说是一个持续渐进的过程，短期需要的自我实现为长期需要的实现不断进行着积累，它们是一个动态地实现的过程，共同存在和作用于人不断地进行自我价值实现和全面发展的过程中。

二、满足学生需要是实现育人目标的前提

学校通过大学文化的教育和熏陶，不断地对学生进行知识传授、文化涵养、道德教育、人格塑造、行为养成、能力锻炼等，这些是学生可以更好地达成自我实现、满足不同时期不同需要的精神保证。大学文化通过满足学生自我实现的需要实现其文化育人的目的，大学文化育人目标的实现，必须以对学生需要的满足为前提和基础。

大学文化育人实践的最终指向是实现每个学生的自由而全面的发展，即德、智、体、美的价值需要全面满足，最终促进人类社会的进步和发展，这个最终目标也是通过一个个短期目标的不断实现而逐渐达到的。文化育人的短期目标与学生自我实现的短期需要有着很紧密的联系，如在教育的某一个阶段，要完成某一专业知识的传授，使学生具备某一项专业素质，那么针对学生的短期需要，就是满足了学生对某一专业技能的取得和需要。大学要对学生进行什么样的教育，一方面取决于大学教学教育计划、人才培养目标的科学性准确性；另一方面就是在进行这些教育时，要达到理想的育人效果和实现育人目标，必须要充分考虑学生的需要（这里指学生实现自我发展的正当的精神需要），包括学生希望接受什么样的教育，学生可能有什么样的学习需求和偏好，喜欢以什么样的方式进行学习等。在教学规划和规律确定的前提下，学生正当的自我实现的需要就是育人工作最重要的前提。如果大学文化育人活动完全脱离学生需要和偏好，那么就不能很好地满足学生自我实现的需要，育人目标将很难达成。例如，宽松、优美的学习环境是学生进行学习和学校进行育人的有利条件，但如果学校教室拥挤、陈旧，座位资源极度紧张，难以满足学生的学习需要，遂向学校提出整改意见和要求，在学校不能做出有效改进的时候，紧缺的资源和恶劣的硬件条件不仅会影响学生学习的热情和效果，而且会减少学生对学校管理的认同感和归属感，造成学生对其他各项工作的不配合和排斥，这不但不利于学生达成自我需要的实现，也无益于学校育人目标的实现。这种不考虑学生需要或不能满足学生正当需要的情况使得学生自我实现和学校育人目标实现处于两难境地，从根本上说是不可取的，也不符合现代教育的理念。

"以人为本"的现代教育核心价值理念就是在文化育人实践中以人为中心、以人为目的，不断弘扬人的主体价值和主体地位，关注人的需要，尊重人的发展，突出人的人格个性，不断促进知识传播和人格完善，最终实现人的自由全面发展。

三、提高学生境界是实现育人目标的必然要求

提高学生境界与满足学生需要是文化育人活动中两个不同的目标层次，满足学生需要是育人目标实现的基本层面，提高学生境界则是文化育人实践中较高层次的育人要求。提高学生境界，一方面要将学生从过分追求物质需要的自我实现中解放出来，引导他们积极地追求满足精神需要的自我实现；另一方面要引导学生从单纯地追求和看重自我需要的实现升华为在社会进步和人类崇高事业的奉献中实现自我价值，这是提高学生境界的最高层次，是与文化育人的最终目标遥相呼应、互相一致的，是实现大学文化育人目标的最高标准。

提高学生境界，就要将学生从过度追求自我实现的物质需要和满足中解放出来，引导他们追求精神满足的自我实现。在现代大学校园里，多种社会思潮和价值观念相互激荡，不断冲击着价值观尚未完全定型的青年学生的思想和头脑，学生们在一定程度上出现了过分关注自我物质需要的功利化现象，这种过度追求物质利益、注重自我物质需要实现的状况，极大地消磨了学生的精神意志，容易导致"知识无用论"的滋生和蔓延，不利于学生科学文化知识学习和专业素养、综合素质的培育和提升，说到底是一种世俗的、较低层次的自我实现。而大学生的本质任务就是探索和追求真理，增加知识，努力使自己成为知识渊博、道德高尚、素质全面的有用人才，归根结底就是要追求高尚的精神产品，实现精神素质的提高，拥有完善的人格和高尚的道德追求。这种精神上的满足，可以不断为人的自我发展和价值实现提供充足的动力源泉，是实现更大物质满足和更高精神境界的精神保证。

提高学生境界，就要引导学生在为实现人类解放和社会进步而奋斗的事业中不断实现自我价值。按照马克思的社会发展理论，实现共产主义社会是人类社会最高的社会理想，这个社会理想要通过一代代人的不懈努力和追求才能实现。大学培养的人才，最终都要进入社会，担任一定的社会角色，从事各种各样改造社会的实践活动，以自己的知识和能力创造社会财富，而每一种正当的社会实践活动都是人类解放事业中的重要部分，是推动人类社会文明不断发展的重要力量。因此，在大学文化育人过程中，就要教育和引导学生认识到人的

发展与社会的发展是紧密相连的，人的自我需要的满足与社会价值的实现是高度相关的，一个个体的价值的不断实现驱动着社会不断向前发展，而社会的不断进步，从更大程度上保障和促进了人的价值的实现和人的需要的满足，使学生树立为社会发展进步贡献知识和智慧的信念，只有在人类解放和社会进步的伟大事业中才能更好地促进个体的全面发展和实现人生价值，这种与社会共荣、共进的价值追求才是人生意义的所在。

提高学生境界与实现育人目标内在地统一于大学文化育人的实践活动中，两者相辅相成，相互促进。要实现文化育人的最终目标，必然要求提高学生境界；而学生具有较高的境界和价值追求，也更有利于育人目标的实现。同时，提高学生境界与满足学生需要并不冲突，学生在不断深化对自我实现的需要的认识的基础上，会更加自觉地进行自我实现精神需要满足的调整和侧重，从而实现精神境界的不断提高和升华。

第六节 育人的"合目的性"与"合规律性"的关系

●

　　大学文化育人活动是一项人类进行自我改造的实践，实践是人存在的方式，体现了人的意志和需求。人的这种意志、需求就是文化育人活动的目的，人们总是按照自我满足和社会发展需要来进行有目的、有计划的育人活动，育人活动要体现人的意志和目的。同时，大学文化育人活动是一项人才培养工程，是以人为对象的实践，不是孤立地、零散地、自在地进行的，而是存在于人类社会发展的洪流中。它一方面有其自身存在和发展的要求与轨迹；另一方面也要符合社会发展规则和要求。文化育人活动承载着个人和社会人才培养的双重价值理想，也遵循着人的发展和社会发展的双重规律的作用和要求，是"合目的性"与"合规律性"的统一。

一、大学文化育人目的是实现人的自由全面发展

　　马克思指出，实现每一个人的自由而全面的发展是人类社会生活追求的终极目标。大学文化育人活动作为改造人的实践性活动，具有明确的对象指向，既区别于人类改造自然界的实践活动，也区别于人类改造物的对象性活动，这种以改造人为直接指向的实践活动，使人不但作为认识和改造主体，同时还作为认识和改造客体与对象而存在，这种人与人、人对人的双向认识与改造关系，决定了育人实践活动必须始终围绕人的问题、人的需要、人的价值而开

展，最终以人的价值实现和全面发展为实践目标。这是大学文化育人活动的最终指向，也是人的主体性价值和存在的最本质体现。

实现人的自由而全面的发展，要求在实践过程中必须充分发挥人的主体性作用。人的主体地位只有在认识和改造对象的实践中才能得到最直接的体现，在大学文化育人活动的实践中，发挥人的主体性作用，就是要坚持"以人为本"的育人理念。人不仅是育人实践的主体，还是认识的对象，体现着活动主体的复杂性和主客体同体性的特殊性，彰显了人在育人活动中的独特地位。因此，要充分尊重人的主体性，使人的思想、观念得到认可，使人的价值得以体现，人的作用得以发挥，人的需要和意志得以维护，人的发展得以保障。大学文化育人实践起点是人的需要，终点是人的需要的满足即人的价值实现。要摒弃传统中以人为工具的观念，切实以人的发展需要贯穿育人活动的始终。

实现人的全面发展，就是要使人在各个方面都得到均衡充分的发展。现实的人是马克思关于人的全面发展理论的基点，这种现实的人要生存、生活、发展，其需求是多样化的，不仅包括物质生活的满足，而且还有精神理想的追求和道德品质的高扬。因此，实现人的全面发展，包括人的个性的充分发展和张扬，人的需要的不断满足和实现，人的能力的不断增强和培养，人的社会关系的不断完善和发展。我们认为，使人具有生存能力、社会交往能力、自我发展与价值实现能力、人格完善能力等，是人的全面自由发展的应有之义。

实现人的自由而全面的发展是大学文化育人理想的最高目标，这个目标要通过一个个具体目标的实现而不断接近和完善。那么在这些具体目标中，人的生存和生活目标是文化育人的基本目标，是人得以存在和延续并不断实现发展的前提和物质基础；人的知识提升和能力培养是文化育人的现实目标，保证了人的发展与社会发展同步并不断适应和促进社会的发展，为人的价值实现提供社会场域和环境条件；人的自由而全面的发展是文化育人的理想目标，人通过不断完善自我和参加社会实践，使得自身知识素质、行为能力、品格意志等达到较高的水平，从而进入自在自觉的实践阶段，人的思想和行为不用受到各种外力的左右和限制，主要靠自我约束和自觉行为来实现自己的价值，进而实现人的自由、全面的发展。

大学文化育人必须将教育的目的与人的自由全面发展统一起来，以此作为文化育人的目标和价值导向，使文化育人诸多内容、步骤和环节都遵循这个目标去开展和实施，进而不断规约育人行为，逐渐强化育人理念，在育人实践中促进人的价值的实现。

二、文化育人要遵循人才培养规律

规律是事物运动和发展变化过程中固有的、本质的、必然的联系，它具有客观性、普遍性、永恒性的特点。人才培养规律是指人们在人才培养过程中发现、总结和凝练的关于教育的、人才成长的规则和必然关系，是一种客观存在，它可以具体地表现为教育教学规律、人才成长规律，内在地决定了人们关于人才培养的行为方式和行动方向。随着社会发展和教育事业的不断进步，人们对高校人才培养的要求不断提高，社会给予大学教育更多的关注，对教育实践成果的期望也日趋增加，这就要求人们必须加强对教育教学规律、人才成长规律的把握和运用，从而不断提高人才培养质量。《国家中长期教育改革和发展规划纲要》（2010—2020 年）强调指出，教育要适应国家和社会发展需要，遵循教育规律和人才成长规律，深化教育教学改革，创新教育教学方法，探索多种人才培养方式，形成各类人才辈出、拔尖创新人才不断涌现的局面。人才培养规律内在决定着大学文化育人的实践，文化育人的方式方法、途径、内容、效果评价等都是要依据人才培养规律来确定和实施的，是大学文化育人重要的内在制约和导向因素。

文化育人实践中要善于把握和运用人才培养规律。现实中人的社会实践活动都要遵循一定的规律，只有在规律的范围内有效地开展实践活动，才能实现预期目的。大学文化育人实践要受到教育教学规律和人才成长规律的双重制约，育人主体必须善于发现和总结人才培养规律，尊重人才培养规律，在人才培养规律允许的范围内实施文化育人。一切按规律办事，才能将事情办好，任何违背规律的行为和实践，都必将受到规律的惩罚。在不同的文化育人活动中，由于其育人内容和主体的多样化，存在着不同的规律，例如，知识传授有其自身内在的规定——教学规律，人才培养也有其内在的规律——教育规律，不同阶段的人有不同的成长成才规律——人才成长规律，等等。文化育人活动是一项连续不断进行的动态过程，各种不同的规律共同作用于育人实践，对教育主体提出了较高的规律认识和把握应用能力。如一些学校根据人才成长的阶段特点，针对一、二、三、四年级分别制定了不同的人才培养计划，可说是因人、因时制宜，发挥人才成长规律在育人活动中的作用。一些教师根据不同学科课程的特点和特殊性，采用不同的教学方法，以逻辑推理为主的数学教学方法和以实地考证为主的历史教学方式就体现了教学规律的作用。有效认识和把握这些规律，并根据育人主体的特点加以应用，可以更好地实现教育目的，增强育人认同度，提高育人质量。

　　大学文化育人活动还要善于在尊重客观规律的基础上，充分发挥主观能动性，深化教育教学改革和创新人才培育体系。在一定程度上，人才培养规律决定着育人内容和方式方法，传统的育人活动，往往为这种规则所限制，以僵化的内容、死板的形式进行育人活动。随着教育标准高要求和 90 后学生新特点的出现，这些传统的教育模式已经不能很好地适应形势的发展变化，一定程度上还会阻碍人才培养进程，这就要求育人主体要善于发现人才成长和培养的新情况新问题，善于把握和切实履行人才培养规律，并施以配套的教育教学改革，创新人才培养体系和培养模式。首先要改变传统的育人观念，将教育决策的依据转移到育人主体的新变化、新诉求上来，如 80 后年轻博士教授对 90 后网络一代新青年育人主体的变化；其次要改变传统的教育体制和模式，彻底改变政府包办教育、行政权力压制学术发展的旧的管理模式，从外部发展和内部治理层面为高校去"行政化"，树立尊重学术和崇尚自由的旗帜，改变以至消除传统的"官本位"思想对学生成长的影响，使学生成为引领高尚文化和弘扬自由正义的主力群体；再次是要善于培养创新人才，大学作为社会文化创新机构和新技术新产品的孵化基地，对创新人才的培养和孵化是其最重要的任务之一，科学技术的竞争归根结底在于创新、拔尖人才的竞争，这些稀有、特殊人才对某一领域的贡献和影响可能会带动整个社会甚至整个人类的发展和进步，大学要善于营造自由探索、独立思考、敢于创新的人才培养氛围，真正注重学生个性发展，就是尊重人才成长规律。最后，需要特别指出的是，大学文化育人活动的"合目的性"与"合规律性"不是彼此分离、独立发挥作用的，它们内在地统一于文化育人活动中，存在于文化育人的各个环节。"合目的性"保证了大学文化育人的培养方向，既满足了学生发展的需要，也服务了经济社会发展的需要；"合规律性"保证了大学文化育人实践的科学开展和顺利进行，是实现文化育人目标的制度保证。因此，文化育人实践要在育人目标引领和育人规律指导下，创新性开展育人活动，最终实现人的自由全面发展。

结 语

CONCLUSION

现代意义上大学的产生与发展经历了一千多年的历史演变，人们常常慨叹大学发展之迅猛、大学于经济社会发展的意义之重大。这一切的原点都应归结于大学自身所承担的使命、在社会发展中所扮演的角色和人们对大学的期待。作为知识传播、科学创新、人才培养的"象牙塔"，人们对大学的关注和研究从来没有停止过，尤其是当"文化热"的研究浪潮遇上社会诸多群体对"人的问题"的关切，大学 — 文化 — 人的研究领域也不断得以拓展和深入，因此，本书关于大学文化育人功能问题的提出和探讨，具有重要的理论价值和现实意义，并得出了如下研究结论。

第一，人才培养是大学的基本功能，文化育人是人才培养的本质。人们对大学功能的研究和论争伴随着大学产生发展的全过程，大学功能定位从最初的知识传播、人才培养逐渐发展为人才培养、知识传播与创造、社会服务三大功能，还有学者提出了文化传承创新的功能。我们认为，大学产生的初衷就是适应政治统治和宗教与职业发展需要，主观意图是以"培养人"来控制或统治另外的人，但在客观上促进了知识的传播，本质上还是建立在人的需求之上来发展完善人；从大学行为的结果来看，作为教育行为的主体的人，进行知识学习、传播、创造的目的是完善人自身以适应个人和社会的发展需要，随着这些需要不断被满足，反过来可以更好地促进和实现人的自我发展。在这种循环互动的过程中，人是动因，也是根本的价值目标所在，大学诸多功能作用的发挥最终都要以人的价值实现为逻辑起点和落脚点，人才培养必定是大学的基本功能。大学是社会文化的产物和表现形式，其自身是一个彻头彻尾的"文化体"，在人才培养的过程中，必然是要春风化雨，以文化人，文化育人是其人才培养的本质。

第二，任何一种大学文化要素都有育人功能，不同层次的大学文化形式具有不同的育人功能。学界有关于狭义大学文化和广义大学文化的区分，本书以广义的大学文化为研究基点，将大学文化分为深层文化即大学精神文化，中层文化即大学制度文化，表层文化即大学物质文化、环境文化、行为文化，并从中抽取具有代表性的方面分别阐述了其育人功能。认为大学使命对人才培养目标具有定位功能，大学特色对人才结构具有强化功能，大学精神对学生价值追求具有引领功能，学术氛围对学生创新精神培养具有激励功能，校风校貌对学生行为养成具有规约功能，校园文化对学生人格完善和素质提升具有凝聚功能，等等。大学文化众多的表现形式之间是相互关联的，它们的育人功能不是单一和割裂的，不同的文化形式在相应的功能发挥方面各有侧重，相互统一，共同保证了大学文化育人整体功能的实现。

第三，大学文化存在式微现象，文化育人效果被弱化，存在一定的文化生态危机，但可以通过自我调整和寻求外部环境优化进行适当规避。大学是社会的子系统，大学发展与社会环境优劣密切相关，当社会消极因素作用于大学和大学人的时候，大学文化势必受到影响，并有可能出现对立和此消彼长的局面，如教育市场化侵蚀了大学的人文精神，就业压力大阻碍了育人目标的实现，传播网络化削弱了文化育人的效果和吸引力，这些都极大地弱化了大学文化育人功能的发挥。因此，必须加强培育特色大学文化，构建现代大学制度，优化育人体制机制和方式方法，改善社会环境，以高度的文化自觉、理论自觉、实践自觉提升育人质量和效果，引领社会风尚。

第四，马克思主义实现人的自由全面发展是大学文化育人工作中最高的价值理想。大学文化育人问题一般是被限定在教育学、文化学的研究领域进行理论研究和应用分析，较少涉及文化育人工作的价值诉求问题。人是诸多社会要素中最根本、最重要的存在，如何在育人工作中突出人的地位，彰显人的价值，发挥马克思主义人学理论对教育理论研究和教育实践工作的指导作用，实现教育、文化学与价值哲学的融通、融合，是摆在每一位思想政治教育工作者和研究者面前的重要课题。我们认为，大学文化育人功能的发挥，要重在育人，围绕人的需要、人的发展、人的价值实现设定育人理念、育人方法、育人环节、育人目标等，一切以人为中心，服务于人的成长成才和全面发展。

在上述既定研究思路和研究结论的基础上，本书初步形成了一个以功能解析、功能实现、功能发挥、影响因素、优化策略为主线的较为系统、全面的大学文化育人功能理论建构，有效实现了教育学、文化学与价值哲学的互动、融通。但由于本人学术水平有限，理论功底相对薄弱，在一些基础理论问题的研究上还没有完全达到教育哲学应有的思辨高度，对一些敏感、热点问题的尺度把握还不够准确，对大学功能发展的历史脉络和典籍资料的占有和分析还不够充分和彻底，对优化育人功能实现的策略缺少创新。我将以此为后续研究的起点和基础，不断丰富和完善优化个人知识体系结构，增强问题意识，提升理论基础和学术研究能力，为文化育人理论研究和思想政治教育实践工作贡献绵薄之力。

参考文献
REFERENCES

一、专著

［1.］ Olaf Pedersen.The First Universities：Studium Generale and the Origins of University Education in Europe［M］.Cambridge：Cambridge University Press，2009.

［2.］［英］约翰·亨利·纽曼：《大学的理想》，徐辉等译，杭州：浙江教育出版社，2001年。

［3.］［美］亚伯拉罕·弗莱克斯纳：《现代大学论——美英德大学研究》，徐辉、陈晓菲译，杭州：浙江教育出版社，2001年。

［4.］［美］克拉克·科尔：《大学的功用》，陈学飞等译，南昌：江西教育出版社，2002年。

［5.］［美］约翰·S.布鲁贝克：《高等教育哲学》，王承绪等译，杭州：浙江教育出版社，2001年。

［6.］［西班牙］奥尔特加·加塞特：《大学的使命》，徐小洲、陈军译，杭州：浙江教育出版社，2001年。

［7.］［美］罗伯特·M.赫钦斯：《美国高等教育》，汪利兵译，杭州：浙江教育出版社，2001年。

［8.］［美］克拉克·科尔：《高等教育不能回避历史——21世纪的问题》，王承绪译，杭州：浙江教育出版社，2001年。

［9.］［荷兰］弗兰斯·F.范富格特：《国家高等教育政策比较研究》，王承绪等译，杭州：浙江教育出版社，2001年。

［10.］［英］罗纳德·巴尼特：《高等教育理念》，蓝劲松主译，北京：北京大学出版社，2012 年。

［11.］［美］大卫·科伯：《高等教育市场化的底线》，晓征译，北京：北京大学出版社，2008 年。

［12.］［英］安东尼·史密斯、弗兰克·韦伯斯特：《后现代大学来临》，侯定凯等译，北京：北京大学出版社，2010 年。

［13.］［英］怀特海：《教育的目的》，徐汝舟译，北京：生活·读书·新知三联书店，2002 年。

［14.］［美］戴维·查普曼、安·奥斯汀：《发展中国家的高等教育：环境变迁与大学的回应》，范怡红主译，北京：北京大学出版社，2009 年。

［15.］［爱尔兰］弗兰克·M.弗拉纳根：《最伟大的教育家：从苏格拉底到杜威》，卢立涛、安传达译，上海：华东师范大学出版社，2009 年。

［16.］［日］小原国芳：《小原国芳教育论述选（下卷）》，刘剑乔、由其民、吴光威译，北京：人民教育出版社，1993 年。

［17.］ 人民教育出版社编：《毛泽东同志论教育工作》，北京：人民出版社，1992 年。

［18.］ 黄希庭、郑涌：《当代中国青年价值观研究》，北京：人民教育出版社，2005 年。

［19.］ 王冀生：《大学文化哲学：大学文化既是一种存在更是一种信仰》，广州：中山大学出版社，2012 年。

［20.］ 郑永扣等：《大学发展战略：理念、目标与管理》，北京：人民出版社，2006 年。

［21.］ 程样国、胡伯项等：《至善之道：大学精神与高校校园文化研究》，北京：群众出版社，2008 年。

［22.］ 高清海：《哲学与主体自我意识》，北京：中国人民大学出版社，2010 年。

［23.］ 董云川、周宏：《大学的文化使命——文化育人的彷徨与生机》，北京：人民出版社，2012 年。

［24.］ 张栗原：《教育哲学》，福州：福建教育出版社，2008 年。

［25.］ 贺麟：《文化与人生》，北京：商务印书馆，1988 年。

［26.］ 戴建兵、蔡辰梅：《大学文化研究》，北京：中国农业出版社，2012 年。

［27.］ 马寒：《裂变与整合：多元视域下的大学文化研究》，广州：世界图书出版广东有限公司，2012 年。

［28.］ 教育部高等学校社会科学发展研究中心：《大学校园文化建设研究述评》，北京：教育科学出版社，2011 年。

［29.］ 蔡红生：《中美大学校园文化比较研究》，北京：中国社会科学出版社，2010 年。

［30.］ 王冀生：《现代大学文化学》，北京：北京大学出版社，2002 年。

［31.］ 潘懋元、王伟廉：《高等教育学》，福州：福建教育出版社，1995 年。

［32.］ 张应强：《高等教育现代化的反思与建构》，哈尔滨：黑龙江教育出版社，2000 年。

［33.］ 金耀基：《大学的理念》，北京：生活・读书・新知三联书店，2001 年。

［34.］ 郑金州：《教育文化学》，北京：人民教育出版社，2000 年。

［35.］ 张应强：《文化视野中的高等教育》，南京：南京师范大学出版社，1999 年。

［36.］ 刘献君：《大学之思与大学之治》，武汉：华中科技大学出版社，2000 年。

［37.］ 储朝晖：《中国大学精神的历史与省思》，太原：陕西教育出版社，2010 年。

［38.］ 黄力之、张春美：《马克思主义文化哲学与现代性》，上海：上海三联书店，2006 年。

［39.］ 何光沪、任不寐等：《大学精神档案【古代卷】》，桂林：广西师范大学出版社，2004 年。

［40.］ 何光沪、任不寐等：《大学精神档案【近代卷・上】》，桂林：广西师范大学出版社，2004 年。

［41.］ 顾晓松、顾玉平：《求真育人——大学精神与现代大学发展》，北京：科学出版社，2011 年。

［42.］ 潘懋元：《多学科观点的高等教育研究》，上海：上海教育出版社，2001 年。

［43.］ 舒扬：《当代文化的生成机制》，北京：中央编译出版社，2007 年。

［44.］ 梅贻琦：《梅贻琦教育论著选》，刘建礼、黄延复编，北京：人民教育出版社，1993 年。

［45.］ 傅林：《世纪回眸：中国大学文化研究》，北京：教育科学出版社，2009 年。

［46.］ 刘海峰、史静寰：《高等教育史》，北京：高等教育出版社，

2010年。

［47.］ 杨德广、谢安邦：《高等教育学》，北京：高等教育出版社，2009年。

［48.］ 胡显章、曹莉：《大学理念与人文精神》，北京：清华大学出版社，2006年。

［49.］ 许迈进：《美国研究型大学研究——办学功能与要素分析》，杭州：浙江大学出版社，2005年。

［50.］ 徐飞等：《文化的力量——中国大学文化建设的创新之路》，上海：格致出版社、上海人民出版社，2012年。

［51.］ 刘济良等：《价值观教育》，北京：教育科学出版社，2007年。

［52.］ 丁钢：《大学：文化的内涵》，合肥：合肥工业大学出版社，2005年。

［53.］ 余秋雨：《中华文化四十七堂课：从北大到台大》，长沙：岳麓书社，2011年。

［54.］ 王子科等：《中国传统文化精神指要》，北京：中国环境科学出版社，2006年。

［55.］ 蔡元培：《大学的意义》，叶隽考释，济南：山东文艺出版社，2006年。

［56.］ 林聚任等：《社会科学研究方法》，济南：山东人民出版社，2004年。

［57.］ 赵敦华：《现代西方哲学新编》，北京：北京大学出版社，2001年。

［58.］ 宣兆凯：《中国社会价值观现状及演变趋势》，北京：人民出版社，2011年。

［59.］ 张耀灿：《思想政治教育学前沿》，北京：人民出版社，2006年。

［60.］ 聂耀东：《马克思主义哲学名著导读》，北京：中国人民大学出版社，2009年。

［61.］ 李德顺：《价值论》，北京：中国人民大学出版社，2007年。

［62.］ 郑承军：《理想信念的引领与建构——当代大学生的社会主义核心价值观研究》，北京：清华大学出版社，2011年。

［63.］ 王令金等：《马克思主义经典著作精选及导读》，北京：中央编译出版社，2002年。

［64.］ 孙英：《幸福论》，北京：人民出版社，2004年。

［65.］ 谢宏忠：《大学生价值观导向——基于文化多样性视野的分析》，北京：社会科学文献出版社，2010年。

［66.］ 马克思、恩格斯：《德意志意识形态：节选本》，中央编译局编译，北京：人民出版社，2003 年。

［67.］ 周连顺：《探索、出路与启示 —— 毛泽东与马克思主义中国化》，北京：人民出版社，2009 年。

［68.］ 吴易风、顾海良等：《马克思主义经济理论的形成和发展》，北京：中国人民大学出版社，1998 年。

［69.］ 蒋笃运：《知识经济与未来教育》，郑州：河南人民出版社，2001 年。

［70.］［德］黑格尔：《小逻辑》，贺麟译，上海：上海人民出版社，2008 年。

［71.］［英］杰勒德·德兰迪：《知识社会中的大学》，黄建如译，北京：北京大学出版社，2010 年。

［72.］《七个怎么看 —— 理论热点面对面》，中共中央宣传部理论局编，北京：学习出版社、人民出版社，2010 年。

［73.］ 王小锡等：《道德资本论》，北京：人民出版社，2005 年。

［74.］［德］鲍吾刚：《中国人的幸福观》，严蓓雯等译，南京：江苏人民出版社，2004 年。

［75.］ 张耀灿等：《现代思想政治教育学》，北京：人民出版社，2006 年。

［76.］［古希腊］亚里士多德：《形而上学》，苗力田译，北京：中国人民大学出版社，2003 年。

［77.］《马克思主义中国化研究报告》，赵智奎等主编，北京：社会科学文献出版社，2011 年。

［78.］ 石中英：《教育哲学》，北京：北京师范大学出版社，2007 年。

［79.］ 王树荫：《中国共产党思想政治教育史》，北京：中国人民大学出版社，2010 年。

［80.］ 刘德华：《马克思主义思想政治教育著作导读》，北京：高等教育出版社，2001 年。

［81.］ 侯惠勤：《马克思的意识形态批判与当代中国》，北京：中国社会科学出版社，2010 年。

［82.］ 刘建军：《中国共产党思想政治教育的理论与实践》，北京：中国人民大学出版社，2007 年。

［83.］ 于晓权：《马克思幸福观的哲学意蕴》，长春：吉林大学出版社，2008 年。

［84.］ 丁心镜：《幸福学概论》，郑州：郑州大学出版社，2010 年。

［85.］［美］奥兹门、克莱威尔：《教育的哲学基础》，石中英等译，北京：中国轻工业出版社，2006 年。

［86.］ 王玉樑：《当代中国价值哲学》，北京：人民出版社，2004 年。

［87.］ 谭志松：《多民族国家大学的使命：中国大学的功能及其实现研究》，北京：民族出版社，2008 年。

［88.］ 蔡劲松等：《大学文化理论构建与系统设计》，北京：文化艺术出版社，2009 年。

［89.］ 孙雷：《现代大学制度下的大学文化透视》，北京：光明日报出版社，2010 年。

［90.］ 戴建兵等：《大学文化研究》，北京：中国农业出版社，2012 年。

［91.］ 马克思、恩格斯：《马克思恩格斯全集第 1 卷》，中共中央马克思恩格斯列宁斯大林著作编译局译，北京：人民出版社，1995 年。

［92.］ 王永友：《大学文化体系、机理、评价与建设方法研究》，哈尔滨：哈尔滨工程大学出版社，2010 年。

［93.］ 张维迎：《大学的逻辑》，北京：北京大学出版社，2012 年。

［94.］［美］布鲁贝克：《高等教育哲学》，王承绪等译，杭州：浙江教育出版社，2001 年。

［95.］ 张俊宗：《现代大学制度：高等教育改革与发展的时代回应》，北京：中国社会科学出版社，2004 年。

［96.］ 陈洪捷：《德国古典大学观及其对中国的影响》，北京：北京大学出版社，2006 年。

［97.］［美］伯顿·克拉克等：《学术权力——七国高等教育管理体制比较》，王承绪等译，杭州：浙江教育出版社，2001 年。

［98.］ 蔡元培：《蔡元培先生纪念集》，蔡建国编，北京：中华书局，1984 年，第 62 页。

［99.］ 梅贻琦：《梅贻琦教育论著选》，刘建礼、黄延复编，北京：人民教育出版社，1993 年。

［100.］［英］休谟：《人性论》（上），关文运译，北京：商务印书馆，1963 年。

［101.］ 肖海涛：《大学的理念》，武汉：华中科技大学出版社，2001 年。

［102.］ 夏禹龙等：《领导与战略》，济南：山东人民出版社，1985 年。

［103.］［美］弗罗斯特：《西方教育的历史和哲学基础》，吴元洲等译，北京：华夏出版社，1987 年。

［104.］ 袁贵仁：《马克思的人学思想》，北京：北京师范大学出版社，

1996 年。

［105.］［英］布莱恩·麦基:《思想家 —— 当代哲学的创造者们》,北京:生活·读书·新知三联书店,1987 年。

［106.］ 马克思、恩格斯:《马克思恩格斯选集第 1 卷》,北京:人民出版社,1995 年。

［107.］ 马克思、恩格斯:《马克思恩格斯全集第 42 卷》,北京:人民出版社,1979 年。

［108.］《荀子·王制》,北京:中国书店,1992 年。

［109.］ 马克思、恩格斯:《马克思恩格斯选集第 4 卷》,北京:人民出版社,1995 年。

［110.］ 马克思、恩格斯:《马克思恩格斯全集第 20 卷》,北京:人民出版社,1971 年。

［111.］ 马克思:《资本论第 1 卷》,北京:中国社会科学出版社,1983 年。

［112.］ 梅贻琦:《大学一解》,载杨东平主编,《大学精神》,上海:文汇出版社,2003 年。

［113.］［英］爱德华·泰勒:《原始文化》,连树声译,上海:上海文艺出版社,1992 年。

［114.］ 萧思健等:《文化育人之道》,上海:复旦大学出版社,2012 年。

［115.］ 傅璇宗、李克:《四书五经》,沈阳:万卷出版公司,2010 年。

［116.］ 胡平生、张萌译著:《礼记》,北京:中华书局,2017 年。

［117.］（后晋）刘昫:《旧唐书》,北京:中华书局,1975 年。

［118.］ 梁启超:《学与术》,载《中华现代学术名著丛书》,北京:商务印书馆,2011 年。

［119.］（西汉）司马迁著、李金龙编著:《史记》,长春:吉林文史出版社,2018 年。

［120.］［苏联］托尔斯特赫:《精神生产 —— 精神活动问题的社会哲学观》,安起民译,北京:北京师范大学出版社,1988 年。

［121.］［捷克］夸美纽斯:《夸美纽斯教育论著选》,任钟印选编、任宝祥等译,北京:人民教育出版社,1990 年。

二、期刊论文

［1］ 潘懋元等:《中国高等教育思想发展 30 年》,《教育探索》2008 年第

10 期。

［2］ 穆青：《"邓小平教育思想与中国教育的改革和发展"学术研讨会综述》，《中国特色社会主义研究》2011 年第 8 期。

［3］ 张宝林：《论毛泽东邓小平江泽民爱国主义教育思想的特点》，《教育探索》2006 年第 8 期。

［4］ 张利：《胡锦涛同志青年教育思想与大学生思想政治教育的实践路径》，《毛泽东思想研究》2012 年第 3 期。

［5］ 隋文慧：《认真学习邓小平理论中的文化教育思想》，《发展论坛》1999 年第 3 期。

［6］ 周小李：《毛泽东的素质教育思想探析》，《思想理论教育导刊》2011 年第 8 期。

［7］ 辛勇：《论毛泽东思想对当前高等教育改革的启示》，《毛泽东思想研究》2006 年第 11 期。

［8］ 潘懋元：《中国高等教育的定位、特色和质量》，《中国大学教育》2005 年第 12 期。

［9］ 童萍：《中国马克思主义文化理论研究的现状和问题》，《岭南学刊》2010 年第 4 期。

［10］ 眭依凡：《关于大学文化的理性思考》，《清华大学教育研究》2004 年第 1 期。

［11］ 赵存生等：《大学文化研究与建设》，《中国图书评论》2002 年第 11 期。

［12］ 郑永扣：《大学尊严的意义、构成与维护》，《郑州大学学报》（哲学社会科学版）2010 年第 5 期。

［13］ 李志星：《大学文化功能初探》，《当代教育论坛》2006 年第 11 期。

［14］ 鲍嵘、刘丹：《"大学文化与育人为本"学术研讨会综述》，《探索与争鸣》2010 年第 6 期。

［15］ 韩延明：《强化大学文化育人功能》，《教育研究》2009 年第 4 期。

［16］ 王明清：《育人功能：大学文化的本体功能》，《黑龙江高教研究》2009 年第 12 期。

［17］ 贺善侃：《从文化传承与创新看高校的文化育人功能》，《思想理论教育》2011 年第 6 期。

［18］ 刘克利：《高校文化育人系统的构建》，《高等教育研究》2007 年第 12 期。

［19］ 陈涛等：《高校校园网络文化的育人功能及实现形式》，《学校党建

与思想教育》2011 年第 11 期。

〔20〕 龚克：《大学文化应是"育人为本"的文化》,《中国高等教育》2010 年第 2 期。

〔21〕 丁玲、李忠云：《新时期大学文化育人功能的探析与思考》,《山西师大学报》2008 年第 11 期。

〔22〕 陈恕平：《氛围·制度·品牌 —— 大学文化育人的三维视角》,《湛江师范学院学报》2010 年第 4 期。

〔23〕 李宝富：《大学文化建设中的育人理念思考》,《中国科技信息》2009 年第 3 期。

〔24〕 王冀生：《大学文化的科学内涵》,《高等教育研究》2005 年第 10 期。

〔25〕 胡长贵：《育人功能有效发挥与大学文化的和谐发展》,《三峡文化研究》2010 年第 0 期。

〔26〕 陈金明：《论毛泽东青年教育思想的当代价值》,《学校党建与思想教育》2011 年第 3 期。

〔27〕 邹广文：《马克思文化思想及其中国文化观》,《河北学刊》2006 年第 7 期。

〔28〕 杨叔子：《教育：以"文"化人 育德为帅》,《国家教育行政学院学报》2011 年第 12 期。

〔29〕 王长乐：《大学文化简论》,《天中学刊》2000 年第 6 期。

〔30〕 王义遒：《大学的文化品位与大学生的文化素质》,《高等教育研究》2000 年第 1 期。

〔31〕 牛国兴：《江泽民高等教育思想探析》,《河南科技学院学报》2011 年第 2 期。

〔32〕 袁贵仁：《加强大学文化研究，推进大学文化建设》,《中国大学教学》2003 年第 3 期。

〔33〕 王国炎：《孔子、儒学与当代社会 —— 孔子文化教育思想讨论会综述》,《南昌大学学报》（人文社会科学版）1989 年第 12 期。

〔34〕 眭依凡：《大学文化的功能研究》,2002 年 9 月 1 日在清华大学召开的"大学文化研究与发展座谈会"上的讲话。

〔35〕 史华楠：《论大学校园文化的教育功能》,《江苏高教》1998 年第 2 期。

〔36〕 胡玲琳：《大学校园文化的生成机制》,《现代大学教育》2002 年第 4 期。

〔37〕 曹影：《论大学校园文化精神的本质》,《思想教育研究》2001 年第

1 期。

［38］　王彬：《大众文化对青少年一代的影响》，《青年研究》2001 年第
1 期。

［39］　张慧明：《毛泽东文化教育思想探略》，《机械工业高教研究》1995
年第 3 期。

［40］　王冀生：《大学文化的觉醒与创新治校理念》，《中国高等教育》
2003 年第 8 期。

［41］　纪宝成：《对大学理念和大学精神的几点认识》，《中国高等教育》
2004 年第 1 期。

［42］　胡长贵：《先进文化：大学文化建设的生存境界》，《学校党建与思
想教育》2002 年第 9 期。

［43］　冯俊：《现代大学的理念与制度创新》，《国家教育行政学院学报》
2003 年第 6 期。

［44］　眭依凡：《大学何以要倡导和守护理想主义》，《教育研究》2006 年
第 2 期。

［45］　杨丽、温恒福：《怀特海教育思想对我国大学改革的启示》，《教育
学报》2010 年第 12 期。

［46］　王宇：《中西方大众文化背景下的大学文化定位》，《辽宁教育研究》
2003 年第 1 期。

［47］　王少安：《试析大学文化的内涵、特色和功能》，《中国高教研究》
2008 年第 5 期。

［48］　赖明谷、柳和生：《大学治理：从制度维度到文化维度》，《现代大
学教育》2005 年第 5 期。

［49］　郭彦森：《建设和谐文化：文化整合的理性自觉》，《郑州大学学报》
（哲学社会科学版）2008 年第 3 期。

［50］　韩盟：《大学多元文化育人功能的思考》，《教育探索》2010 年第
8 期。

［51］　张民堂：《创新模式、优化机制，努力提高高校文化育人实效》，《北
京教育（德育）》2008 年第 1 期。

［52］　李家珉：《文化育人的"三维思考"》，《思想教育研究》2012 年第
1 期。

［53］　全国军：《梅贻琦与蒋梦麟教育思想之比较》，《安顺学院学报》
2010 年第 10 期。

［54］　李琳、魏毅：《竺可桢的高等教育思想述评》，《继续教育研究》

2008 年第 9 期。

〔55〕 韩延明：《蔡元培、梅贻琦之大学理念探要》，《高等教育研究》2010 年第 5 期。

〔56〕 刘丽琴：《墨子教育思想的独特性对现代高等教育的启示》，《中国成人教育》2010 年第 12 期。

〔57〕 熊黎明：《浅谈孔子教育思想对现代教育的启示》，《孔子研究（第五辑）——云南孔子学术研究会第五次研讨会暨海峡两岸第三次孔学研讨会论文集》，1998 年。

〔58〕 邹晓东：《对构建现代大学制度的内在因素的思考》，《河南大学学报》2012 年第 7 期。

〔59〕 刘光宇：《儒家教育思想对现代高等教育的影响》，《南京医科大学学报》2002 年第 9 期。

〔60〕 平飞：《论孔子教育思想对当代素质教育的意义》，《南昌航空大学学报》2011 年第 3 期。

〔61〕 高平叔：《北京大学的蔡元培时代》，《北京大学学报》1998 年第 2 期。

〔62〕 王建辉：《中国古代教育思想的现代传承》，《河南工业大学学报》2009 年第 3 期。

〔63〕 余立：《中国古代大学教育思想探析》，《高等教育研究》1995 年第 2 期。

〔64〕 眭依凡：《好大学理念与大学文化建设》，《教育研究》2004 年第 3 期。

〔65〕 王涛：《高校的学术研究与育人使命》，《教育研究》2004 年第 12 期。

〔66〕 钟秉林：《关于大学"去行政化"几个重要问题的探析》，《中国高等教育》2010 年第 9 期。

〔67〕 冉亚辉：《高校行政化与去行政化论析》，《现代大学教育》2010 年第 5 期。

〔68〕 严冰、朱坤：《发挥校园文化功能，提升学生精神素质》，《教学研究》2007 年第 5 期。

〔69〕 周学智：《谈大学办学特色的文化内涵》，《中国高等教育》2008 年第 17 期。

〔70〕 康健：《"威斯康星思想"与高等教育的社会职能》，《高等教育研究》1989 年第 1 期。

［71］ 吕继臣：《多维视角下我国大学职能复杂性分析》，《黑龙江高教研究》2007 年第 1 期。

［72］ 张德良：《简论国家大学分类定位基础上的教师发展》，《现代教育科学》2013 年第 3 期。

［73］ 张德江：《文化育人 —— 大学文化建设最重要的任务》，《中国高等教育》2012 年第 17 期。

［74］ 王德军：《自然人、社会人、文化人 —— 论人的生存特性与生存使命》，《河南大学学报》2006 年第 11 期。

［75］ 史玉华等：《"通才"教育与"专才"教育的去向》，《教书育人》2012 年第 10 期。

［76］ 温媛媛：《"通专之争"：大学人才培养模式的困境》，《当代教育论坛》2011 年第 9 期。

［77］ 王义遒：《高等教育培养目标中的"博通"与"专精"》，《中国大学教学》2008 年第 9 期。

［78］ 张岂之：《大学如何践行"文化育人"》，《中国高教研究》2011 年第 9 期。

［79］ 陆根书：《关于大学文化的几点思考》，《西安交通大学学报》2009 年第 9 期。

［80］ 刘晖：《论大学文化的特征、嬗变与功能》，《高教探索》2006 年第 3 期。

［81］ 眭依凡：《关于大学文化建设的理性思考》，《清华大学教育研究》2004 年第 1 期。

［82］ 赵沁平：《我国大学文化建设的创新空间》，《中国高等教育》2007 年第 24 期。

［83］ 马陆亭：《现代大学制度建设重在完善治理结构》，《中国高等教育》2012 年第 24 期。

［84］ 刘献君：《中国特色现代大学制度建设的思考》，《中国高等教育》2012 年第 24 期。

［85］ 赵保全等：《大学精神特质及其协同创新作用探析》，《中国高等教育》2012 年第 24 期。

［86］ 袁贵仁：《努力办好人民满意的教育》，《中国高等教育》2012 年第 24 期。

［87］ 柯文进：《现代大学制度之大学学术自由制度研究》，《北京教育》2007 年第 1 期。

［88］　赵菡：《校园文化：内涵、功能及建设路径探讨》，《前沿》2012 年第 4 期。

［89］　贾红英：《环境控制与行为养成 —— 行为主义心理学在大学生行为教育中的应用》，《北京化工大学学报》2003 年第 4 期。

［90］　黎庆芳等：《大学精神综述》，《中国科教创新导刊》2008 年第 29 期。

［91］　孙冬梅：《高等教育市场化对大学教师的影响》，《江苏高教》2011 年第 2 期。

［92］　蒋洪池：《高等教育市场化及其对大学学科文化的影响》，《江苏高教》2010 年第 4 期。

［93］　蒋凯：《高等教育市场及其形成的基础》，《高等教育研究》2013 年第 3 期。

［94］　严汇：《在政府与市场之间 —— 对中国高等教育市场化特色分析》，《高教探索》2009 年第 1 期。

［95］　孙广福：《高等教育市场化的成因及途径》，《长春师范学院学报》2004 年第 7 期。

［96］　陈上仁：《高等教育市场、高等教育市场化的若干概念辨析》，《现代大学教育》2005 年第 3 期。

［97］　辛玲玲：《网络文化对大学生的影响再探》，《学校党建与思想教育》2008 年第 12 期。

［98］　张王乐：《网络对高校思想政治教育的影响与对策》，《内蒙古师范大学学报》2008 年第 11 期。

［99］　王学川：《功利化大学德育观的批判与超越》，《高等教育管理》2010 年第 7 期。

［100］　肖建国、王立仁：《大学生功利化倾向及防范教育》，《思想教育研究》2012 年第 2 期。

［101］　黄保安：《高等教育过分功利化的文化内因》，《长春理工大学学报》2013 年第 6 期。

［102］　吕继臣：《大学的本质与我国大学的功利化倾向》，《辽宁教育研究》2006 年第 7 期。

［103］　赵婷婷：《大学市场化趋势与大学精神的传承》，《高等教育研究》2001 年第 9 期。

［104］　王作权：《我国现代大学制度改革的思维张力探析 —— 基于西方大学理念的视角》，《徐州师范大学学报》2011 年第 1 期。

［105］ 郭俊：《现代大学制度视野下的我国高等教育行政化问题研究》，《发展研究》2011 年第 7 期。

［106］ 朱平：《现代大学制度的制度理性》，《现代教育管理》2013 年第 4 期。

［107］ 郝丽红：《现代大学制度的国内研究现状与发展》，《世纪桥》2013 年第 3 期。

［108］ 别敦荣：《现代大学制度建设与大学权力机构改革》，《高校教育管理》2011 年第 12 期。

［109］ 王洪才：《试论现代大学制度建设中的价值导向》，《复旦教育论坛》2005 年第 3 期。

［110］ 陈学飞：《高校去行政化：关键在政府》，《探索与争鸣》2010 年第 9 期。

［111］ 范明：《构建中国现代大学制度：普遍共识与中国特色》，《国家行政教育学院学报》2011 年第 2 期。

［112］ 王琳博：《构建我国现代大学制度的若干思考》，《河北青年干部管理学院学报》2013 年第 3 期。

［113］ 王英杰：《大学学术权力与行政权力冲突解析 —— 一个文化的视角》，《北京大学教育评论》2007 年第 1 期。

［114］ 刘尧：《大学内部学术权力与行政权力的演变》，《现代教育科学》2006 年第 2 期。

［115］ 蒋华林：《“去行政化”就能建成现代大学制度？》，《高教探索》2012 年第 6 期。

［116］ 王祖山：《中国大学的利益自制问题》，《现代大学教育》2011 年第 4 期。

［117］ 李有玉：《以社会主义核心价值体系引领高校校园文化建设》，《当代世界与社会主义》2009 年第 4 期。

［118］ 宋旭红：《现代大学制度概念综述》，《江苏高教》2005 年第 3 期。

［119］ 周远清：《高校文化育人要努力实现“两个自觉”》，《当代教育论坛》2012 年第 2 期。

［120］ 翟博：《育人为本 —— 教育思想理念的重大创新》，《教育研究》2011 年第 1 期。

［121］ 王让新：《理论自觉、文化自觉、实践自觉的有机统一：民族复兴的必由之路》，《毛泽东思想研究》2013 年第 1 期。

［122］ 张加明：《以人为本教育理念的实践路径》，《学习月刊》2011 年

第 4 期。

〔123〕 朱凯：《大学视觉识别系统与大学形象塑造》，《中国科技信息》2005 年第 8 期。

〔124〕 唐玉光：《大学自治与高校办学自主权》，《上海高教研究》1994 年第 4 期。

〔125〕 刘元芳等：《"经济人"假设与大学治理的思考》，《现代大学教育》2012 年第 2 期。

〔126〕 张晓莉：《德育主客体辩证分析》，《四川教育学院学报》2009 年第 7 期。

〔127〕 周文翠：《德育主客体关系与德育有效性辨析》，《佳木斯大学社会科学学报》2006 年第 1 期。

〔128〕 何芳：《科学精神与人文精神：人的全面发展之源》，《西北民族大学学报》2003 年第 3 期。

〔129〕 苏丹：《论科学精神与人文精神之融合》，《学术交流》2013 年第 1 期。

〔130〕 孟建伟：《弘扬科学精神与人文精神》，《中国大学教育》2005 年第 6 期。

〔131〕 曾庆彪：《走出"尊重学生需要"的认识误区》，《北京教育》2008 年第 6 期。

〔132〕 谭斌：《再论学生的需要》，《教育学报》2006 年第 6 期。

〔133〕 张勤：《以学生需要为向度，服务学生成长》，《江苏高教》2010 年第 3 期。

〔134〕《育人为本，文化为魂——"大学文化与育人为本"研讨会部分观点摘录》，《教育发展研究》2010 年第 13-14 期。

〔135〕 单中惠：《范海斯"为社会服务"的大学理念简论》，《合肥师范学院学报》2008 年第 1 期。

〔136〕 刘远等：《重解大学校园外部空间环境标识系统》，《华中建筑》2008 年第 10 期。

〔137〕 赵文华等：《论现代大学制度与大学校长职业化》，《复旦教育论坛》2004 年第 3 期。

〔138〕 刘硕：《传授知识是教师的神圣职责》，《中国教育学刊》2004 年第 5 期。

〔139〕 刘丽琴：《墨子教育思想的独特性对现代高等教育的启示》，《中国成人教育》2010 年第 12 期。

［140］ 谭斌：《论学生的需要》，《教育学报》2005 年第 5 期。

［141］ 杭品厚：《大学文化育人的机制探析》，《第三届教育管理与外部环境国际学术会议论文集》，2012 年。

［142］ 大连理工大学党委宣传部：《以文化育人为宗旨开创大学文化建设新局面》，《学校党建与思想教育》2012 年第 5 期。

［143］ 韩水法：《大学制度与学科发展》，《中国社会科学》2002 年第 3 期。

［144］ 潘懋元：《走向社会中心的大学需要建设现代制度》，《现代大学教育》2001 年第 1 期。

［145］ 刘丽娜等：《论大学使命的演变》，《扬州大学学报》2009 年第 2 期。

［146］ 张兴峰：《从文化视角解读教育偏重功利价值的渊源》，《现代教育管理》2010 年第 5 期。

［147］ 刘保存：《威斯康星理念与大学的社会服务职能》，《理工高教研究》2003 年第 5 期。

［148］ 章仁彪：《守护与创新：现代大学理念与功能》，《高教发展论坛》2004 年第 3 期。

［149］ 赵沁平：《发挥大学的第四功能作用，引领社会创新文化发展》，《中国高等教育》2006 年第 15–16 期。

［150］ 邓耀彩：《个人与文化：高校社会职能的两个出发点 —— 兼与徐辉同志商榷》，《高等教育研究》1995 年第 1 期。

［151］ 冯之浚：《重新认识高等教育的社会功能》，《上海高教研究丛刊》1982 年第 6 期。

［152］ 王爱军：《大学视觉形象设计研究》，《石河子大学学报》2001 年第 6 期。

［153］ 包玉红：《大学分类与分型标准研究》，《黑龙江教育》2009 年第 12 期。

［154］ 张国强：《高等教育功能观的历史脉络》，《现代大学教育》2011 年第 4 期。

［155］ 王冀生：《超越象牙塔：现代大学的社会责任》，《高等教育研究》2003 年第 1 期。

［156］ 刘咏：《办学特色 —— 大学文化的理性追求》，《中国成人教育》2009 年第 22 期。

［157］ 刘春惠：《大学办学特色：内涵与影响因素 —— 兼论北京邮电大

学的办学特色》，《北京邮电大学学报》（社会科学版）2005 年第 7 卷第 4 期。

　　［158］　刘全顺：《实施"特色兴校"战略的理论思考》，《煤炭高等教育》2006 年第 2 期。

　　［159］　黄伯云：《特色发展：大学办学之理念》，《现代大学教育》2003 年第 1 期。

　　［160］　李福华：《论高等学校的国际化办学特色》，《清华大学教育研究》2006 年第 3 期。

　　［161］　郑金洲：《"办学特色"之文化阐释》，《中国教育学刊》1995 年第 5 期。

　　［162］　张晓洪：《试论一般高校办学的目标定位》，《广东经济管理学院学报》1999 年第 2 期。

　　［163］　刘尧：《大学特色的形成与发展》，《清华大学教育研究》2004 年第 6 期。

　　［164］　戴跃侬：《现代大学精神及其建设意义》，《扬州大学学报》2001 年第 4 期。

　　［165］　戴锐：《大学精神的历史演进与现代转型》，《云南师范大学学报》2002 年第 2 期。

　　［166］　李延保：《现代大学精神和大学的文化传统与品格》，《中国大学教学》2002 年第 5 期。

　　［167］　贺尊：《论大学精神与大学品牌》，《武汉科技大学学报》2002 年第 1 期。

　　［168］　丛彩娥：《论蔡元培"兼容并包"的中西文化观》，《东岳论丛》2007 年第 3 期。

　　［169］　刘少林：《高等学校学术氛围营造》，《西安欧亚学院学报》2012 年第 2 期。

　　［170］　王宇平：《大学魅力体现之六 —— 特色的大学文化》，资料存盘，2013 年 CB。

三、学位论文

　　［1］　李继兵：《大学文化与学生发展关系研究》（博士学位论文），华中科技大学，2006 年。

　　［2］　肖楠：《大学学科文化的育人功能研究》（博士学位论文），大连理工

大学，2012 年。

　　［3］　周太山：《邓小平的马克思主义理论教育思想研究》（博士学位论文），
武汉大学，2011 年。

　　［4］　王燕晓：《毛泽东的教育思想研究》（博士学位论文），中国人民大学，
2003 年。

　　［5］　钱凤华：《毛泽东的马克思主义理论教育思想研究》（博士学位论文），
东北师范大学，2009 年。

　　［6］　周芳：《以育人为本的大学校园环境建设研究》（博士学位论文），武
汉理工大学，2008 年。

　　［7］　徐丽曼：《高校思想政治教育实践育人模式研究》（博士学位论文），
辽宁师范大学，2009 年。

　　［8］　向帮华：《符号哲学视野中土家族敬祖习俗育人价值研究》（博士学
位论文），西南大学，2011 年。

　　［9］　刘亚敏：《大学精神探论》（博士学位论文），华中科技大学，2004 年。

　　［10］　常艳芳：《大学精神的人文视界》（博士学位论文），东北师范大学，
2004 年。

　　［11］　吴晓春：《信任视野下我国大学与政府关系研究》（博士学位论文），
西南大学，2012 年。

　　［12］　薛绍聪：《大学主体间文化的缺失与构建》（博士学位论文），山东
师范大学，2012 年。

　　［13］　肖绍聪：《大学的哲学性格与哲学自觉》（博士学位论文），湖南师
范大学，2010 年。

　　［14］　葛豫：《存在与实践中的常人问题》（硕士学位论文），四川大学，
2007 年。

　　［15］　赵海燕：《大学生就业取向影响因素分析》（硕士学位论文），东北
师范大学，2010 年。

　　［16］　田贵平：《中国特色社会主义文化中的网络文化研究》（博士学位论
文），天津师范大学，2006 年。

四、报纸

　　［1］　胡锦涛：《在全国教育工作会议上的讲话》，《人民日报》2010 年 9
月 9 日。

　　〔2〕　胡锦涛:《在庆祝清华大学建校 100 周年大会上的讲话》,《人民日报》2011 年 4 月 25 日。

　　〔3〕　张慨、李长真:《试论新时期的大学文化建设》,《光明日报》2003 年 2 月 26 日。

　　〔4〕　谢和平:《大学文化、大学精神与川大精神》,《光明日报》2004 年 1 月 21 日。

　　〔5〕　涂艳国:《育人为本 —— 教育要为人的发展服务》,《中国社会科学报》2011 年 4 月 14 日。

　　〔6〕　吴晓春:《构建现代大学制度之我见》,《中国教育报》2012 年 6 月 11 日。

　　〔7〕　吴勇:《教育就是满足学生的需要》,《江苏教育报》2010 年 6 月 14 日。

　　〔8〕　张忠华:《德育:首先要满足学生的道德需要》,《光明日报》2005 年 5 月 25 日。

　　〔9〕　谢维和:《把握人才培养规律　加快创新性人才培养》,《中国教育报》2012 年 8 月 7 日。

　　〔10〕　顾明远:《啥样才算"办学特色"》,《中国教育报》2000 年 5 月 23 日。

　　〔11〕　周凯:《复旦校长:中国大学精神虚脱》,《中国青年报》2010 年 6 月 22 日。

五、网络资料

　　胡锦涛:《在全国教育会议上的讲话》,新华网,2010 年 9 月 8 日,http：//news.xinhuanet.com/politics/2010–09/08/c_12532198.htm。

艰辛的探索、努力的成长、不断的收获、殷切的期望、满满的关爱……，填满了求学、著书的全部页面。我知道求学探索的道路不好走，在家人、师长、同学的鼓励下我选择了坚持；后来我明白人生的道路也很好走，因为有恩师在教导，有同学同事在陪伴，有家人朋友在支持。

在书稿即将付梓之际，首先感谢我的人生导师郑永扣教授。郑老师是我学业的领路人，老师渊博的学识、敬业的精神、广袤的视野、厚重的人格魅力都深深地影响着我。在本书选题、定稿的整个过程中，老师给予了大量中肯的建议和耐心的指导，不辞辛劳，为我解惑。能够追随老师研学，是我一生的幸运，老师的指引将伴随我一生的成长。

感谢我的恩师郭彦森教授。郭老师胸怀坦荡、慎思明辨、治学严谨、诲人不倦，他对育人工作的不遗余力令我心生敬畏。从求学到工作，郭老师引导我探求无涯学海，不断给我学业启迪，在我迷茫无助时给我鼓励，使我不断拨正航向。没有老师的心血和汗水，就没有今天的我。老师对我恩重如山，这份感恩发自肺腑，深埋心底。

感谢河南财经政法大学党委、学工部、团委、计算机与信息工程学院、马克思主义学院在我求学、工作、著书过程中给予的大力支持，与母校、老师、领导、同事的相遇、相随、相伴是我人生的无上荣耀，你们的关爱与关注也更加坚定了我做好育人本职工作的信念，为学、为师、为友，我很骄傲。

感谢我的亲人、朋友不遗余力地理解、支持我的学业和事业，你们对我的巨大付出常常令我惭愧不已，是你们的无私、宽容、关心使我在人生道路上走得更稳妥！

感谢庞睿为本书书名挥毫泼墨。由于时间和水平有限，书中难免有疏漏之处，请广大读者批评指正。